高山正也先生退職記念論文集

明日の図書館情報学を拓く
アーカイブズと図書館経営

高山正也先生退職記念論文集刊行会 編

樹村房
JUSONBO

まえがき

　本書は，慶應義塾大学文学部において，長年にわたり図書館・情報学の研究・教育にご尽力なされてきた高山正也先生が，2006年（平成18年）3月末日をもって慶應義塾大学を退職なされたのを記念し，有志により刊行された論文集である。高山先生のご活躍は，図書館・情報学分野全般およびその周辺領域にまで多岐にわたっているが，その中でも特に，図書館経営論と記録管理論（アーカイブズ論）が先生の主たる関心領域であり，現在に至るまで，これらの領域に関する日本の第一人者として活動なされている。

　高山正也先生がこれらの領域の発展に取り組まれてきた中で，先生から何らかの薫陶を受けた方々に，各自の専門テーマに関する論文の執筆を依頼し，一冊の論文集としてまとめあげたものが本書である。

　本書は，当然のことながら，図書館経営・政策や，記録管理・アーカイブズがその中心的な主題であり，それに，先生との関係などを綴った個人的なエッセイ2本を含め，合計15本の原稿を収録している。

　また，当初の計画にはなかったことであったが，高山正也先生ご自身が執筆された「情報サービス論的視点からのアーカイブズ経営学序説：マニフェスト」を『北の丸』第39号（国立公文書館，2006年10月）より，転載させていただくことができた。先生による最新のアーカイブズ経営論を本書に収めることができたのは，本書の刊行に携わった者たちにとって望外の喜びである。そこで，本書は先生のこの論文を中心に，前半部分を記録管理（アーカイブズ）論として5本の著作を収め，後半部分に，図書館経営・政策に関する論文を8本配置することとした。これらに，エッセイ2本が加わっている。

　執筆に当たり，執筆者の方々には，初学者にも読みやすいように平易な文章をお願いした。高山先生が切り拓かれてきた図書館経営論や記録管理論の中身を少しでも多くの人に知ってもらいたいという意図があったためである。このため，本書は一つの「論文集」とはいえ，オリジナルな知見を前面に押し出し

た原著論文というよりも，各テーマの動向を広く知ることができる解説論文を中心としており，このため，大学等の図書館司書課程において図書館経営やそれに関連する授業を受けた人ならば，十分に理解・咀嚼できる内容となっている。この論文集が，図書館経営論や記録管理論の領域としての裾野を拡げ，その発展に寄与することを，さらにはそれが図書館・情報学の新たな発展につながることを，切に願う次第である。

　最後になりましたが，本書の刊行には，木村繁社長をはじめとして，(株)樹村房の方々にたいへんお世話になりました。ここに記して謝意を表します。

2007年2月

有志を代表して　岸田　和明

もくじ

まえがき

情報サービス論的視点からのアーカイブズ経営学序説：マニフェスト （高山正也） 1
 はじめに …………………………………………………………………………… 1
 1. アーカイブズ学と情報サービス理論 ………………………………………… 3
  1.1 アーカイブズ学は Science か Studies か ……………………………… 3
  1.2 アーカイブズ学の領域について ………………………………………… 5
  1.3 情報サービス機関としての文書館の構成要素 ………………………… 6
 2. 情報サービス機関としての文書館とその活動 ……………………………… 9
  2.1 文書館は利用者のためにある …………………………………………… 9
  2.2 文書館のマーケティング ………………………………………………… 11
  （1）文書館でのマーケティングの必要性 …………………………………… 11
  （2）文書館の戦略的マーケティング策定の前提 …………………………… 12
  （3）マーケティング戦略の策定 ……………………………………………… 13
 3. 所蔵される文書記録類 ………………………………………………………… 14
 おわりに …………………………………………………………………………… 16

韓国における国家記録管理の施策と体制 （金　容媛） 18
 1. はじめに ………………………………………………………………………… 18
 2. 記録資料管理体制の歴史的背景 ……………………………………………… 19
 3. 記録資料管理制度および発展過程 …………………………………………… 20
 4. 記録管理法の主要内容 ………………………………………………………… 22
  （1）記録資料管理機構の設置 ………………………………………………… 23
  （2）記録資料の管理原則 ……………………………………………………… 24
  （3）重要歴史資料の収集・保存強化 ………………………………………… 25
  （4）専門職員制度 ……………………………………………………………… 26
  （5）処罰の強化 ………………………………………………………………… 26
 5. 国家記録管理の推進体制と現況 ……………………………………………… 27
 6. おわりに ………………………………………………………………………… 30
 <付録：韓国国家記録管理法> ………………………………………………… 33

評価選別論の死角：実証的アーカイブズ学への視座　　　（田窪直規）　40
第1章　はじめに …………………………………………………………… 40
第2章　評価選別（という作業）の位置：その不可避性と重要性 ……… 41
第3章　評価選別論の研究動向 ………………………………………… 43
（1）ジェンキンソン，シェレンバーグ，ブームスの評価選別論 …… 44
（2）現在の研究動向 …………………………………………………… 49
第4章　評価選別論に対する疑問：実証的研究の必要性 ……………… 51
第5章　おわりに：今どうするか ………………………………………… 53

レコードキーピング：その射程と機能　　　　　　　　（古賀　崇）　60
1．はじめに ……………………………………………………………… 60
2．「レコードキーピング」の言葉とその意味 ………………………… 60
3．「レコードキーピング」の背景：「レコード・コンティニュアム」論 …… 61
4．レコードキーピングの機能：個人と政府の活動に焦点を当てて ……… 64
（1）個人単位でのレコードキーピング：「私の証拠」 ………………… 64
（2）政府活動とレコードキーピング：「記録のちからの二面性」 … 66
5．おわりに：「レコードキーピング」のさらなる探求に向けて ……… 68

知識情報資源基盤と横断的アーカイブズ論研究会　　　（八重樫純樹）　72
1．はじめに ……………………………………………………………… 72
2．研究の来歴 …………………………………………………………… 73
（1）国立歴史民俗博物館における活動経緯 ………………………… 73
（2）静岡大学情報学部 ………………………………………………… 74
3．横断的アーカイブズ論研究 ………………………………………… 78
（1）第一段階研究活動 ………………………………………………… 78
（2）さまざまな課題 …………………………………………………… 81
4．第二段階研究活動 …………………………………………………… 82
（1）計画の骨子 ………………………………………………………… 82
（2）研究活動概要 ……………………………………………………… 83
（3）2005年度韓国調査研究活動の概要（8月） ……………………… 84
（4）2006年度中国調査研究活動の概要（9月） ……………………… 85
5．まとめにかえて ……………………………………………………… 87

図書館の思想：国立国会図書館と政府情報へのアクセス　　（根本　彰）90
 1．政府情報は開かれているか ………………………………………… 90
 2．政府情報へのパブリックアクセス ………………………………… 92
 3．図書館の思想と文書館の思想 ……………………………………… 96
 4．政府刊行物の納本制度 ……………………………………………… 97
 5．支部図書館制度 ……………………………………………………… 102
 6．政府刊行物の国際交換 ……………………………………………… 105
 7．おわりに ……………………………………………………………… 107

納本制度調査会の周辺：
国立国会図書館における政府立案プロセスの一齣　　（春山明哲）111
 1．はじめに ……………………………………………………………… 111
 2．納本制度改革の背景と動機 ………………………………………… 112
 3．調査研究プロジェクト ……………………………………………… 113
 4．納本制度調査会 ……………………………………………………… 116
 5．法律勉強会 …………………………………………………………… 118
 6．初代納本課長・山下信庸さんのこと ……………………………… 120
 7．映画フィルム ………………………………………………………… 121
 8．むすびにかえて ……………………………………………………… 123

学術図書館におけるガバナンス　　（逸村　裕）125
 1．ガバナンスとは ……………………………………………………… 125
 2．今日の学術図書館をめぐる状況 …………………………………… 126
  （1）大学の経営環境 ………………………………………………… 127
  （2）大学研究者をめぐる問題 ……………………………………… 128
  （3）学生をめぐる問題 ……………………………………………… 129
  （4）学術情報源をめぐる問題 ……………………………………… 131
 3．学術図書館の利用動向の変容 ……………………………………… 133
 4．学術図書館の変容とガバナンス …………………………………… 136

主題情報専門職教育と複合学位プログラム：
日本司法支援センターにおける法律情報専門職について　　（松下　鈞）139
1. はじめに ……………………………………………………………………… 139
2. 総合法律支援法の成立と日本司法支援センターの活動 ……………… 141
   （1）日本司法支援センターにおける情報提供サービス ……………… 142
3. 法律情報専門職養成の現状 ……………………………………………… 143
   （1）ロー・ライブラリアン ……………………………………………… 144
   （2）パラリーガル ………………………………………………………… 145
   （3）法律実務研修 ………………………………………………………… 146
   （4）法情報学 ……………………………………………………………… 146
4. 図書館情報学教育と法律分野の主題情報専門職 ……………………… 147
   （1）LIPER「改革案の提言」と主題情報専門職教育 ………………… 147
   （2）専攻課程の名称変更 ………………………………………………… 149
5. 情報アクセス行動の変化と図書館情報学教育の再構築 ……………… 150
6. 結び：主題情報専門職養成と複合学位プログラム …………………… 152

アメリカにおける公立図書館の財源確保：
連邦補助金，住民投票，財団からの資金調達　　（福田都代）158
1. はじめに ……………………………………………………………………… 158
2. 公立図書館の基本財源 …………………………………………………… 158
   （1）連邦政府からの補助金 ……………………………………………… 158
   （2）州と地方自治体からの財源 ………………………………………… 159
3. 公立図書館に出資する連邦機関 ………………………………………… 160
   （1）博物館・図書館サービス振興局（IMLS）………………………… 160
   （2）全米図書館情報科学委員会（NCLIS）とIMLSの関係 ………… 163
   （3）国家人文科学基金（NEH）………………………………………… 164
4. 予算獲得のためのロビー活動とALA主導のキャンペーン ………… 164
5. 図書館運営費と施設の拡充に向けた住民投票 ………………………… 165
   （1）住民投票における戦略 ……………………………………………… 166
   （2）2000年から2005年に実施された住民投票の状況 ……………… 166
6. 民間財団からの資金調達 ………………………………………………… 170
7. おわりに ……………………………………………………………………… 172

公立図書館基準再論 (池内　淳) 174
  1．はじめに ……………………………………………………… 174
  2．基準の定義について ………………………………………… 174
  3．基準の必要性について ……………………………………… 176
  4．基準の策定主体について …………………………………… 178
  5．基準の策定過程について …………………………………… 180
  6．基準の権威づけについて …………………………………… 182
  7．基準の有効性について ……………………………………… 183
  8．量的基準の必要性について ………………………………… 184
  9．量的基準の項目について …………………………………… 185
  10．量的基準の妥当性について ………………………………… 186
  11．量的基準の合理性について ………………………………… 188

図書館と博物館のサウンドスケープ・デザイン (加藤修子) 193
  1．サウンドスケープとサウンドスケープ・デザイン ……… 193
  2．図書館のサウンドスケープ・デザイン …………………… 194
  3．博物館のサウンドスケープ・デザイン …………………… 196
    （1）博物館における6つの音活用レベルの設定 …………… 196
    （2）博物館における「音の展示」と「音による環境づくり」 ……… 199
    （3）博物館の館種別分析 …………………………………… 201
    （4）レベル1の博物館における音の展示 ………………… 204
  4．おわりに ……………………………………………………… 206

図書館・文書館に関する評価と統計：一つの試論 (岸田和明) 208
  1．はじめに ……………………………………………………… 208
  2．統計と指標と測定 …………………………………………… 209
    （1）統計と指標 ……………………………………………… 209
    （2）統計における操作的定義 ……………………………… 210
  3．顧客（利用者）満足度の可能性 …………………………… 211
    （1）満足度の指標的複合性 ………………………………… 211
    （2）満足度の測定 …………………………………………… 213
    （3）満足度の高度な活用 …………………………………… 214

4. 蔵書評価の方法：チェックリスト法の問題点 215
　5. 文書館・記録管理の統計と評価 218
　6. 関連文献の紹介 222

[エッセイ]
図書館にアイデンティティはあるか？　　　　　　（南山宏之）225
　1. 図書館は誰のものか？ 225
　2. 英国図書館のブランディングに学ぶこと 227
　　a.「図書館とは何か？」の再定義：ビジョンの再構築 227
　　b. 職員全員の参加：浸透と具体化の運動 228
　　c. 新しい VIS の導入：ロゴとタッチポイント 228
　　d. 新しいサービスユニットの展開：市民や企業への商品提供 229
　　e. 自分たちの価値の可視化：戦略的広報 230
　　f. 価値測定の実施と発表：モニタリング 230
　3. 21世紀日本の図書館のアイデンティティ 231

Камчатник が思い出すこと　　　　　　　　　　　（渡部満彦）233

あとがき　── お礼の言葉に代えて ── 235

高山正也略歴 238

執筆者一覧 239

情報サービス論的視点からのアーカイブズ経営学序説：マニフェスト

高山 正也

はじめに

　2004年に日本におけるアーカイブズ学研究拠点の一つとして日本アーカイブズ学会が関係者の悲願の実現と言う形で創立された。日本では国立公文書館の設立が1971年であり、30年余にわたり、アーカイブズ業務の実務拠点はあっても、理論研究の拠点としての学会は無かったとも言える。

　言うまでもなく、わが国におけるアーカイブズの活動自体はそれに先立ち、1959年に山口県立文書館が設置されているし、アーカイブズの紹介については1898年に『史学雑誌』に掲載された「古文書館設立の必要」、さらには1873年の岩倉使節団のベニスでの「アルチーフ」訪問にまでさかのぼりうるという説もある[1]。また、この説によればこの間アーカイブズに関する理論的研究はなされなかったのではなく、アーカイブズ学は主に歴史学の傍流として研究されてはいたが、その研究はもっぱら、未着手のままにあった近世以降の膨大なアーカイブズ（文書・記録類）の対処に追われて来たと言う。

　この結果、文書館（組織としてのアーカイブズと同義。公的、私的を問わず、文書・記録類の管理組織を指す。以下同じ）機能の研究が記録作成機関の記録を保存するために、処理対象となる文書・記録類（アーカイブズとも言う。）の評価・選別理論とライフサイクル論に焦点が当てられるが、文書館のあり方やその管理・運営に十分な関心が寄せられなかったのは当然のことでもあった。

　一方、2004年以降、わが国公文書館機能の充実と向上を目指し、内閣府と国立公文書館が一体となった目覚しい取り組みがなされてきた。その結果、近年急速に文書館の管理・運営に関心も高まってきた。

　アーカイブズ学（以下、文書館、記録資料の両義を含む場合にアーカイブズの語を用いる。）が実学として成立するならば、この動きをアーカイブズ学が理論面からリードし、関係する研究を深め、理論を整備することは本来のアー

カイブズ実務とアーカイブズ理論の関係からあってしかるべきである。そこで，本稿では現代のアーカイブズ学の理論，すなわち，諸外国，並びに今後の日本における現代アーカイブズ学のあるべき姿について考えたい。青山はアーカイブズ学会設立大会シンポジウムでアーカイブズ学の確立に言及し，「……欧米においては，アーカイブズの独自性を尊重し，歴史学と図書館情報学，さらにはコンピュータ・サイエンスや情報学等との学問的共同作業によって打ち立てられた。さらにはその延長線上に口承のアーカイブズに関する理論と技法が位置している。日本においてもこれらのアーカイブズの情報を構築し，他方では電子記録を運営する方法を確立するための学問的共同作業が必要とされている。……」[2]と述べている。アーカイブズ学を確立するためには過去のしがらみにとらわれず，アーカイブズ実務の実態に即した柔軟な発想が必要になる。同様な事例が第二次大戦後の英国の図書館界で起きている。現在の英国図書館のDocument Supply Center の前身となった National Lending Library for Science and Technology（略称：ＮＬＬ）を創設し，運営して，この図書館を20世紀で最も成功した図書館と言われるまでにしたドナルド・アーカート（Donald Urquhart）はＮＬＬの運営に際し次の原則に拠ったという。即ち，「図書館学の原則とは図書館員の行動指針となるものでなければならない」[3]

この原則をアーカイブズ学に当てはめれば，「アーカイブズ学の理論・原則はアーキビストの行動指針でなければならない」と言うことになる。アーカートはこの原則に基づき，行動指針になるものであれば，何も図書館に固有の理論や原則である必要は無いとして，他の学術分野の理論や原則を積極的に図書館に取り込んだ。反対に，図書館にとって有効な原則は他分野にとっても有効であるはずだと考えた。時の経過や技術の発展で変化させられるべきものでもないと言っている。原則とは行動の指針であるから，新しい状況や発展に直面した時に何をなすべきかを決断するにあたって，価値あるものでなければならない。このアーカートの拠った原則は，アーカイブズ学についてもあてはまると考えられる。アーカイブズ学理論はアーキビストの行動指針であればよい。それがアーカイブズ学として他に類を見ない固有の理論であるかどうかは関係ない。この考えに従えば，今までに学界で認められた如何に精緻な理論・学説であっても，その理論や学説がアーキビストの行動の指針にならないものはアー

カイブズ学からは排除されることとなる。この考え方はアーカイブズ学に限らず、どの分野でも、新しい研究分野の確立のために、ことさらに他分野との差異を強調し、特定の対象だけを専門に研究してきた学者には極めて評判が悪い。図書館情報学の世界でも同様で、アーカートの考え方は異端とされた。しかし、図書館の世界では、アーカートの考え方が、図書館情報学は図書館固有の学理によって成り立つと考えた図書館情報学者よりもはるかに社会的に支持される図書館を生み出した実績がある。そこで、アーカイブズ学が実学であるとの前提の下でアーカートの考え方に則り、以下にアーカイブズ学において、検討されるべき若干の検討事項について考察する。

1．アーカイブズ学と情報サービス理論

1.1　アーカイブズ学はScienceかStudiesか

　アーカイブズ学とは何か。先ずその内容に入る前に、名称そのものについて検討する必要があるであろう。「アーカイヴズ学（Archival Science）」については、日本語表記として、「アーカイヴズ」か「アーカイブズ」か、複数形か単数形か（「アーカイブ（ヴ）」、「アーカイブ（ヴ）ズ」）、の問題があるが、この点については「日本アーカイブズ学会」の名称に従い、「アーカイブズ」を採用することとする。理由は日本におけるアーカイブズ専門学会として、この学会創設に集った英知が知恵を絞っての結論が「日本アーカイブズ学会」と言う名称となったと考えるからである。

　問題は英文名称の"Archival Science"である。エリック・ケテラール（Erick Ketelaar）が指摘しているように、北米ではArchival Theory, Archival Studiesが一般的であり、またセオドール・シェレンバーグ（T. R. Schellenberg）のようにArchival Administrationを用いる場合もあると言う[4]。このアーカイブズ学の英訳名称を如何にするかは単に英語の表記問題ではなく、学問の特性と研究領域や方法を考える上で重要である。

　この問題は図書館情報学でも大きな問題となった。図書館情報学（Library and information science）と言う語について、California大学のマイケル・バックランド（Michael Buckland）は図書館情報学の研究内容がしばしばコ

ンピュータ科学や情報科学の研究に同化され，その理論が極めて機械的で，図書館サービスのもつ人間行動に特有な曖昧さや非合理的な側面を無視することに関連して，「英語世界では"Science"という語が「ハード」サイエンスの特徴を持つ研究に限定して使用され，その他には用いられないと言う考え方に起因しているように思われる」と指摘する。そして，「情報の社会的研究は明らかに『ソフト』であり，社会科学の領域内にある。」とする[5]。そこで彼は Science に代えて Studies と言う語の使用を提唱し，実践した。彼が Dean として率いた，California 大学 Berkeley 校では School of Library and Information Studies の名称を用いていたし，"Science"の語の用法について，何よりも Buckland その人が Oxford 大学で歴史学を修めた正統な英語を母語とする英国人であることも，Science に代えて Studies を用いるという英語の用法に関する Buckland の主張を説得力のあるものとした一因である。この例にならい，歴史学から独立したアーカイブズ学とは歴史的に価値のある Archives（文書，記録）の評価・選別，保存並びに一般の利用に供するための社会的な研究と言うソフトな学問と言うことであれば，Archival Science とは言うものの，実際には Archival Studies の方が英語としては実態を良く表すことになるのであろう。

　次に"Theory"と"Administration"について考える。Theory は，Random House 英和辞書によれば，「学問研究において既知の事実・現象を把握し，明らかにし，立証された，または確立された説明，学説，理論を言う」のであって，学としての活動のプロセスではなく，成果に重点が置かれている。したがって，Archival Theory は Archival Studies に包含され，Archival Administration の諸研究，諸考察の成果として定まる理論と考えることが出来る。

　一方，Archival Administration は「アーカイブズ機能にかかわる政策，手順，問題についての理論的及び実務的研究」を包含するという[6]。このことから Archives Science (Studies) には，Archives（文書・記録）そのものにかかわる，評価・選別や保存に関する研究と，Archives 機能である，文書・記録の一般の利用に供するための政策，手順，関連諸事項を中心とする諸問題についての研究が含まれることになる。

このことは既に日本でも古くは1919(大正8)年に，当時，東京帝国大学文学部の教授であった和田万吉によって，図書館学(日本における図書館情報学の名称は1967年以降，図書館・情報学として導入され，定着するが，それまでは図書館学が一般的であった。)は，図書に関する学と，図書館の管理運営に関する学よりなる，として指摘されていた[7]。この和田の図書館学に対する考え方はアーカイブズ学の枠組みの検討にとっても参考になる。

いずれにせよ，文書館が提供するサービスは情報サービスであり，その情報サービスは検索によるサービスであることに特徴を持つ。この検索型の情報サービスを提供する社会的な機関としての文書館にかかわる学術分野としてアーカイブズ学が存在すると言える。

1.2 アーカイブズ学の領域について

現代のアーカイブズ学の領域やパースペクティブを知る上で，貴重な文献としてアン・ギリランド (Anne Gilliland) とスー・マッケミシュ (Sue Mckemmish) の論文[8]がある。この論文では1990年代以降のアーカイブズ学が世界的に急激な発展を遂げたこと，その結果，研究のフロンティアや内容は現在も拡大・成長・発展を続けていること，それは他の専門分野から派生・借用した研究上の成果・方法を積極的に取り込むことによって可能になったことを述べている。そこで，本稿においてもこの現代におけるアーカイブズ学の潮流に従い，若干の他領域での見方や考え方を取り込むことを前提に考えたい。

前項においてアーカイブズ学を Archives と Archival Administration に分けた。ケテラールはArchival Science (studiesと同義とする ═ 著者注 ═) を Archival Administration と対比させ，社会的・文化的コンテクストにおける記録の特徴と，時を超えて記録がいかに作成され，使用され，選択され，移管されるかを研究する中で，「……文書館学は「何を」「どのように」ということを追及しますが，アーカイブズ学は「なぜ」を追求します。」[6]と述べている。「何を」，「どのように」という対象の観察と認識の上に立って，「なぜ」という原因の究明や理由の探索を行うことは「学」の基本であるが，この二者をケテラールが区分した理由は，彼自身が述べているように，アーカイブズ学を"science"と看做した結果による。したがって，バックランドの指摘のよ

うに、"studies"と考えれば、"学"として対象の認識とその理論的分析究明が一体化できることになり、"学"としての充実した研究を可能とする。この一体化こそが、アーカイブズ学を歴史の補助学から脱却させ、独立した分野として社会科学的な研究を重視する学へと道を拓くことになる。

　認識対象としての文書・記録や文書館（以下、Archivesを「文書・記録」と「文書館」とに明示的に用法を区分し、日本語表記とする）は社会の発展・変動に伴い、その特性や性格も変化する。記録は社会の情報化に伴い、デジタル化が進行し、今や、紙による文書記録から、電子記録媒体、さらにはWeb上でのデータ（ヴァーチャル・アーカイブズ）に変化しているし、文書館活動も、移管を受けた文書・記録の保存中心の歴史研究者への史料サービスから、一般利用者やステークホルダーへの説明責任の遂行等の情報サービスへと変化している。

　このことは明らかにArchival Administrationで扱われる文書館機能にかかわる政策、手順、問題についての政策、方針を根本において変化させることとなる。すなわち、アーキビストと同等もしくはそれよりも深い主題知識を有し、史料の扱いに慣れた歴史研究者を対象に、一次資料としての史料の提供に主力が置かれた歴史学研究の補助的・支援的文書館サービスが、一般利用者や時代を超えた利害関係者を対象として独立した指導的な情報サービスへと変化する。このことはアーキビストの活動を含め、文書館活動の理解を根本から変化させることとなる。具体的に示せば、"Archives"の語義に記録資（史）料と文書館の二つの意味があることは先に述べたとおりであるから、文書館の活動に関する研究領域と文書館に所蔵されるべき文書記録についての研究領域が以下に見るごとく並列する事となる。この文書記録、即ち、所蔵文書記録類に対するアプローチはアーカイブズ学が歴史学とは異なると言う視点から見ると、3.（p.14〜）に示すような留意点が必要となる。そこで以下に、先ず文書館の活動に関する問題点と、文書記録に関する問題点をそれぞれ分けて検討する。

1.3　情報サービス機関としての文書館の構成要素

　文書館におけるArchival Administrationを遂行するために何が必要かを考える。文書館は組織であるから組織の目的と、その目的達成のための活動

不可欠な「ヒト」「モノ」「カネ」に代表される経営資源が必要であることは言うまでもない。そこで組織にとって，必要であり重要な文書館の機能とは次のものだといわれる。

(1) 文書館は公的，私的，また営利，非営利を問わず，全ての組織の健全な活動を保証する。
(2) 文書館は個人であれ国家であれ，その正当な権利の証拠を提供する。
(3) 文書館は一般民衆が公的情報にアクセスする権利を行使し，政府がその行為を民衆に説明することを可能にする。
(4) 文書館は社会の記憶を歴史として後世に伝えられるようにする。[8]

この機能を実現するために文書館は数々のプログラムを実行することになる。このプログラムには概略次のプログラムが包含される。

(1) 記録の作成（Creation）
(2) 記録の評価・選別（Appraisal）
(3) 記録のアーカイブズへの移管（Transfer of archives）
(4) 記録の分類（Classification）
(5) 記録の目録作成（Description）
(6) 記録の検索・利用（Access）
(7) 記録の保存（Preservation）[9]

このプログラムの実行を通じて実現すべき目標（goals），すなわち文書館活動としてのアーカイブズ・サービスとはサービスの利用を通じて次の効果（outcome）を実現させることにある。

(1) Availability（記録の入手・利用）
(2) Accessibility（記録の存在確認）
(3) Protection（価値ある記録の資産としての確保）
(4) Efficiency（経済的，効率的な記録保存）
(5) Compliance and Accountability（法令・規則を遵守し，説明責任の遂行）

(6) Risk Reduction（記録の保存による社会的，経済的，法的なリスク回避）[10]

この活動を行うアーカイブズを一つの組織と考えると，その円滑な活動を支えるための資源（Resources）としては次のものが必要とされる。[10]

(1) Qualified staff（職員）
(2) Adequate budget（予算）
(3) Space (office, storage)（施設）[10]

これらは上述の「ヒト」，「カネ」，「モノ」にまさしく相当するが，本稿では情報サービス機関としてアーカイブズを捉えるという視点から，そのそれぞれを次のように理解したい。即ち，文書館の構成要素たる「ヒト」，「カネ」，「モノ」を静態的，分析的に見るだけではなく，これらの構成要素が資源投入されるのは文書館活動の結果として，文書館サービス（Archival services）を生み出すためであり，投入された資源がサービスに変換される過程（process）を動態的に把握することを目指す。この過程には上述の(1)〜(7)のプログラムがそれぞれに存在し，それらの個別プログラムまたは複数プログラムが結合することにより文書館サービスが産出される。その関係は次のように考えることが出来る。

図：文書館サービス過程概念図

文書館の活動を，表面的にかつ，物理的に捉えるなら，それは投入される経

営資源である，ヒト，カネ，モノ，を7つのプログラムに集約できる文書館業務を通じて文書館サービスに変換する過程に過ぎない。投入資源と産出サービスの関係は計量可能であれば，一定の係数により変換され，基本的に比例関係にあると考えるのが妥当であろうが，文書館の活動を功利的に考えれば，単に産出としての文書館サービスを如何に大ならしめるかだけでなく，アウトカム（outcome）の有効性を高め，それをステークホルダーとしての関係者に価値あるサービスであると認識させることが求められる。

　このことは，アーカイブズ学としては，図に示された7つのプログラムを実行するための手法・技術についての研究にとどまらず，より大きく，効果的なアウトカムを実現するために，プログラムとしての活動が如何にあるべきかが問題となる。

　アウトカムの問題は，サービスの提供側だけの問題としては処理しきれない。そこにはサービスの利用者（消費者）の存在を念頭に置く必要がある。利用者との関係の下で，同一のサービスが異なるアウトカムを生じさせるからである。

2．情報サービス機関としての文書館とその活動

2.1　文書館は利用者のためにある

　文書館の諸プログラムを実践することで得られる文書館活動の何が有効なアウトカムをもたらすかは文書館活動の具体的な成果である文書館サービスの利用者との関係で決まる。これは文書館の利用者が誰であるかと言う問題に帰着する。文書館の利用者については，文書館を巡る様々な論議において，文書作成者か，国民一般か，歴史学研究者か，現在の利用者か，将来の利用者かと多様な意見が出されている。このことは現代社会において文書館が定着し，文書館活動が社会に支持されるには，文書館のサービス対象が広範囲にわたる多様な利用者群を想定すべきことを意味する。

　即ち，業務担当者には関連参考事例を文書で示すことで業務の質や効率を高め，国民をはじめとする一般利害関係者には説明責任を果たすことで，文書作成者側は法的な義務を完遂できる。国民は事態への参加責任を認識すると同時に，その責任を果たし，またこれらの文書が時間的な流れに応じて累積される

―― 9

ことで，国民としての歴史やアイデンティティ，豊かな学習や品格の確立にも貢献できる。

　このことは文書館がそれぞれの利用者から多様な期待のされ方をし，これに応えて多様な側面を持ち，その活動や在り方についても多様な評価軸を持つことを意味する。決して公文書館は行政官や歴史学研究者のためだけにあるのではなく，広く現在や将来の国民一般も視野に入れなければならない。ビジネス・アーカイブズは単に経営者の顕彰のためや社史編纂のためにだけ存在するのではなく，技術の伝承のためにも，顧客・消費者との説明責任やパブリック・リレーションのためにも存在しなければならない。その他のあらゆる設置母体の文書館についても同様のことが言える。

　以上の事から，文書館は利用者のためにあるのであって，決して文書作成者やアーキビストのために存在するものではないことは明らかである。そして文書館が利用者のためにあるのであれば，次に「利用者は何を望んでいるのか」が問題となる。

ここで多くのアーキビストが錯覚を起こす。歴史研究者だけを対象にしていたアーキビストにとっては，利用者が望んでいる記録・文書とは記録についての深い学識を有する利用者である研究者が明確に識別同定した記録文書となるかもしれないが，一般の利用者に対する場合はそうではない。一般の利用者に対して，アーキビストは保有する記録・文書の利用について補助的支援的サービスではなく，基礎的指導的サービスを提供しなければならない。利用者は自らの関心を持つ情報が得られる記録・文書か，もしくはそのような記録・文書についての情報や手がかりを求めている。このような利用者に文書館を利用して，求める情報が得られる記録・文書を入手できる方策を教え，レファレンス・サービスを提供しなければならない。このために，文書館は次の用意が必要となる。

　(1) 記録・文書へのガイドを用意し，適切な記録・文書を発見・到達できるようにする。（Accessibility）

通常，文書館はこのガイドとして目録を用意している。

　(2) 発見された記録・文書類を利用可能な状態に保つ。（Availability）

　この Accessibility は通常，文書館では目録の形で利用者に提供されており，目録の精度を高めるためには目録の記述方式が問題となる。近年では記録・文

書類の多様化との関連の下で，この問題は「メタデータ」問題として，アーカイブズ学においても関心を集めている。また，Availability は原本での提供が基本であった文書館の世界でも，最近ではマイクロフォームやレプリカでの提供や保存のために伝統的な修復作業に加え，媒体変換（Migration）された多様な媒体での提供も増加している。さらには遠隔利用も兼ねて，記録類をデジタル化し，デジタル・アーカイブズとして広範な利用に資することも多くなっている。

　博物館，図書館などと並び，文書館も包含する蓄積・検索型の情報サービス機関ではこの Accessibility と Availability は効果的で，質の高いサービス提供の基本となる。　従って，アーカイブズ学ではこの Accessibility と Availability のそれぞれを実現させるための方策，並びに Accessibility と Availability 相互の関係にさらなる研究上の関心が寄せられる必要がある。

2.2　文書館のマーケティング
(1)　文書館でのマーケティングの必要性

　文書館が利用者との関係に重点をおくことは，文書館のマーケティング（Marketing）の必要性を増大させる。文書館等の非営利組織におけるマーケティングの必要性については，フィリップ・コトラー（Philip Kotler）の著作[11]に詳しい。また文書館同様に蓄積・検索型の情報サービス機関である博物館のマーケティングについては，博物館の資源，使命，機会，課題を検討するための概念的，方法論的フレームワークをフィリップ・コトラーとニール・コトラー（Neil Kotler）がその著『ミュージアム・マーケティング』で示している。[12]

　フィリップ・コトラーは従来，営利組織，特に製造業において用いられていたマーケティング概念を非営利組織のサービスにも拡張した。その考え方は営利組織における「販売」の概念を非営利組織での「交換」の概念に置き変え，マーケティングの基本哲学である「顧客志向」を非営利組織でも徹底させようとするものである。すなわち，非営利組織のサービスとは，利用者である顧客に対し顧客満足（Customer's Satisfaction）が得られるサービスを提供してはじめて，交換としてその非営利組織への社会的資源の投入が認められると言う考え方に立つ。

このコトラーの考えである戦略的マーケット・プランニング・システム（SMPP）を文書館に導入することは，同じ蓄積・検索型の情報サービス機関である図書館や博物館にマーケティングが導入されている現在では当然のこととなる。そこで，文書館活動におけるマーケティングの一例として，戦略的マーケット・プランニング・システム（SMPP）を極めて概略的に示せば次のようになる。

（2） 文書館の戦略的マーケティング策定の前提

SMPPはマーケティング計画を実施する環境分析，内部資源分析，使命・目的・目標の策定，戦略策定の4ステップにより構成される。各ステップの概要は次のとおり。

計画実施の環境分析において分析対象となる環境には文書館の組織と文書館の組織を構成する理事会，館長，アーキビスト，スタッフ，ヴォランティアなどからなる内部環境，文書館がその使命や目的を実現する上で関係のある利用者，国民や地域の住民，ステークホルダー，メディア，などの市場環境，法律や規則などと法令の遵守を見極める組織や人までも含む規制環境，文書館と競合する組織や機関からなる競争環境，文書館が自ら殆どコントロールできない影響力や条件からなるマクロ環境などが含まれる。

内部資源分析のステップには文書館の各業務に関連する内部の経営資源とその能力を検討・評価し，その「強み」と「弱み」を明確に把握する必要がある。その上で，自館の強みを利用しての事業機会の開拓・拡大を図るとともに，弱みを強みに転換する方策とそれを行う機会を探る必要がある。たとえば，自館のコレクションの強みと弱みを認識することで，どのようなテーマでの資料展示会の開催が可能になるか，またその展示会に際してどのような他館所蔵資料の借り入れや，展示会目録等での補足的な説明が必要になるか，などである。

次いで，使命，目的，目標の策定のステップに移る。今日の文書館は複数の使命を持ち，複数の"市場"に対応する館も少なくない。たとえば，歴史学教育の一環に組み込まれた文書館，コミュニティの歴史や文化をたたえるための文書館の役割，組織の将来の意思決定の参考にするために文書館での関連記録の集積などである。一方，公文書館等ではその設置のための法令に文書館の目的が書き込まれている例もある。たとえば，国立公文書館法ではその第4条で，

「独立行政法人国立公文書館は，第15条第4項の規程により移管を受けた歴史資料として重要な公文書等を保存し，及び一般の利用に供すること等の事業を行うことにより，国立公文書館または国の機関の保管に係る歴史資料として重要な公文書等の適切な保存及び利用を図ることを目的とする。」と国立公文書館の目的を明示している。このような明示された使命や目的が法令等で用意されていない文書館にあっては，その館のミッション・ステートメントを用意することが必要となる。

(3)　マーケティング戦略の策定

文書館の使命を達成し，活性化した文書館として機能するために，先ず次のように活動の見直し・評価を行わなければならない。

① 現在の文書館活動（サービス）を客観的に評価し，育てる活動，維持する活動，縮小・廃止する活動に区分する。

② 今後の文書館発展に不可欠な活動（サービス）を検討し，組織の拡大・成長を進める。

要するに①で節減された資源を含め，新たな目標に資源の投入を絞り込む。このためにはサービス対象である利用者，すなわち顧客（サービスの consumer）に対する戦略が必要になるが，その目標は顧客満足（consumer satisfaction）を確保することである。このためには，文書館の利用者を，歴史学研究者・行政官，経営者，一般歴史愛好家，学生等，利用の形態や目的を異にする利用者を一体として扱うのではなく，それぞれ等質の利用者群に細分化（market segmentation）し，それぞれのニーズに応じたサービス提供が行われることで，「顧客満足」が向上する。このマーケット・セグメンテーションに加え，文書館の特徴をその使命や目的に照らして際立たせる，ポジショニング（positioning）を踏まえて，マーケティング・ミックス（marketing mix）と言われるステップに進む。マーケティング・ミックスとしては通常，次の4項目が検討の中心となる。

Products：提供するサービスの種類をどうするかの検討。

Price：サービスを有効に利用するために要する，時間や労苦等の代償であって，単にサービスの有料化のことではない。

Place：物理的な文書館の立地の問題だけにとどまらず，研究活動や業務の

意思決定過程のどの位置に文書館のサービスが位置づけられるかが問われる。

Promotion：利用者（customer）に文書館をより良く理解させるための，利用者とのコミュニケーションの取り方についての検討。

以上のような戦略的マーケティングは文書館のあり方を根本から徹底的に見つめ直すこととなり，因習とも言うべき慣習と伝統にとらわれていた文書館活動の見直しやさらにはそれに基づくアーカイブズ学の再構築には最適である。

3．所蔵される文書記録類

文書館活動の管理や経営についての研究に対し，文書館が所蔵する記録文書類の研究がある。この文書記録は業務の記録であり，業務の一定のコンテクストの中で作られる。個別の業務が総合されて，組織としての活動となる。そこでその組織の活動が如何なるものであったかを歴史として把握したり，知識や技能の継承目的で追体験するために，関係者は文書館に所蔵される個別，断片的な記録文書を利用して再現しようとする。このような記録文書をトマセンは「過程連係情報（process-bound information）」と呼び，アーカイブズ学の中心概念は学としての記録の概念であると言う。[13]

文書館に移管の措置や評価・選別の過程を経て，文書記録類が集積されるのは，それらの記録類が業務過程の再現を通じて，人や組織や社会の記憶として機能するためである。この記憶の再現により，個人や組織や社会の価値ある情報資産を守り，その情報資産を利用することで効率的な活動が可能になり，法の求める挙証責任や説明責任に応え，存続・伝承の危機を回避することが可能になる。このように文書館にとって，文書記録の集積はその活動や存在の基盤である。

この文書記録類はその量が増すにしたがって，そこに一定の秩序，組織化を与えることが管理上必然となる。その基本は個別の文書記録（データの収載体）そのものを識別・同定する（identify）ためのデータ，すなわちメタデータの記述である。このメタデータの記述によるデータの収載体としての記録媒体と記録されている情報の秩序付けには，文書記録類の物理的構造，即ち，紙，フィ

ルム，電磁媒体や，同じ紙でも酸性紙，中性紙などに類別する方法に加えて，論理的な構造に配慮がなされなければならない．即ち，記録相互間の論理的かつ機能的関係を反映して，シリーズ，ファイル，ドキュメント（アイテム）とレベル毎に関係が示され，目録記述上にその構造を反映していることが求められる．この目録記述は文書館が，仮に組織内文書館であっても，時間の経過，時代の変遷とともに多数の，更には不特定多数の利用者を対象にすることを前提に標準化される．このことは文書館の視点で所蔵する文書記録類は，現在・将来の不特定多数の利用者を対象に最も効率的に目録・分類を行うことで構造化，組織化を実現することが要請されることを示している．これは文書館が比較的小規模で，歴史研究支援や文書管理支援に重点を置いていた時点での文書記録類の組織化とは根本的に異なる．特定の歴史研究目的や行政利用目的を持つ個別利用者は記録が持つ特定の業務過程の再現やそのことでの意思決定支援情報として利用しようとするであろうし，またそのような要請を受けての従来の文書館での目録の多くにはこのような比較的少数の利用者にとって便利な目録が編成されることもあった．しかし，文書館の拡大と利用の多様化は，この伝統的な文書館とその目録記述のあり方，所蔵文書記録類の組織化のあり方にも改革を迫っている．

　これは見方を変えると，文書館のコレクションの全てを利用する（または出来る）人は実質上は実在しない．全ての利用者はコレクションのごく一部を情報資源として利用するに過ぎないが，文書館はコレクションの総体を対象に，またどのような利用要求にも対応できるように所蔵文書記録を秩序付け，組織化して維持しなければならない．したがって，コレクションの組織化や，具体的な目録作成に際しては，文書記録作成者や研究者に代表される特定の利用者ではなく，アーキビストとしての目録作成者が優位に置かれなければならない．

　アーカイブズ学としてはその対象となる文書記録（archives）へのアプローチが，伝統的な歴史研究者によるアプローチを踏襲していたかもしれない．また個別の研究対象として，学説上の証拠となり，証拠としての自由な解釈と要約を可能にすることで研究上の情報と見なし得る文書記録としてのアーカイブズの利用を保証する文書館に対する見方と組織化が重視されたかもしれない．しかし，今やこのような考え方だけでは不十分である．情報サービス機関とし

ての文書館が，多様な利用者とそれによる多様な利用法を前提に，最大のアウトカムを期待できるコレクション（Archival Collection）として扱う必要が生じており，そのための文書記録の組織化とそれを基盤にしたサービスの創造的積極的な提供が必要な時代になっている。

おわりに

　時あたかも日本アーカイブズ学会と記録管理学会が翻訳論文集を共同出版し，内閣府の「公文書等の適切な管理，保存及び利用に関する懇談会」も第2次報告書を明らかにした。アーカイブズにかかわる学会も実務の世界も現状の打破と新たなチャレンジに向けて動き出した。このような環境の下で，明日のアーカイブズを確立すべく大きな飛躍に向けて，アーカイブズ学の確立・発展も期待されている。この状況に，既存のアーカイブズ学に無知な人間である著者がそのことを逆手に取り，全くの素人的発想で，幾つかの問題提起をしようと試みたのが本稿である。この目的は著者の力量には負いかねる大きな課題であり，取り上げられなかった多くの課題が残り，また取り上げた事柄についても，誤りや思い違いも多々あろう。諸賢のご叱正をいただくとともに，論じ残した課題については，稿を改めたい。

注・引用

1) 青山英幸. アーカイブズ：エビデンス，ヒストリカル・ドキュメント，ヘリテージ. アーカイブズ学研究, no.1, p.40-51.
2) 同上. p.47.
3) Urquhart, Donald. 図書館業務の基本原則. 勁草書房, 1985, 144p.
4) Ketelaar, Eric. Time future contained in time past; archival science in the 21st century. no.1 (2004), p.20-35.
5) Buckland, M.K. 図書館・情報サービスの理論. 高山正也訳. 勁草書房, 1990, p.18-9.
6) Walne, Peter. Dictionary of archival terminology. Saur, 1988.
7) 和田万吉. 図書館学大綱. 日本図書館協会, 1984, 348p.

8) Gilliland, Anne & Mckemmish, Sue. Building an infrastructure for archival research. Archival Science, 2004, 4, p.149-197.
9) Grange, Didier. Municipal Archives：Setting up and issues on its development. EASTICA Seminar at Ulaanbaatar, 2006, 22p.
10) Lipchak, Andrew. Managing records in a municipality. EASTICA Seminar at Ulaanbaatar, 2006, 21p.
11) Kotler, Philip.,Levy, S.J. Broadening the concept of marketing. Journal of Marketing, no.33（1969）, p.10-5. さらには，Kotler, p. and Andreasen, A. Strategic marketing for non-profit organization. 4th ed. Prentice Hall, 1991, p.68-70. 等も見よ。
12) Kotler, Philip and Neil, Kotker ミュージアム・マーケティング．井関利明・石田和晴訳．第一法規, 2006, 520p.
13) Thomassen, Theo. "アーカイブズ学入門". 入門アーカイブズの世界：記憶と記録を未来に．記録管理学会・日本アーカイブズ学会共編．日外アソシエーツ, 2006, p.48-64.（ISBN 4-8169-1981-3）

（本稿は，（独）国立公文書館紀要の「北の丸」no.39掲載論文として，2006年9月に投稿された原稿を「北の丸」編集者の了解を得て，転載するものである）

韓国における国家記録管理の施策と体制

金　容媛

1. はじめに

　国家記録資料は国の政治的, 行政的, 歴史的事実の継承物であり, 文化発展のための重要な資料である。記録資料の管理・保存の基本使命は国家記録資料の管理・保存を通じて国の発展基盤を助成することである。記録資料の管理と活用能力はその国の文化水準の尺度であり, 記録資料の管理は重要な国家機能の一つとして認識されている。

　記録資料管理・保存は国政運営の根拠記録物を体系的に管理し, 国政の透明性を担保し, 責任行政を具現できる土台を作る重要な機能である。またこれらの記録を通じ, 国民の国政監視機能を保障し, 民主主義の発展に寄与すると同時に記録遺産として永久保存し, 国と民族の歴史を保全できる。国家は地理的, 人種的, 文化的特性などその本質的属性に関する歴史により, 国の主体性が確立され, 国の歴史は記録資料の保存によって存在する。国の活動の増大は記録資料生産の増大を意味し, 生産された記録資料は国民の日常生活と密接に関連するものである。記録資料の管理・保存は単に記録資料を保存する機能だけでなく, 国政全般の効率を高めるために不可欠なものである。

　韓国における国家記録資料管理体制は, その重要性に関する認識が遅れ, 1969年（政府記録保存所職制法, 大統領令第40295号）になって政府記録資料の保存および管理を担当する全担機関として, 総務処（日本の総務省に当る）傘下に政府記録保存所が設置された。この政府記録保存所の設置が韓国における現代的記録管理体系の始まりであるといえるが, 機関の名称に見られるように, その機能と活動は受動的で, 記録の保存機能に中心を置き, 初期には記録管理の専門職員や専用の書庫も確保できない状況で運営されていた。1984年には釜山に専門の保存書庫が建設され, 体系的な記録保存管理ができるようになったが, 記録管理に関する政策と対応は極めて微弱で消極的であったといえる。

90年代半ばから記録に対する社会的関心が高まり、当時の金大中大統領は記録管理法制定を政府の主要政策課題として選定し、法制定を推進した。1998年政府組織改編で、政府記録保存所を総務処より行政自治部に移管（ソウルから政府大田庁舎に移転）、1999年1月「公共機関の記録物管理に関する法律」が制定されることによって本格的で積極的な政策が推進されることになった。政府樹立50年ぶりに制定されたこの法律は記録管理の核心事項を規定した記録管理の基本法として、韓国における記録管理、記録保存および記録管理学の諸分野の新しいランドマークであるといえる。

　本稿では、韓国における記録管理体制の歴史的背景や現況を概観する。特に1999年に制定された「公共機関の記録物管理に関する法律」（以下　記録管理法）を中心に概観し、その重要な点を要約し、問題点やこれからの課題を検討する。さらに「公共機関の記録物管理に関する法律」の全文を紹介することで、韓国の記録管理体制に対する理解を深める助けとなることを願うものである。なお組織機構、法律などの名称は可能な限りオリジナルの名称をそのまま用いることとした。

2．記録資料管理体制の歴史的背景

　韓国では、「三国遺史」・「三国史記」・「高麗史」・「朝鮮王朝実録」等、歴代の国家的な歴史記録を残す記録保存の伝統がある。韓国における近代以前の記録保存制度の基本的特徴は編纂による歴史記録の保存である。「経国大典」の蔵文書に関する条項によれば、すべての統治機関は独自的に公文書を保管するようになっていた。これとは別に、実録や各機関の登録類、日記類など歴史記録が各機関で編纂された。これらの編纂記録は単なる歴史書ではなく、国家記録資料の集大成であることはいうまでもない。甲午改革（1894年）以後、近代的な公文書制度が登場し、編纂記録方式から公文書の原本を保管する方式になった。

　1894年から近代政治制度に改編され、議政府（朝鮮王朝時代の行政府の最高機関）では記録局、各衙門（現在の各部署）には記録課または文書課が設置され、公文書原本を保管した。同時に議政府には編纂局が設置され、ここでは主

に近代的学校教育に必要な歴史教科書の編纂事業が行われた。今日の「事務管理規程」のような「各部各衙門通行規則」が公布され，すべての公文書はこの規程により管理された。

このような記録文化の伝統は，近代化の過程で日本の支配による国権の喪失により断絶された。1906年に日本帝国により統監府が設置され，すべての権力機能が統監府に集中されることによって統監府文書課が中心的文書保管機構として浮上した。1910年に「大韓帝国」が廃止され，統監府は朝鮮総督府として拡大改編され，総督府文書庫となった。この時「朝鮮総督府処務規程」および「朝鮮総督府公文書規程」が制定された。1945年解放後，総督府文書庫と文書は米軍庁に接受され，政府樹立後は総務処に移管された。政府樹立後間もなく朝鮮戦争により多くの記録遺産が消失された。朝鮮戦争後も記録管理の伝統を復元するには長い時間を要した。1949年に「政府処務規程」が公布され，これにより各部署は公文書を保管した。この規程は数十回の改訂を経て「事務管理規程」（大統領令）に定着した。保管する文書量の増大と集中管理の必要性により，1969年に総務処傘下に政府記録保存所が設置された。

3．記録資料管理制度および発展過程

政府樹立後50年間，記録物を収集，保存，管理，利用する法令や規程は国家的レベルのものではなく，それらは各部署により独自に散発的に管理されてきた。例えば，行政府は「事務管理規程」により大統領および中央行政機関，地方自治体の記録資料を管理・保存するが，行政府の中でも国防部は「軍事機密保護法」（法律），安全企画部は「国家情報資料管理規程」（大統領令），外務部は「外交文書保存および公開に関する規則」（外務部令）により独自に管理・保存した。立法府は国会事務処で「国会公文書内規」により国会の文書を管理・保存し，司法府は高等法院（裁判所）で「法院保存文書管理規則」により司法府の文書を管理・保存した。このように分散化された法規体制により結果的に資料の管理・保存の過程で悪循環が繰り返されてきた。記録資料管理の基本法制定の必要性は，80年代後半から学界から提起され，97年度から法制定作業に着手し，99年1月29日公布された。この法により，それまでの制度，機構，人的

資源の面においての遅れをある程度克服することができたといえる。

　記録管理法は記録物の生産段階から保存・活用・廃棄までの管理基準と手続，公共機関に対する記録物生産の義務付け，記録資料管理機関の設置・運営，記録管理専門員制度の導入など，記録管理の核心事項を規定した記録管理の基本法として，従来，大統領令「事務管理規程」により運営されてきた記録管理を法律として制度化した点で大きな意味をもつものである。記録管理法の制定により公共機関に記録管理に対する法的義務と責任が課されるようになり，各機関に記録管理部署が設置され，大学には記録管理学課程が新設されるなど，大きな反響を呼び起こした。

　記録管理法に基づいて，公共機関や大学および特殊機関に記録物管理機関，資料館などが設置されるようになった。その結果，各機関の記録資料の移管量が急激に増加し，法制定以前は年間2万巻未満であった永久記録移管量が以降は7倍以上増加，記録管理の電子化の急速な進行により記録の移管量はさらに増加することが予測される。同時に，記録情報に関する公開閲覧請求も1999年には2万9千件であったが，2004年には21万余件に大幅に増加した。

　1999年以降，記録管理学の教育課程（修士課程）が全国10余大学の大学院に協同課程または単独課程として新設され，その中で延世大学には記録管理学専攻の博士課程が設置された。また，学部課程にも記録管理学が開設された大学もある。韓国国家記録研究院，韓国精神文化研究院，行政自治部の政府記録保存所などに専門職員養成のための長・短期教育課程が設置されるようになり，記録管理の専門家養成が本格化した。

　また，記録管理法の制定以降，中央記録物管理機関である政府記録保存所（現在の国家記録院）は国家記録資料の保存書庫の新築および中央記録物管理機関の独立した建物を首都圏に確保することができた。国家記録院の沿革を以下にまとめる。

1962. 5　　：内閣事務処　総務課に撮影室開設（政府重要記録資料に関するマイクロ化開始，国の記録保存の歴史の継承）
1969. 8.23：総務処所属「政府記録保存所」設立（政府の永久保存対象文書等の集中保存管理開始）

1984. 11. 1：「釜山支所」開設（朝鮮時代の史庫の伝統を継承，現代的な保存施設設置）
1998. 2. 28：行政自治部に所属変更（政府組織の改編により総務処から行政自治部に）
1998. 7. 22：政府記録保存所を政府大田庁舎に移転，「ソウル事務所」開設
・記録資料管理，電算装備，視聴覚記録資料の保存書庫を確保
・旧本所にソウル事務所を開設し，首都圏地域の情報公開機能を遂行
1999. 1. 19：「公共機関の記録物管理に関する法律」制定（記録管理の基本法）
2000～2002：「公共機関の記録物管理に関する法律」施行
・登録・分類・電子文書等に関しては，2003.12.31までは従来通りの使用が可能
・文書処理の手続改善のための情報化戦略計画を行政自治部と共同遂行
2003～2004：記録資料分類基準表の全面施行（2004.1）
・資料館システムの標準規格の告示および各機関における自館システム構築
・国家記録物専門保存書庫の新築事業実施設計・施行開始（2007年竣工予定）
2005　　　：国家記録院に名称変更（政府記録保存所からの名称変更・組織改編）
・記録管理革新団（制度革新，プロセス革新，標準設計の各チーム）新設
・組織改編・新設（革新支援，収集管理，評価分類，保存管理，記録情報化，サービス革新チーム）
・釜山支所を釜山記録情報センター，ソウル事務所をソウル記録情報センターに改編
2006　　　：国家記録情報センター開館，国家記録展示館・記録文化展示館開館

4．記録管理法の主要内容

　記録管理法は，第1章 総則，第2章 記録物管理機関，第3章 記録物管理，第4章 記録物管理の標準化および専門化，第5章 補則，第6章 罰則の全32条と附則で構成されている。また同法で委任された事項とその施行に関して必要な事項を定めるために制定された「同施行令」（制定1999.12.7 大統領令第16609号）は，全44条，附則5条で構成されている。
　記録管理法および同施行令の主な内容は以下のとおりである。

（1） 記録資料管理機構の設置

　記録管理法では記録管理機構を専門管理機関，資料館，特殊資料館に区分し，専門管理機関には，中央記録物管理機関，地方記録物管理機関，特殊記録物管理機関，大統領記録館が含まれている。中央記録物管理機関は行政自治部に設置され，大統領府を含む中央行政機関で生産された記録資料の管理業務を担当する。また，記録管理政策および制度改善，重要記録物の指定・収集・保存，国家記録物管理に関する指導・監督，記録資料管理の標準化等，すべての記録管理機関の中央機関の役割を遂行する（法第5条，施行令第4条・5条）。

　国会，法院（裁判所），憲法裁判所，中央選挙管理委員会は特殊記録物管理機関を設置できるようにし，陸・海・空軍，国家情報院も業務の性格上特殊記録物管理機関を設置できるようにした（法第6条・施行令第6条）。

　地方記録物管理機関は特別市（ソウル），広域市・道などに設置できるようにし，管轄の自治団体の記録物を管理するようにした（法第7条）。

　大統領記録館は大統領関連記録物の効率な管理および展示のために中央記録物管理機関所属下に大統領記録館を設置できるようにした（法第8条）。

　すべての公共機関には，記録資料の効率的管理の専担部署として資料館を設置するようにし，既存の総務課文書係，行政資料室，情報公開の窓口業務などを統・廃合した。資料館を設置する公共機関は，(1) 中央行政機関，(2) 中央行政機関所属機関（地方国税庁，税関，地方検察庁，地方兵務庁，地方労働庁，地方警察庁など），(3) 特別市，広域市・道および市，郡，区，(4) 特別市・広域市・道の教育庁および地域教育庁，(5) 国・公立大学，(6) 国防部長官，合同参謀議長および陸，海，空軍参謀総長が定める軍機関など（法第9条，施行令第5条），但し，統一・外交・安保・捜査分野の業務を扱う機関には記録資料の特性上，特殊資料館を設置し，30年間は独自に管理した後，中央記録物管理機関に移管するようにした（法第10条）。

　また，中央記録物管理機関には国家記録物管理委員会を設置し，国の記録管理・保存に関する政策の樹立，立法・司法・行政府の記録資料管理に関する基準と原則の策定，国家記録資料の指定，公開年限などを審議・調整する機能を遂行できるようにした。この委員会は中央記録物管理機関（国家記録院）の長，国会・法院など特殊記録物管理機関の長，行政自治部長官が委嘱する関連分野

の専門家・学識経験者で構成され，委員長は互選で決めることとした（法第26条・施行令第42条）。

（2） 記録資料の管理原則

　国のすべての資料を円滑に管理するために，憲法の三権分立に基づき，分散管理を認めるが，分散管理の短所を克服できるよう，資料管理を標準化し，保存媒体に収録された写本は中央記録物管理機関に送付し，集中管理が保障されるようにした。以下に，記録管理法に規定された記録資料管理のいくつかの原則を提示する。

1） 記録の原則

　国の重要政策に関するすべての記録を残すことを義務化した。歴史資料の保存と責任ある業務遂行のため，政策の立案段階から終結段階までの過程および結果をすべて記録として残すようにした。また，特定事項についても必要な場合には，記録資料の生産を義務化した。具体的には，(1) 法令の制・改正，大規模の工事・事業，主要な許・認可，主要な行政処分等のためには調査・研究・検討書を作成，(2) 大統領・国務総理の出席会議，主要政策審議および調整のための次官級以上の会議，主要党政協議会等には必ず会議録を作成，(3) 視聴覚資料の作成対象としては，大統領・国務総理・長官など主要公職者の国政活動と人物写真，外国元首・首相等主要人物の韓国関連主要動向，主要行事，大規模の工事または事業，主要事件・事故，史料的価値が高い構造物などである。重要な事項ほど記録を残さないというこれまでの慣行・風土を改善し，記録資料の生産原則を通じて，大統領，国務総理，長官など主要公職者の業績資料が体系的に保存され，後世の歴史で公正に評価できるようにした。

2） 登録の原則

　今後，生産され，受け付けられる記録資料は生産・処理課別にコンピュータ登録され，生産・処理課コードと年度別登録連番で構成される登録番号とが付与される。さらに，記録資料にこの番号を表示し，コンピュータによるチェックを可能にする。視聴覚記録資料，各種カード類など多様な記録資料の登録管理が可能な書式およびソフトウェアを開発し，1回の登録により生産現況報告，索引目録，移管目録などを一括処理できるようにした。

3）移管の原則

　生産・処理課で生産された記録資料は一定期間の経過後は必ず専門保存機関に移管する。記録資料は処理課で2年以内の間活用した後，資料館に移管する。資料館では7年間保存後，準永久以上の記録資料については専門管理機関に移管する。記録管理の電算化によって，資料館での保有期間が現行の13年から9年に大幅に短縮され，これによって事務的環境の改善が実現される。また移管された記録物は保存価値および保存状態をそれぞれ3等級に評価・区分し，光ディスクまたはマイクロフィルムなどの保存媒体に収録・管理する。記録資料の保存期間は7種（永久・準永久・20年・10年・5年・3年・1年保存）に分類される（同施行令第15条）。

4）標準化の原則

　記録管理の標準化を推進するため，標準化の対象，手続，推進体系を樹立する。記録管理の業務，システム，機関，媒体別など分野別の標準を国際標準に適合するように設計し，記録管理の詳細なマニュアルを開発して，記録管理の統一性と体系性を確保する。

(3)　重要歴史資料の収集・保存強化

1）大統領記録保存

　これまで体系的に収集されていなかった大統領関連記録の収集・保存の手続を具体的に規定し，歴史資料として活用できるようにした。大統領関連記録物の範囲は，大統領決裁文書・報告文書，大統領または補佐機関の生産・受付文書，大統領または首席秘書官が出席した政策調整会議の会議録，業務関連のノート・日程表・訪問客名簿および対話録，視聴覚記録，家族の公的業務活動記録など多様である（法第13条，施行令第28条）。

　収集方法としては，大統領関連記録資料の目録を現職大統領の任期終了の40日前までに大統領当選者が指名する者に送付し，引き継ぐべき文書と収集保存する文書を区分し，中央記録物管理機関で収集・保存するようにした。また，大統領記録館を中央記録物管理機関の傘下に置くように規定し，集中保存できる基盤を作った。

2) 秘密記録の保存

これまで秘密記録は保安管理上の問題で保存期間の経過後に廃棄していたが，歴史資料としての価値を考慮し，保存手続および基準を作成し，専門管理機関で保存できるようにした。したがって，秘密記録の原本は必ず保存期間によって分類し，保存の期間終了に一般文書に再分類する場合には，次の年に専門管理機関に移管できるようにした。専門管理機関では秘密記録専用の書庫を設置し，管理要員を指定・運営できるようにした（法第14条，施行令第29条）。

(4) 専門職員制度

1) 記録資料管理の専門職員の資格と配置人員

記録資料管理機構には一定の資格要件と専門知識，使命感をもつ専門職員の配置を義務化した（法第25条）。専門職員の資格は大学院の記録管理学課程を修了，修士学位以上の資格を持つ者や既存の記録管理部署の公務員の中で所定の教育を履修したものと規定している。専門職員の業務は，記録管理政策，記録資料の収集・分類・評価・保存・廃棄決定，電算管理，移管，記録資料の編纂，公開活用など記録管理のすべての分野を包括している。中央行政機関および地方自治団体の資料館に1名以上，記録管理機関には構成員の4分の1を記録管理の専門職員を配置するようにした（施行令第40条）。

2) 経過措置

専門職員の配置に関しては，記録管理職の新設を関連部署と協議し，専門職員の本格的な養成までは相当の時間が必要であるため経過措置を設けている。これにより，中央行政機関は2004年末，地方自治団体は2006年末，中央行政機関の所属機関は2008年末，その他の機関は2010年末までに，記録管理に従事する一般職公務員を記録専門職に置換えるよう経過措置で規定している（施行令付則第4条）。

(5) 処罰の強化

記録資料を故意に破棄または隠匿する場合，厳重な処罰規定を規定している。すなわち，重要記録資料を無断で破棄または海外に搬出した場合は，7年以下の懲役または1千万ウォン以下の罰金に処する。また記録資料を無断で隠匿，

流出または重過失に滅失させた場合は，3年以下の懲役または5百万ウォン以下の罰金に処する。また，不法流出記録物の調査活動を意図的に妨害する不法行為は2年以下の懲役または3百万ウォン以下の罰金に処するなどが定められている（法第29,30,31,32条）。

5．国家記録管理の推進体制と現況

1999年法制定以降，標準化・電子化などさまざまな方面に進展が見られているが，記録管理における新たな変化を十分に受容するには至っていないのも事実である。2004年に各行政機関（大統領秘書室以外の総60機関，市・道および教育庁など総63機関）を対象に行われた記録管理の実態調査によると，未だ政策決定上の重要文書を登録管理せずに，結果記録のみを管理する慣行が残っており，また主要記録物を法的手続によらず廃棄する事例も少なくないと報告されている。また，会議録の作成義務も適正に行われず，検索システムの非効率性と閉鎖的な行政文化のため，記録情報の公開もまだ十分とはいえない。2000年法律の施行以前は，各機関が移管する文書のみを受動的に受け入れ保存する水準であったため，過去の記録の保存状態も十分とは言えず，重要記録の欠落も多いという実情である。また，各機関自体が保管している記録も専門施設・装備と専門職員の不足により適切に管理されているとは言い難い状況である。

最近，記録管理に対する国民の関心が高まり，政府の記録管理の革新を強く要求している。インターネットの普及，市民の参加意識と透明性の要求などにより，政府は2004年末から記録管理革新を政府革新のアジェンダと設定し，積極的に推進している。情報化，民主化，分権化の趨勢が加速され，記録管理のパラダイムも急激に変化している。電子政府事業の推進・進行により，政府の業務遂行方式がオフラインからオンライン方式に変わり，それにより紙媒体で生産された記録が電子記録形態に変化している。さらに，インターネット民主主義の開花により，参加と透明性に対する国民の要求が増大し，これにより記録情報の公開閲覧サービスの拡大が重要な課題として台頭している。

これまでの推進体制および現況を以下に要約する。

1．記録管理の改革案を策定するため，2004年10月から大統領秘書室（業務および記録管理革新タスクフォース），政府革新地方分権委員会（記録管理革新専門委員会），行政自治部の国家記録院（国家記録管理体系改善企画団）が緊密に協力する推進体系を構築・運営している。その成果として，2005年7月に記録管理革新の中・長期方案を内容とする「国家記録管理革新ロードマップ」（No Records, No Government）（政府革新地方分権委員会・記録管理革新専門委員会）が発表された。このロードマップでは参与民主主義の時代において記録文化の定着を実現するための4つの目標として，(1) プロセス革新を通じた効率化と責任の同時実現，(2) システム革新を通じた知識情報化の達成，(3) 国家記録管理のための革新動力の確保，(4) 国際標準に合致する法・制度の整備など，が挙げられている。

2006年2月に行政自治部国家記録院により発表された「記録管理革新総合実践計画」では，記録管理革新の基本方向を以下のように説明している。

① 透明かつ責任ある記録行政を実現するため，公的行為の記録の徹底化
　・業務過程と結果を記録として生産・管理することの徹底化
　・大統領記録等重要記録の徹底した管理体系の構築
② 記録管理の全過程の電子化，業務基盤の電子記録管理システムの構築，生産から保存・活用まで記録管理の全過程の電子的記録管理体系の構築
③ 記録情報の公開活用体系の構築，顧客中心の記録情報サービスの拡大
　・記録情報コンテンツ構築を通じたデジタルアーカイブの実現
　・国の統合検索システムの構築
④ 国家記録管理体系の改革およびインフラ構築による記録管理改革の強化
　・記録管理の標準制定および国家記録管理体系の効率化
　・専門職員，施設・装備などインフラの拡充

2．記録管理の実務者に対する体系的な専門教育（初級7回，469名，中級3回，92名）の実施，随時教育および機関訪問教育の実施により，記録管理制度の重要性および記録管理の意識改革を推進している。また，中央行政機関，地方自治団体，教育庁など各級行政機関123機関を対象に，記録管理の実態の指導・点検を実施し，記録管理の法令の遵守および施行の雰囲気を醸成し

ている。さらに，記録管理革新のモデル事業を推進するために2004年12月に法務部，行政自治部，国防部，法制処など7つの部署を記録管理の先導部署として指定し，これらの先導部署は記録資料の体系的な管理のためのインフラ構築など記録管理に関する共通の改革を遂行している。

3．資料館のシステム構築の拡大，重要記録物の整理・電算化作業を通じて，体系的な記録資料の管理および記録情報の効率的な活用体系を構築している。電子文書生産の増加と記録資料処理のすべてを電子化するための電子文書システムを構築，資料館システムおよび国家記録院記録管理システムを構築した。2004年から新しい電子文書システムが本格的に運営され，10月まで中央行政機関188機関に対する資料館システムの構築を完了し，2004年末まで地方自治団体，教育庁など総708機関中446機関のシステムが構築された。

　一方，2004年から施行された記録資料分類基準の早期定着のために，組織変更に伴う分類基準の変更処理（約900余機関・約12万の単位業務）および管理要員に対する教育を継続的に実施している。また，国際標準による記録資料の記述体系を構築，効率的な管理を推進している。また，記録資料のデジタル化のために21の行政機関を対象に169億ウォンを投入，行政機関記録資料データベースを構築中である。

　日本，モンゴル，米国などにある韓国関連の海外記録資料を体系的に収集しており，歴代大統領関連記録資料も積極的に収集している。また，国の重要記録資料を記録遺産として安全に保存し，保存書庫のスペース不足を解消するために国家記録資料保存書庫の新築を本格的に推進している（2007年竣工予定）。

　上で言及したように，2005年に国家記録院を記録管理の革新組織として拡大・改編し，記録管理の革新を担当する「記録管理革新団」などを新設，公募による専門職員の大幅採用による専門性の強化，業務基準および手続の革新，記録資料の目録のオンライン公開，主要記録資料の原文サービスの拡大，学術および教育資料サービス体制の構築などを積極的に推進している。

　記録管理法の制定に伴い，記録管理専門家の養成のため，全国10余りの大学に記録管理学の教育課程が設置され，また長・短期教育研修プログラムが

設置されたが，関連の協会・学会の活動も活発になった。韓国の記録保存資料の保存・復元に関する研究（学会誌「記録保存と管理」を発刊）等を推進するために1995年に創立された「韓国記録保存協会」は1999年にその名称を「韓国記録管理協会」に変更，その活動領域を拡大・展開した。また，記録管理学の研究と発展のために2000年7月に「韓国記録管理学会」（学会誌「韓国記録管理学会誌」発刊）が創設され，学問としての記録管理学の理論と実際に関する研究が本格化した。1998年設立された韓国記録研究院は1999年から「記録学研究」を発刊，同年明知大学と協力し，1年課程の「韓国記録管理学教育院」を開設した。2001年から「記録学研究」を韓国記録学会誌に変更，年1回刊行している。

6. おわりに

韓国において「記録管理法」の制定により，記録資料の管理が重要な国家機能の一つとして認識する土台が形成された意義は大きい。1999年の制定以来，国家記録資料の管理計画は国の重要な政策課題の一つとして国レベルで積極的に推進されている。

最近，情報化，民主化，分権化の趨勢が加速して記録管理のパラダイムが急激に変化するとともに，電子政府事業の推進によって政府の業務遂行方式がオンライン方式に変わったことで，紙媒体から電子記録媒体への変化が生じている。さらに，インターネットの急速な普及により，参加と透明性に対する国民の要求が増大し，これにより記録情報の公開閲覧サービスの拡大が重要な課題となっている。

韓国では1996年12月31日に情報公開法（公共機関の情報公開に関する法律）が公布され，その制定理由として，公共機関が保有・管理する情報の公開義務および国民の情報公開請求に関して必要な事項を定めることにより，国民の知る権利を保障するとともに国政に対する国民の参与と国政運営の透明性を確保することが説明されている。2004年に一部改正が行われ，その主な内容には，公共機関の積極的・自発的情報公開のための事前公表の義務化，国民の情報公開請求の便宜をはかるために情報目録の作成および備置の義務化などが含まれ

ており，公共機関の記録管理と直結したものとなっている。このように電子記録管理体系の構築と記録情報の積極的な公開活用体系の構築により知識情報社会を先導する国の記録管理政策が推進されている。さらに，記録管理関連法の法令整備のため，2006年1月に記録管理法改正案が国会に提出された。

上で紹介した「国家記録管理革新ロードマップ」や「記録管理革新総合実践計画改革」の目標達成のために，細部の実践計画を樹立して実行する一方，記録管理に対する意識改革や専門職員の養成，国際的な協力体制など長期的な政策課題が山積している。これらに対して強い意志を持って緻密に改革を推進していくことが必要である。

また，専門教育研究機関や専門職団体としての韓国記録管理学会，韓国記録管理協会，韓国記録学会等が国家記録院等の政府機関と緊密に協力し，記録管理分野の専門的知識・理論・技術の研究開発により，記録管理の専門家を養成し，また記録管理の現場を発展させてゆくことが望ましい。それによって，韓国の古くからの記録文化の伝統を継承し，現在の知識情報社会の基盤となる記録文化の発展に貢献しなければならない。

参照文献

1) 金　容媛. 韓国における国家記録資料管理システムの現況. レコードマネジメント. No.35, 1997, p.43-51.
2) 金　容媛. 記録管理学発展のための教育課程に関する研究. 韓国記録管理学会誌. Vol.1, No.1, 2001, p.69-94.
3) 金　聖洙. 国家記録物管理の現況に関する発展的提言. 韓国記録管理学会誌. Vol.3, No.1, 2003, 159~183.
4) 韓国行政自治部. 行政自治部白書.
5) 政府革新地方分権委員会（記録管理革新専門委員会）. 国家記録管理革新ロードマップ. 2007, 39p.
6) 韓国行政自治部. 国家記録院「記録管理革新総合実践計画」. 2006, 57p.
7) （韓国）公共機関の記録物管理に関する法律（制定1999.1.29法律第5709号）
8) 公共機関の記録物管理に関する法律施行令（制定1999.12.7大統領令第16609号）

関連ＵＲＬ：

1）韓国行政自治部：http://www.mogaha.go.kr
2）国家記録院：http://www.archives.go.kr
3）記録管理革新専門委員会：http://www.innovation.go.kr
4）国立中央図書館：http://www.nl.go.kr
5）国史編纂委員会：http://kuksa.nhcc.go.kr
6）国会図書館：http://www.nanet.go.kr
7）奎章閣：http://kyujanggak.snu.ac.kr
8）韓国映像資料院：http://cinematheque.or.kr
9）韓国国家記録研究院：http://www.rikar.org
10）韓国記録管理協会：http://www.girok.or.kr
11）国家電子図書館：http://www.dilibrary.go.kr
12）デジタル記録保存所：http://archive.kbi.re.kr
13）国会記録保存所：http://www.assembly.go.kr/archives
14）行政自治部 資料館：http://lib.mogaha.go.kr
15）電子官報（行政自治部　法務担当官室）http://gwanbo.korea.go.kr
16）ソウル特別市　総合資料館：http://src.metro.seoul.kr
17）ソウル大学（校）記録館：http://archives.snu.ac.kr

＜付録：韓国国家記録管理法＞

正式名称：公共機関の記録物管理に関する法律（制定1999.1.29　法律第5709号）

第1章　総則

第1条（目的）この法は公共機関の記録物管理に関する必要な事項を定めることにより，記録遺産の安全な保存および公共機関の記録情報の効率的活用を図ることを目的とする。（施行日2000.1.1）

第2条（定義）この法で使用する用語の定義は以下の通りである。

1. 「公共機関」とは国家機関・地方自治団体（地方公共団体），その他，大統領令で定める機関をいう。
2. 「記録物」とは公共機関が業務と関連し生産または受け付けた文書・図書・台帳・カード，図面・視聴覚資料・電子文書などすべての形態の記録情報資料をいう。
3. 「記録物管理」とは，記録物の収集・保存・活用およびそれに付随する諸般の活動をいう。
4. 「記録物管理機関」とは，一定の施設及び装備と専門人力を備え，記録物管理業務を遂行する機関をいい，専門管理機関・資料館および特殊資料館に区分する。
5. 「専門管理機関」とは，記録物管理機関の内，永久保存のための施設および装備と専門人力を備え，記録物管理業務を専門的に遂行する機関で，以下の各号の機関をいう。
    1. 中央記録物管理機関
    2. 特殊記録物管理機関
    3. 地方記録物管理機関
    4. 大統領記録館
    5. その他類似の機能を遂行する機関として，大統領令で定める公共機関（施行日2000.1.1）

第3条（公務員の義務）　すべての公務員は公共機関の記録物を保護する義務を負う。（施行日2000.1.1）

第4条（他の法律との関係）　記録物管理に関する他の法律に特別な規定がある場合を除き，本法に定めるところによる。（施行日2000.1.1）

第2章　記録物管理機関

第5条（中央記録物管理機関）

1. 記録物管理を総括・調整するために行政自治部長官所属下に中央記録物管理機関を置く。
2. 中央記録物管理機関を次の各号の業務を遂行する。
    1. 記録物管理に関する基本政策の決定および制度の改善
    2. 記録物の収集・保存および活用
    3. 国家記録物の指定および保存
    4. 記録物管理の技術及び技法の研究・普及および標準化
    5. 記録物管理の従事者に対する教育
    6. 記録物管理に関する指導・監督
    7. 記録物管理に関する交流・協力
    8. その他，記録物管理に関する事項

（施行日2000.1.1）

第6条（特殊記録物管理機関）

1. 国会・法院（裁判所）・憲法裁判所・中央選挙管理委員会・国家安全企画部または軍機関は，記録物を中央記録物管理機関に移管せずに直接管理する方が適当であると認められる場合には特殊記録物管理機関を設置・運営することができる。
2. 特殊記録物管理機関は次の各号の業務を遂行する。
   1）管轄公共機関の記録物管理に関する基本計画の樹立・施行
   2）管轄公共機関の記録物の収集・保存および活用
   3）管轄公共機関の記録物管理に関する指導・監督
   4）中央記録物管理機関との協調による記録物の相互活用および保存の分担
   5）その他，管轄公共機関の記録物管理に関する事項（施行日2000.1.1）

第7条（地方記録物管理機関）

1. 特別市・広域市または道は，当該地方自治団体およびその管轄区域内にある市・郡または地方自治団体である区（以下，"管轄内地方自治団体"とする）の記録物を中央記録物管理機関に移管せずに直接管理しようとするときは，中央記録物管理機関の長と協議し，地方記録物管理機関を設置・運営することができる。
2. 地方記録物管理機関は次の各号の業務を遂行する。
   1）当該地方自治団体及び管轄内地方自治団体の記録物管理に関する基本計画の樹立・施行
   2）当該地方自治団体および管轄内地方自治団体の記録物の収集・保存および活用
   3）当該地方自治団体の記録物管理に関する指導・監督
   4）管轄内地方自治団体の記録物管理に関する指導
   5）中央記録物管理機関との協調による記録物の相互活用および保存の分担
   6）その他，当該地方自治団体および管轄内地方自治団体の記録物管理に関する事項（施行日2000.1.1）

第8条（大統領記録館） 大統領関連記録物の効率的管理と展示のために必要な場合には中央記録物管理機関の所属下に大統領記録館を設置・運営することができる。（施行日2000.1.1）

第9条（資料館）

1. 公共機関の記録物を効率的に管理するために大統領令で定める公共機関は資料館を設置・運営しなければならない。
2. 資料館は次の各号の業務を遂行する。
   1）当該公共機関の記録物の収集・保存および活用
   2）資料館が設置されていない所属の公共機関の記録物管理
   3）専門管理機関への記録物の移管
   4）専門管理機関との協調による記録物の相互活用および保存の分担
   5）当該公共機関の記録物に対する情報公開請求の受付
   6）その他，当該公共機関の記録物管理に関する事項（施行日2000.1.1）

第10条（特殊資料館）

1. 統一・外交・安保・捜査分野の記録物を生産または保存する公共機関の長は記録物の特性上記録物を当該公共機関で長期間保存した後に専門管理機関に移転した方が適当であると認められる場合には、中央記録物管理機関の長と協議し、特殊資料館を設置・運営することができる。
2. 特殊資料館は専門管理機関に準ずる保存施設及び装備と専門人力を備えなければならない。（施行日2000.1.1）

第3章 記録物管理

第11条（記録物の生産義務）

1. 公共機関の長は歴史資料の保存および責任ある業務遂行のために業務の立案段階から終結段階までその過程および結果がすべて記録物として残るよう必要な措置を講じなければならない。
2. 専門管理機関の長は、歴史資料の保存のため必要と認められる場合には、関連公共機関に特定事項に関する記録物の生産義務を課すことができる。
3. 専門管理機関の長は、歴史資料の保存のために関連記録物を直接生産する必要があると認められる場合には、関連公共機関または行事等に所属公務員を派遣し、記録するようにすることができる。（施行日2000.1.1）

第12条（記録物管理）

1. 公共機関は大統領令の定めるところにより記録物に分類番号を付与してこれを登録し、その保存期間・方法・場所および公開の可否を分類して管理しなければならない。
2. 公共機関は大統領令の定める期間内に記録物を所管の記録物管理機関に移管しなければならない。
3. 資料館または特殊資料館は、第1項の規定により専門管理機関で保存するよう分類された記録物を、大統領令で定める期間内に所管の専門管理機関（地方記録物管理機関が設置された特別市・広域市・または道の管轄内地方自治団体は、当該特別市・広域市または道の地方記録物管理機関をいう）に移管しなければならない。
4. 第3項の規定にかかわらず、特殊資料館は所管の記録物を生産年度または受付年度終了後30年まで移管時期を延長することができる。但し、第1項の規定により非公開として分類された記録物で30年経過後においても特別管理が必要と認められる記録物については、中央記録物管理機関の長と協議し、移管時期を延長することができる。
5. 公共機関は記録物の円滑な収集および移管のために、大統領令の定めるところにより、毎年記録物の生産現況を所管の記録物管理機関に通報しなければならない。
6. 専門管理機関の長は管轄の公共機関の記録物の管理状態を随時点検しなければならない。（施行日2000.1.1）

第13条（大統領関連の記録物管理）

1. 大統領およびその補佐機関が大統領の職務遂行と関連して生産または受け付け

たすべての記録物は中央記録物管理機関の長がこれを収集し保存しなければならない。
2．何人も，第1項の規定により大統領関連の記録物を無断で廃棄・毀損したり，または保存している公共機関の外に搬出してはならない。
3．大統領関連の記録物を生産または受け付けた公共機関の長は，大統領関連記録物の円滑な収集および保存のために，毎年大統領関連記録物の目録を中央記録物関連機関の長に通報しなければならない。
4．中央記録物管理機関の長は，大統領の任期終了6ヶ月前から任期終了までの期間中に，第1項の規定による大統領関連記録物を収集して保存し，次の大統領に引き継ぐよう措置しなければならない。（施行日2000.1.1）

第14条（秘密記録物の保存）　公共機関は秘密として分類される記録物を生産するときには，当該記録物の原本に秘密保護期間および保存期間を共に定め，保存期間が満了する時まで保存するようしなければならない。

第15条（重要記録物の二重保存）
1．永久保存として分類された記録物の内，重要な記録物については複製本を制作して保存したり，保存媒体に収録する等の方法で二重保存することを原則とする。
2．記録物管理機関が保存する記録物の内，保存媒体に収録された重要記録物は安全な分散保存のために当該記録物の保存媒体の写本を中央記録物管理機関に送付しなければならない。但し，国家安全企画部の記録物はその限りではない。（施行日2000.1.1）

第16条（刊行物の保存）
1．公共機関は，刊行物を発刊しようとする場合には所管の専門管理機関から発刊登録番号が付与されなければならない。
2．公共機関は発刊する刊行物に第1項に規定による発刊登録番号を表記しなければならず，刊行物が発刊されたら遅滞なく当該刊行物3部を各々管轄資料館または特殊資料館，管轄専門管理機関および中央記録物管理機関に送付し，保存・活用できるようしなければならない。

第17条（記録物の公開可否の分類）
1．記録物管理機関は記録物の公開請求に迅速に応じるため，保存する記録物の公開可否をあらかじめ分類しなければならない。
2．公共機関は記録物を移管する場合には当該記録物の公開可否に対する意見も合わせて提出しなければならない。
3．専門管理機関は非公開として分類され管理される記録物の内，生産年度終了後30年が経過した記録物については公開可否を再度分類しなければならない。
4．第3項の規定により再分類する専門管理機関の長は，当該記録物の生産機関に対して再分類に関する意見を提出するよう要請することができる。但し，外交関連記録物の公開に関しては外交通商部長官の意見を聞かなければならない。
5．専門管理機関の長は，第3項の規定により30年が経過した記録物を引き続き非公開記録物として分類しようとする場合

には，あらかじめ中央記録物管理機関の長と協議しなければならない。（施行日2000.1.1）
第18条（廃止機関の記録物管理）　公共機関が廃止された場合であってその事務を承継する機関がないときには，廃止される公共機関の長は遅滞なく保存する記録物を所管の専門管理機関に移管しなければならない。（施行日2000.1.1）
第19条（記録物の回収）
1．公共機関の長または専門管理機関の長は，記録物が流出して民間人がこれを保有した場合には当該記録物を回収しなければならない。その場合，善意で取得した第三者に対しては大統領令で定める基準により正当な補償が行うことができる。
2．関係公共機関（国家機関および地方自治団体に限る）の長または専門管理機関の長は，第1項の規定による記録物の回収のために必要と認められる場合には，関係公務員が民間人が保有する記録物の目録および内容を確認し，その他必要な調査を行うようにすることができる。
3．第2項の規定により調査を行う公務員は，その権限を表示する証票を関係者に提示しなければならない。（施行日2000.1.1）
第20条（国家記録物の指定）
1．中央記録物管理機関の長は，民間人が保有する記録物が公共機関の業務遂行に関連して生産され国家的に保存する価値が高いと認められる場合には第26条の規程による国家記録物管理委員会の審議を経てこれを国家記録物として指定するこ

韓国における国家記録管理の施策と体制

とができる。
2．記録物を保有した者は，中央記録物管理機関の長に対して当該記録物を国家記録物として指定するよう申請することができる。
3．中央記録物管理機関の長は，第1項の規定による国家記録物の指定のため必要であると認められる場合には，関係公務員が民間人が保有する記録物の目録および内容を確認し，その他必要な調査を行うようにすることができる。
4．第19条第3項の規定は，第3項の規定による調査の場合にこれを準用する。
5．第1項または第2項の規定による指定がある場合には，記録物を保有する者に指定事実を通報しなければならない。（施行日2000.1.1）
第21条（指定記録物の処分申告等）
1．第20条第1項および第2項の規定により指定された国家記録物（以下"指定記録物"とする）の所有者または管理者は，当該記録物を処分したときには大統領令で定める期間内に中央記録物管理機関の長に申告しなければならない。
2．中央記録物管理機関の長は，指定記録物の保護のためにやむをえないと認められる場合には所有者または管理者の同意を得て当該指定記録物を専門管理機関に委託保存することができる。
3．指定記録物の所有者または管理者は，中央記録物管理機関の長に対して，当該指定記録物を第2項の規定による委託保存することを申請することができる。
4．中央記録物管理機関の長は，指定記録

物の所有者または管理者に対して写本の制作に協調するよう要請することができる。（施行日2000.1.1)

第22条（記録物の廃棄）　公共機関が記録物を廃棄しようとするときには，大統領令の定めるところにより，あらかじめ所管の記録物管理機関の審査を受けなければならない。

第4章　記録物管理の標準化および専門化

第23条（保存施設および装備）　記録物管理機関は記録物を安全に保存できるよう大統領令の定める基準に適合する保存施設と装備を備えなければならない。（施行日2000.1.1）

第24条（記録物管理の標準化）

1. 記録物管理機関が記録物をマイクロフィルムまたは電子媒体に収録して管理する場合には，中央記録物管理機関との相互流通および活用を可能になるよう，中央記録物管理機関の定める基準に従って管理しなければならない。
2. 中央記録物管理機関の長は，長期間保存する記録物に使用する材料・筆記具等の規格を定めることができる。（施行日2000.1.1）

第25条（記録物管理専門要員）

1. 記録物の体系的かつ専門的管理のために，記録物管理機関には記録物管理の専門要員を配置しなければならない。
2. 記録物管理の専門要員の資格および配置人員等に関して必要な事項は，国会規則・大法院（最高裁判所）規則・憲法裁判所規則・中央選挙管理委員会規則およ

び大統領令で定める。（施行日2000.1.1）

第5章　補　則

第26条（国家記録物管理委員会）

1. 次の各号の事項を審議するため，中央記録物管理機関に国家記録物管理委員会（以下"委員会"とする）を置く。
   1) 記録物管理に関する基本政策
   2) 専門管理機関間の協力
   3) 他の法令により委員会の審議事項として定める事項
2. 委員会の委員は中央記録物管理機関および特殊記録物管理機関の長と行政自治部長官が委嘱する学界および関連分野の専門家で構成する。
3. 委員会に委員長1名を置き，委員長は委嘱委員の内で互選する。
4. 委員会の構成・運営等に関して必要な事項は大統領令で定める。（施行日2000.1.1）

第27条（保存媒体に収録された記録物の原本推定）　記録物管理機関が大統領令の定める基準と手続きにより保存媒体に収録した記録物は，原本と同一のものと推定する。（施行日2000.1.1）

第28条（委任規程）　本法の施行に関して必要な事項は，国会規則・大法院規則・憲法裁判所規則・中央選挙管理委員会規則および大統領令で定める。（施行日2000.1.1）

第6章　罰　則

第29条（罰則）　以下の各号の一に該当する者は7年以下の懲役または1千万ウォ

ン以下の罰金に処する。
1．記録物を無断で破棄した者
2．記録物を無断で国外に搬出した者。
（施行日2000.1.1）

第30条（罰則）　以下の各号の一に該当する者は3年以下の懲役または5百万ウォン以下の罰金に処する。
1．記録物を無断で隠匿または流出した者
2．記録物を重過失により滅失させた者
3．記録物を故意または重過失により一部内容が把握できないよう損傷させた者。
（施行日2000.1.1）

第31条（罰則）　第19条第2項または第20条第3項の規定による調査を拒否・妨害または忌避した者は2年以下の懲役または3百万ウォン以下の罰金に処する。
（施行日2000.1.1）

第32条（過怠料）
1．第21条第1項の規定による申告をしない者は1百万ウォン以下の過怠料（過料）に処する。
2．第1項の規定による過怠料は大統領令の定めるところにより中央記録物管理機関の長が賦課・徴収する。
3．第2項の規定による過怠料処分を不服とする者は，その処分の告知を受けた日から30日以内に中央記録物管理機関の長に異議を提起することができる。
4．第2項の規定による過怠料処分を受けた者が第3項の規定により異議を提起した場合，中央記録物管理機関の長は遅滞なく管轄法院にその事実を通報し，その通報を受けた管轄法院は非訟事件手続法による過怠料の裁判を行わなければならない。
5．第3項に規定による期間内に異議を提起せずに過怠料を納付しない場合には，国税滞納処分の例に従ってこれを徴収する。（施行日2000.1.1）

付　則

1．（施行日）本法は2000年1月1日より施行する。
2．（経過措置）本法の施行当時に保有している記録物は，本法による記録物とみなす。

評価選別論の死角：
実証的アーカイブズ学への視座

田窪 直規

第1章 はじめに

　アーカイブズ学の世界では，評価選別論が非常に重視されている[1]。この分野に「関する論考は数多くあり，その範囲も多岐に及」[2]び，この分野の論者たちによって，評価選別に関するさまざまな提案や主張がなされている。

　しかしながら，批判を恐れずに大胆に断ずれば，この分野の研究は，基礎のない砂上に楼閣を築くがごとき研究のように，筆者の目に映る。というのは，筆者の調査の限り，この分野では，そもそも，評価選別に関する提案や主張を行うための基礎研究が，ほとんどなされていないように思えるからである。基礎のないところに，自身の評価選別に関する提案や主張を行っても，むなしいだけである。

　今，評価選別論（の分野）に求められているのは，基礎研究だと，筆者は考えている。特に，筆者の目には，実証性という点に，従来の評価選別論の死角があるように観える。そこで，当論では，評価選別論のための基礎研究として，実証的研究の必要性を訴えたい。

　以下，第2章で，評価選別という作業について，アーカイブズ学や記録管理学との関係で解説を加えつつ，この作業を位置付ける。第3章で，評価選別法に関する代表的な説を紹介し，筆者の興味に基づいてこれらの説を整理し，現在の研究動向を概観する。第4章で，筆者が主張する，基礎研究としての実証的研究（の必要性）について述べる。最後に，第5章で，当論のまとめを簡単に行い，現時点では，実務的に，どのようにして評価選別を行えばよいのかという点について，少々論じる。

　なお，当論集の執筆依頼的文書によると，当論集では，「導入的な概説または動向の解説等」を行うということになっているので，以下では，この点をも意識して，記すことにする（特に第2章，第3章）。

第2章　評価選別(という作業)の位置：その不可避性と重要性

　アーカイブズ学や記録管理学の世界では，記録のライフサイクル説に基づいて，記録（文書類）を，大きく時系列的に，現用，半現用，非現用の3段階に区分することが多い。

　現用に区分される記録は，一般に，作成されてから，あまり時間が経過していない記録である。これは，いわば"活きている"記録といえ，これを作成した組織（の活動）との関係で，現に必要とされている記録である。それゆえ，いつでもこれを参照できるように，組織活動の場（例えばオフィス）で，これを組織化し，保存することが求められる。

　半現用に区分される記録は，一般に，作成されてから，ある程度の時間が経過した記録である。これは，その生命を終えつつある記録，すなわち，これを作成した組織から観て，まったく必要ではないとはいえないものの，あまり必要とはされない記録である。それゆえ，これを組織活動の場に保管して，このためにスペースをさくのは，得策ではない。通常，このような記録は，組織活動の場から文書庫（レコード・センター）などに移して，保管しておけばよいとされる。

　非現用に区分される記録は，一般に，作成されてから，かなりの時間が経過した記録である。これは，これを作成した組織から観て必要とされない，いわば"用済み"の"死んだ"記録であり，廃棄対象となるものである。

　確かに，非現用記録は，これを作成した組織という観点からは，必要とされず，廃棄の対象となる記録である。しかし，組織以外の観点，例えば歴史学を中心とする研究的観点や市民の観点[3]からは，このような記録といえども，少なくとも潜在的には，そのすべてが資料[4]（情報資源）となりうる。その意味では，すべての非現用記録は，廃棄されるべきではなく，保存されるべきである。

　だが，そうだからといって，すべての記録を保存するのは不可能である。スペースの許す範囲，かつ，記録の組織化が可能な範囲にまで，保存する記録を絞り込まざるをえない。それゆえ，記録を評価し，保存する記録と廃棄する記

41

録を取捨選択するという作業が，必然的に生じる。この作業のことを，アーカイブズの世界では，評価選別（作業）と呼んでいる。[5),6)]

この作業いかんによって，少なくとも潜在的には資料となりうる記録のうち，どれが廃棄され，どれが保存されるかが変わってくるので（より端的に述べれば，将来貴重な資料となるかもしれない記録の生き死にが，決まってくるので），この作業は，「アーキビストの主要任務のひとつ」[7)]とされており，アーカイブズの世界で，非常に重視されている。

なお，アーカイブズ学と記録管理学の関係について，評価選別という点に注目して記せば，おおむね，次のように記すことができよう。評価選別の結果，残った非現用段階の記録が，主に，アーカイブズ学の対象とされる。すなわち，このような記録がアーカイブズとされ，アーキビストによって，文書館（アーカイブズ）で管理・保管されるのである。これに対して，この段階以前の記録は，主に，記録管理学の対象とされ，レコード・マネージャーによって管理される。[8)]

ここで注意が必要なのは，記録が，現用から半現用に，そして，これから非現用に移行する際にも，一種の評価選別という作業が生じるということである。この場合の評価選別は，基本的には，記録管理学の対象となるものであり，上述のように，これを作成した組織という観点から，当該記録（群）の価値が測られ，評価選別が行われる。

これに対して，非現用段階の記録に対する評価選別は，基本的にはアーカイブズ学の対象となるものであり，本来なら，将来利用という観点から，記録（群）の価値が測られ，評価選別が行われるべきものである。しかし，ことはそう単純ではなく，この段階の評価選別法に関しては，さまざまな説がある（この点については，第3章で詳しく見る）。

この段階での評価選別は，英語では，この言葉の英語とされる"appraisal"の前に"archival"を付して，特に，"archival appraisal"と呼ばれることがある。当論で対象とする評価選別は，当論のタイトルやこれまで記してきたことからも明白なように，"archival appraisal"である。なお，"appraisal"という語については，当章の終わりで，少々検討を加える。

今まで，記録のライフサイクル説に則して記してきたが，この説のように，

記録のライフサイクルの最終段階に断層を認め，記録管理学の世界とアーカイブズ学の世界に分けることをせず，ライフサイクルを一体的にとらえるという，記録連続体（record continuum）説が，最近，日本でも注目されだしている[9]。この説に基づいて，記録のライフサイクルを一体的にとらえて，従来の記録管理からアーカイブズ管理までをも視野に入れる場合には，これらの用語に代えて，特に，記録保管（record keeping）という用語が使用される。

　なお，「評価選別」は，「評価・選別」や「評価と選別」などと記されることもあるが，これは，2段落上で述べたように，英語の"appraisal"と対応する用語である。手元の英英辞典[10]によると，この語は，"a statement or opinion judging the worth, value, or condition of something"という意味の語であり，手元の英和辞典[11]には，この語の訳語として「値踏み，評価；鑑定，見積り，査定」などが載っている[12]。

第3章　評価選別論の研究動向

　本来なら，評価選別（という作業）は，どの記録が将来利用され，どの記録が将来利用されないかを見極める作業になるはずである。当然，将来利用される（可能性の高い）記録が保存され，利用されない（可能性の高い）記録が廃棄されることになる。非常に単純な原理に基づく作業になるはずだが，従来の研究によると，ことはそう単純ではない。そこで，当章では，この作業がどのような原理に基づくべきものとされてきたのかという点に，主に注目して，従来の研究（動向）を整理したい。

　この分野の西洋における研究は，安藤正人[13]，石原一則[14]がよくまとめており，坂口貴弘も，これに関する発表を行っている[15]。以下，まず，第1節で，これら三者の研究で共通して取り上げられている，ヒラリー・ジェンキンソン（Hilary Jenkinson），セオドア・シェレンバーグ（Theodore R. Schellenberg），ハンス・ブームス（Hans Booms）[16]の説を，主に，安藤，石原，坂口によりながら（中でも，特に安藤によりながら）紹介し[17]，評価選別法に関する考え方を整理したい。というのは，これら三者の説は，安藤，石原，坂口によって共通して取り上げられていることからも分かるように，この分野の論文でよく

参照される，重要な（鍵となる）説であり，かつ，筆者の目には，評価選別法に関する，ある種の類型を形成しているように観えるからである。ついで，第2節で，これらの説との関係で，評価選別論に関する現在の研究動向をまとめたい。

（1） ジェンキンソン，シェレンバーグ，ブームスの評価選別論

　当節のタイトルにある三者は，研究年代の昇順で記されている。以下，この順に，それぞれの説を紹介する。その際，各説の紹介の最後のところで，結局，各説は，何を中心にすえて評価選別を行うべきと考えていたかという点（評価選別作業が基づくべき原理という点）に，主に注目して，各説を要約する。そして，当節の最後で，この点を交えて，これら三者の説を比較検討する。

　ジェンキンソンは，イギリスのアーカイブズ学の父とされる人物である。彼の研究は古く，第二次世界大戦以前のものであるが，その後の英国の評価選別法に，影響を与えたとされている。

　アーキビストや歴史家は，自身の興味や関心に目を奪われて，評価選別に関する判断を下すと，ジェンキンソンは考えた。つまり，アーキビストや歴史家には，客観的な，アーカイブズ利用に関する将来予測は不可能ということである。それゆえ，彼は，第一義的には，アーキビストではなく，当該記録に一番詳しいと考えられる，当該記録の作成組織が評価選別を行うべきであると考えた[18]。彼によると，その方が，残された記録に，記録作成組織の個性や特質が反映されるのである。

　このように考えるジェンキンソンは，記録の証拠性，不偏性，真正性を保持して後世に伝えることを重視し，記録作成組織の残した「記録に「何も足さない」「何も引かない」忠実な保管庫の番人（custodian）としてのアーキビスト像」[19]を描いた。したがって，彼の考え方からは，記録の出所（provenance）やコンテクスト（context）が尊重されるということになる。

　安藤は，ジェンキンソンの説に賛同するものではない。しかし，安藤は，記録作成組織がどう評価選別を行うかという点に，その組織の特質が表れるという，ジェンキンソンの指摘を重視し，一応は，「記録発生母体としての組織体の意志を評価選別にあたっても重視するという考え方には，それなりの理があ

ると思われる」[20]と，ある程度の評価を下している。また，坂口は，「記録史料がどのようなコンテクストの中で作成・管理されてきたか，証拠としての価値が損なわれていないかに焦点を当てるという視点」[21]に，彼の研究の意義を認めている。

なお，安藤は，前段落で記したように，ジェンキンソンをある程度は評価するものの，一方では彼を批判して，「ジェンキンソンの記録評価選別論は，第一次大戦を契機とした「記録情報の爆発」という状況からアーキビストはいかに「逃れる」かという消極的発想から出発している」[22]と記している。ただし，現在は，「電子記録情報の爆発」の時代といえるが，坂口によると，電子記録をめぐる議論の中で，ジェンキンソンの評価選別論は，再評価されているということである[23]。

当節の焦点である，何を中心にすえて評価選別を行うべきかという点に引き付けて，ジェンキンソンの説を一文に要約すれば，次のように記すことができよう。アーキビストには，客観的な，アーカイブズ利用に関する将来予測は不可能であり，評価選別にあたっては，組織像（組織の個性や特質）（の"伝承"ということ）を中心にすえるべきである。

次に，米国の国立公文書館（NARS: National Archives and Records Services，現 NARA: National Archives and Records Administration）の副館長を務めた，シェレンバーグの説を紹介する。彼の研究も，ジェンキンソンよりは新しいものの，約半世紀前の1950年代後半になされたもので，かなり古いものである。しかしながら，彼は，米国における評価選別論の父とされる人物であり，安藤により，「はじめて記録評価に関する理論らしい理論を提唱した」[24]と評されている人物である。また，彼の説は，安藤によると，「以降アメリカ合衆国のみならずヨーロッパ諸国を含めて広く世界の文書館界に用いられるようになるのである。」[25]

シェレンバーグは，記録の価値を，一次的価値（primary value）と二次的価値（secondary value）に分ける。

一次的価値は，記録作成目的と関係する価値とされるものである。これは，次の3つに分けられる。すなわち，1) 記録作成組織の業務執行に必要，もしくはこれに役立つという観点からの価値である，経営的価値（administrative value），2）記録作成組織の法的義務の履行上，もしくは法的権利の保護上役立つという観点からの価値である，法務的価値（legal value），3）記録作成組織の財務上必要，もしくは役立つという観点からの価値である，財務的価値（fiscal value），である。石原によると，「一次的価値は記録の作成当初の価値であるから，その価値の判断は記録作成者の責任とされる」[26]ものである。

二次的価値は，記録作成組織から離れた，第三者からみた利用的価値とされるものである。石原によると，この価値は，「作成当初の目的とは無関係のところで利用される価値」[27]であり，「この価値の分析はアーキビストの専門領域とされる」[28]ものである。

これは，証拠的価値（evidential value）と情報的価値（informational value）に分けられる。

証拠的価値は，記録作成組織の機能や機構を明らかにする情報の価値とされるものであり，この価値を含む記録について，安藤は，「当該組織体そのものの歴史にとっての基本史料にほかならない」[29]と記している。このような記録は次の4つに分けられる。すなわち，1）記録作成組織の運営方針や事業実行計画に関わる記録である，政策的記録（policy records），2）記録作成組織の業務の遂行過程で発生する記録である，運営的記録（operational records），3）記録作成組織を維持運営していくために必要な，人事，庶務，財産管理，会計に関する記録である，組織維持的記録（housekeeping records），4）出版物と広報記録（publications and publicity records），である。

これらの記録は，次のようにとらえられている。政策的記録は，一般に，その証拠的価値が高い。運営的記録は，記録作成組織が事業として何を行ったかの直接的な証拠的価値を有するが，その量からして，政策的記録に比して，選別保存される割合は低くなる。組織維持的記録は，記録作成組織の事業そのものに関する証拠的価値は低いが，組織の機構と機能を知るためには不可欠なので，他の評価基準と斟酌しつつ選別保存される必要がある。出版物と広報記録のうち，組織の機能・機構を知る上で重要なもの，政策立案の基礎資料として他から収集した刊行物などは，証拠的価値があり，評価選別の対象となりえ，広報活動のための記録や資料（プレス・リリース，パンフレット，ポスターなど）は，積極的に保存されるべきである。

情報的価値の対象とされる情報は，次の4つに分けられる。1）個人情報，2）団体情報，3）場所（土地）情報，4）事項・事件情報。これらの情報的価値を有する記録については，唯一性（uniqueness），形状（form），重要性（importance）の観点から，その価値が測られる。唯一性は，他の記録に含まれていない情報であるという意味での唯一性と，記録のコピーが他にないという意味での唯一性に分けられる。形状は，内容的には，記録に含まれる情報の密度の高さ，"モノ"としては，記録形式，保存状態，整理状況などの点に注目するものである。重要性は，誰にとって重要かという点から価値が測られ，その際には，記録作成組織，歴史学者，社会学者，系図学者（genealogist）や学生が考慮される。

　このように，記録を内容などによって分類し，その分類に基づいて記録の価値を評価し，記録を選別しようとするシェレンバーグの考え方は，論理的には，アーキビストによる，アーカイブズ利用に関する将来予測が可能ということが，前提となる。というのは，これが不可能であれば，そもそも，彼の分類作業は，無意味になるからである。この点に関して，スティーブ・スタッキー（Steve Stuckey）は，次のように述べている。「評価選別論に対する第2のアプローチ［シェレンバーグ的アプローチ］では，利用者のニーズ（実際もしくは予想）に即して記録の価値を決定することを認めている。」[30]

　当節の焦点である，何を中心にすえて評価選別を行うべきかという点に引き付けて，シェレンバーグの説を一文に要約すれば，次のようになろう。アーカイブズ利用に関する将来予測は可能という前提のもと（つまり，このような点を中心にすえて），評価選別は客観的に行われるべきであり，そのため，記録の内容などに注目して，これをさまざまに分類し，この分類に基づいて，記録の価値を定めねばならない。

　次は，国際文書館評議会（ICA: International Council of Archives）の会長をも務めた，ブームスの説である。彼の説もそう新しいものではない。1970年代前半のものであるから，35年ほど前のものである。彼はドイツのアーキビスト[31]であるが，彼の研究は，カナダのアーカイブズ研究者や文書館界に大きな影響を与えたとされている。

　ブームスは次のように考えた。現代の記録が将来どんな価値を持つかは分か

—— 47

らない。アーカイブズ保存の目的は，多元的な構造を持った現代社会における人々の生のさまざまな側面を，合理的な方法で，総体的に未来に伝えていくことである。だから，現代社会の価値体系のなかから，客観的な評価の方法を見出さねばならない。

ブームスは，現代社会の価値体系のなかから，客観的な評価の方法を見出すために，社会学と歴史学の方法論を統合した，社会-歴史学的方法論（socio-historical methodology）を提案し，これにより，アーキビストが個々の歴史事象や出来事の価値序列を見極めることを主張する。その際には，同時代人の価値が重視されねばならないとする。将来のアーカイブズ利用の予測は不可能であり，現代社会のさまざまな側面を将来に伝えることが大事であるという彼の考え方からは，現代に生きる同時代人の価値重視という姿勢は，素直に理解されえよう。

安藤は，従来の伝統的な方法を，"初めに記録ありき"の方法ととらえ，ブームスの方法を，"初めに社会ありき"の方法ととらえている[32]。すなわち，前者は，記録（の山）があるのが前提で，これをどうしようかというところから評価選別（作業）が始まるのに対して，ブームスの方法は，眼前の記録群から出発するのではなく，どの出来事，どの歴史事象を伝えるべきかという点から，これが始まるということである。なお，彼の方法は，従来的な目先の記録という，ミクロの視点ではなく，社会像という，目先の記録から離れたマクロの視点を有するので，「マクロ評価選別」（macro-appraisal）と呼ばれることがある。

安藤は，ブームスの研究を次のように高評価している。すなわち，ブームスは「まるでアーキビストに未来予言の超能力を要求するかのような議論からアーキビストを解き放」[33]ち，「逆に，現代社会を冷静に分析する科学的な目と，未来への記録遺産を"創造する"アクティブな姿勢を求めることによって，アーキビストのプロフェッションとしての社会的役割をより明確にした。」[34]

当節の焦点である，何を中心にすえて評価選別を行うべきかという点に引き付けて，ブームスの説を一文に要約すると，次のように記すことができよう。将来何が利用されるかは予測不可能なので，評価選別にあたっては，社会像（現代社会におけるさまざまな側面）（の"伝承"ということ）を中心にすえる

べきである。

　当節の最初で述べたように，本来なら，評価選別は，どの記録が将来利用され，どの記録が将来利用されないかを見極める作業になるはずである。以下，当節を終えるにあたって，この点と，何を中心にすえて評価選別を行うべきかという点に注目しつつ，三者の説を手短に比較検討する。

　さて，上記の"見極め"のために，記録をさまざまに分類し，各分類のカテゴリーごとに記録の価値を測ろうとしたのが，シェレンバーグといえる。この意味では，彼は，本来の評価選別（論）のあるべき姿に忠実であったといえよう。

　これに対して，ジェンキンソンとブームスには，そもそも，アーキビストには，将来利用を"見極め"るのは無理という，一種の"開き直り"が見られる。この点に限れば，両者は一致している。だが，何を中心にすえて評価選別を行うべきかという点では，両者は異なっている。すなわち，ジェンキンソンは組織像を中心にすえ，ブームスは社会像を中心にすえたのである[35]，[36]。

（2）　現在の研究動向

　スタッキーは，シェレンバーグの説に関して，「20世紀後半から少なくともつい最近までアーカイブズの世界の大半から支持を得ていたこの第2のアプローチ［シェレンバーグ的アプローチ］」[37]と評している。いかにシェレンバーグの説の影響が強いものであるかが，理解できよう。しかし，「つい最近まで」とあるように，現在では，実務レベルではともかく，少なくとも研究レベルでは，彼のような立場の説は，主流ではなくなっている。このレベルでは，"開き直り"派，なかんずく，ブームス的な立場の研究が主流となっている。事実，安藤は，この点について，「最近の記録評価選別論がブームス理論の強い影響下で進んでいることは明らかである」[38]と記している。

　だが，その一方で，ブームス的な立場には批判もある。

　例えば，アンゲリカ・メンネ–ハリッツ（Angelika Menne-Halitz）は，次のような批判を展開している。「その［ブームス的な立場などの］根本的な前提は……，アーカイブズは，可能な限り，真の社会像の形成を目指しているということである。しかし，我々が扱わねばならない生資料（raw material）は，

これらの野心にふさわしくない。」[39]さらに，より端的に，彼女は，次のようにも記している。「記録の情報的価値は，真の社会像，もしくは代表する社会像ですら，決して与えることはできない。」[40]

では，メンネ-ハリッツは，何を中心にして評価選別を行うべきと考えているのか。この点に関連して，彼女は，次のように記している。「記録は，証拠にアクセス可能でこれを理解可能なように，記述され，評価選別されるべきである。社会像ではなく，記録作成機関（record creating agency）の書かれた証拠によって示された，その実際の権限（competencies）と仕事を代表する像が，必要なコンテクストをアクセス可能にし，それゆえ情報内容を理解可能にするのである。」[41] つまり，筆者の図式に引き寄せて述べれば，社会像ではなく，組織像を中心にすえるということである。その意味に限れば，メンネ-ハリッツの説は，ジェンキンソンの説のリニューアル版といえる[42]。

もう一つ，ブームス（より正確には"開き直り"派など）に批判的な説を紹介する。前節で，シェレンバーグの説は，論理的には，利用予測可能ということが前提になるという旨を述べた。この点を前面に押し出して，いわば，利用中心主義（もしくは利用絶対主義）を唱える論者たちも，現在の主流ではないかもしれないが，存在する。利用中心主義は，利用予測は不可能という"開き直り"派の考え方とは，真っ向から対立する考え方に基づくもの，といえよう。

このような論者としては，テリー・イーストウッド（Terry Eastwood）が有名である[43]。彼の研究は，このような考え方に賛成するサイドや反対するサイドの複数の文献で，取り上げられており，彼は，同じく利用中心主義派に属すると思われるマーク・グリーン（Mark Greene）によって，「利用ベースの評価選別のための概念的基礎を確立した」[44]と評されている。

さて，この節を終えるにあたって，現在の研究動向を2文にわたって要約しよう。現在は，将来の記録利用ニーズという点を中心において評価選別を行うという考え方は，実務レベルはともかく，少なくとも研究レベルにおいては，主流ではなくなっており，利用ニーズ予測の不可能性を前提とする研究，なかんずく，社会像を中心にすえるものが主流となっている。しかし，その一方で，この説に批判的な論者たちも，根強く存在する。

第4章　評価選別論に対する疑問：実証的研究の必要性

　筆者の評価選別に対する立場は，明快である。今まで何度か記してきたように，筆者は，評価選別（という作業）は，どの記録が将来利用され，どの記録が将来利用されないかを見極める作業である，と考えている。つまり，筆者は利用中心主義者であり，将来利用ということを中心にすえて評価選別を行うべきだと考えている。さらにラディカルに述べれば，これ以外の方法はありえないと考えている。実際，どのような立派な理念や説得的な理由に基づいて，評価選別が行われようとも，その結果，アーカイブズが利用されないというのであれば，意味がない。これでは，アーカイブズの保管・管理に費やされた社会的資源（下世話にはヒト，カネ，モノ）の無駄である。
　このような筆者から観て，アーカイブズ学の世界で展開されてきた評価選別論は，再考されるべきに思える。特に，筆者は，将来の利用予測は不可能とする"開き直り"派に対して，疑問を強く抱いている。
　確かに，社会像を後世に伝える，組織像を後世に伝えるということには，説得力がある。だから，社会像や組織像を伝える記録は，後世から見て利用される可能性が高い（利用価値が高い）という論理であれば，まだ，理解できる。しかし，"開き直り"派は，文字どおり，利用予測は不可能と"開き直って"いるのだから（このことが前提なのだから），社会像を伝える資料，もしくは，組織像を伝える資料が後世の利用ニーズの高い資料であることを論じていない（し，証明もしていない）のではないだろうか。このような論者たちの論理では，利用予測は不可能である以上，せいぜい，社会像もしくは組織像を伝えることに，文書館の正当性を置かざるをえない（置くほかに方法はない）ということにならざるをえないように思える。
　筆者の目には，主流ではなくなったとされる，シェレンバーグ的方法（研究態度）の方が，まっとうに映る。しかし，シェレンバーグにしても，彼の分類基準に基づいて評価選別された記録が，後世の利用ニーズに合うという点を証明していない。また，前段落で述べたように，社会像や組織像を伝える記録は，後世から見て利用される可能性が高い（利用価値が高い）という論理は，説得

51

力があるように思える。しかし，だからといって，このような記録が後世の利用ニーズに合うということは，証明されているわけではない。

　一言で述べれば，従来の評価選別論は，どの立場のものであろうと，一部の例外を除いては，実証のない根無し草の上で展開されてきたといえる。筆者は，実証という根の上に，評価選別論が構築されねばならないと考えている。

　今，評価選別論の世界で求められていることは，古今東西のアーカイブズを利用した研究などの，アーカイブズの利用パターンを解明することである。現在のように，どのような資料が利用されてきたのかという究明作業（研究）を抜きにして評価選別論を論じても，むなしいだけである。

　このような研究は，もちろん，一人ではなしえない。世界のアーカイブズ研究者が取り組まねばならない（スケールの）研究である。見方をずらせば，アーカイブズ利用パターン研究という，アーカイブズ学の基礎研究分野が形成される必要があるということである。[45]

　このような研究がなされた結果，利用パターンがまったく現れない場合に，初めて，予測不可能という，"開き直り"が認められるのではないだろうか。しかし，その場合は，社会像や組織像を残すということの有効性も消滅し，ランダム・サンプリング以外の方法は，直感的には，正当性を失うということになろう。

　だが，利用パターンがまったく現れないということは，考えづらいのではないだろうか。明確な利用パターンが現れるかもしれないし，そうでなくても，大まかな全体的傾向というくらいのパターンは，現れてくるのではないだろうか。一方，全体的パターンといった，マクロ的研究ではなく，ミクロ的研究によって，このような場合にはこのような資料が利用され，あのような場合にはあのような資料が利用され，というように，場合，場合の利用パターンも明確になってこよう（例えば，このたぐいの研究の場合には，このような資料が利用され，このたぐいの機関の場合には，このような資料が利用されるということが，具体相で見えてこよう）。マクロ・ミクロの利用パターンが解明されてくれば，この成果に基づいて，実証的評価選別論を構築することができる。また，今まで展開されてきた説の正当性も測ることができる。

　なお，筆者は，このような実証的研究は，選別評価論以外のアーカイブズ学

の各分野にも，実りある成果をもたらすものと考えている。

第5章　おわりに：今どうするか

　枝葉を切り捨てて，当論を一文で要約すると，次のようになろう。過去の評価選別論には，実証の裏付けがない点に注目し，実証的研究として，利用パターン研究の必要性を訴えた。利用パターン研究が蓄積されてくればくるほど，評価選別論は，実証性を備えた，地に足が着いたものとなってこよう。

　しかし，筆者の主張については，文書館の現場から，次のような声が上がるかもしれない。「あなたの主張することは分かる。しかし，日々，評価選別に追われている我々としては，地に足が着いた評価選別論が現れるまで待つという悠長なことは，言っておられない。どのように対処すればよいのか。」

　筆者は，現在，決定的な（もしくは，実証的な）評価選別法がない以上，個々の文書館は，さまざまな評価選別論を比較検討して，自身の文書館の立場からはどの論がよいのかを，各自で判断するほかはないのではないかと考えている。もちろん，何らかの説のみに基づくのではなく，各説の魅力的なところをミックスしてもよい。また，これは当り前かもしれないが，他の文書館の評価選別基準をも参考にするということも考えられる。さらに，遠い未来の利用に備えるという意味ではなく，現在や近未来的な利用に備えるという意味では，現在や過去の，自館における，アーカイブズの利用ニーズを分析するという方法もある。

　その上で，以下の2点を守ることを提案したい。
　　1．その時々の当該文書館の評価選別基準類を永久保存する。
　　2．廃棄した記録のリストを作成し，永久保存する。

　筆者としては，このような方法で急場をしのぐことを提案する一方で，一刻も早く，アーカイブズ学，特に評価選別論において死角となっている，地道な実証的研究が，活性化することを願っている。実証なき理論（仮説）の世界から，理論と実証の豊かな相互循環の世界へと，評価選別論，ひいてはアーカイブズ学が飛躍することが，求められている。

謝辞

　当論を執筆中に，国立情報学研究所の古賀崇氏，慶應義塾大学大学院生の坂口貴弘氏のお世話になった。両氏に感謝の意を表したい。

注・参照文献

1) 例えば，サリー・マッキネス（Sally McInnes）は，次のように記している。「記録評価選別は，アーカイブズの理論，方法論，実践にとっての中心である。」（McInnes, Sally. Electronic Records: The New Archival Frontier?. *Journal of the Society of Archivists*, 19 (2), 1998, p.211-220. （引用箇所は p.212））
2) 安藤正人. 第5章 記録評価選別論の現在. 記録史料学と現代：アーカイブズの科学をめざして. 安藤正人. 東京: 吉川弘文館, 1998, p.228-262. （引用箇所は p.229）
　　ただし，引用部分に「論考は数多くあり」とあるが，石原一則は，「国際文書館評議会（ICA）の文献目録によれば，この分野における蓄積は他の研究領域に比べて決して多いとは言えない」と記している（石原一則. 2章 評価選別論の歩みと現在. アーカイブズの科学，下巻. 国文学研究資料館史料館編. 東京: 柏書房, 2003, p.105-118. （引用箇所は p.105））。しかしその一方で，ルチアナ・ドゥランティ（Luciana Duranti）は，1994年の文献で「最近の10年で，評価選別は，アーカイブズ文献の中心的なトピックの一つになってきた」と記している（Duranti, Luciana. The Concept of Appraisal and Archival Theory. *American Archivist*, 57 (2), 1994, p.328-344. （引用箇所は p.328））。この両者の見解を勘案するに，石原の提示している事実はあるにせよ，少なくとも近年に絞れば，安藤の記したことは肯定されえよう。
3) 樋口雄一は，記録の歴史資料としての利用（価値）の側面のほか，市民にとっての実用的な利用の側面をも重視して次のように記している。「これまで歴史資料としての利用は公認されているように思われるが，実用資料としての側面も重視しなければならない。……保存年限を過ぎ，あるいは情報公開対象にならなくなった文書でも市民からみれば実用情報になる場合が多い。分かりやすい事例では「カルテ」や土地の所有関係，建築確認申請，納税書類，学籍簿，寄留簿……などである。」（樋口雄一. 公文書館における評価と選別：原則的考えかた. 神奈川県立公文書館紀要, 2, 1999, p.33-43. （引用箇所は p.35.））
4) 歴史研究という意味では，「史料」（もしくは「記録史料」）と記すべきかも知れない。しかし，すべての記録が歴史研究資料という観点のみからとらえられるべきか

どうかについては，疑問が残る（つまり，他の学問分野の資料ともなりうるということ）。さらに，注3）で紹介した樋口の主張から分かるように，アーカイブズは市民の実用的資料ともなりうる。それゆえ，ここでは，「史料」ではなく「資料」と記した。

5) この段落では，評価選別（や廃棄）の不可避性について言及したが，アーカイブズ学や記録管理学の世界では，この問題を論ずる場合，どちらかというと，組織化可能性ということよりも，収納スペースの方に力点が置かれているよう思える。しかしながら，組織化可能性という点も重要である。たとえ，スペースが無限にあったとしても，その中から記録を探し出すことができなければ，記録の保管場所は，記録の墓場かごみだめになってしまおう。この点，特に電子記録の評価選別（や廃棄）の問題を考える場合，よく認識されるべきである。というのは，電子記録の場合，ややもすればスペースの問題は解消し，評価選別（や廃棄）の不可避性は減じるという論調になってしまうからである。

6) この段落では，やむをえず評価選別という作業が必要になるという，消極的な文脈で，この作業の必要性について論じたが，この作業に積極的な意味を見出そうという見解（研究）もある。だが，このような見解については，アーキビストの自己満足もしくは自己擁護という側面がないかという疑問を，筆者は抱いている。

7) 安藤注2）文献, p.229.

8) この段落で記したことを仏教的な比喩を用いて換言すれば，次のように記すことができよう。記録が"現世"にある間は，記録管理学の世界のものであり，これが，記録作成組織の観点からは"成仏"して，"あの世"に行けば，アーカイブズ学の世界のものになる。

9) この説については，日本では坂口貴弘が意欲的に紹介している。例えば，下記の文献を参照されたい。

　　坂口貴弘. 記録連続体の理論とその適用：記録の評価選別における機能分析プロセスを例に. レコード・マネジメント, 47, 2004, p15-33.

　　坂口貴弘. オーストラリア連邦政府のレコードキーピング：リテンション・スケジュールと記録処分規定の比較を通して. レコード・マネジメント, 49, 2005, p39-56.

10) Summers, Della director. *Longman Dictionary of Contemporary English*. 3rd ed. 東京：桐原書店, 1995, p.53.

11) 竹林滋ほか編. 新英和中辞典. 第6版. 東京：研究社, 1994, p.76.

12) 正直に述べれば，ここで記した意味を持つ語を「評価選別」と訳すことに，疑問を感じている。

語義を素直に解釈すれば，"appraisal"には，「評価」という意味を込めることは可能であろうが，「選別」までもの意味を込めることは不可能である。実は，筆者は，この用語を「査定」とでも訳しておいてはどうかと思っている（「評価」と訳すと"evaluation"との訳し分けの問題が生じるので）。
　　ただし，ここで述べたことについては，「専門用語としての"appraisal"には「選別」という意味まで含まれる」という反論もありえよう。しかし，そうであれば，「査定」という語を，その意味までをも含む専門用語として使用すればよい。というのは，「評価選別」という訳語を使用すると，前段落で述べたように，「評価」の部分については"evaluation"との訳し分け問題が生じ，さらに「選別」の部分についても"selection"との訳し分け問題が生じるからである。

13）安藤注2）文献.
14）石原注2）文献.
15）坂口貴弘. 諸外国における記録評価・選別論の歩み. 科学研究費補助金「大学所蔵の歴史的公文書の評価・選別についての基礎研究」（基盤研究（B），課題番号：17320）発表資料, 6p. （於：広島大学, 2006.02.24）
16）多くの論者が「ブームス」と表記しているので，これに従った。しかし下記の文献では「ブームズ」と表記されている。
　　スタッキー, スティーブ. 西欧社会におけるアーカイブズ評価選別論：ヨーロッパからアメリカ，そして国際社会の視点から. アーカイブズ, 18, 2005, p.60-72.
17）ただし訳語については，この三者のものをそのまま採用しているとは限らない。なお，紹介の際にはジェンキンソン，シェレンバーグ，ブームスの下記の文献をも参照している。
　　Jenkinson, Hilary. *A Manual of Archive Administration*. 2nd ed. London：Percy Lund, Humphries, 1966, 261p. （originally published 1937）（主に，PartⅢ：*Modern Archives*（p.136-155）を参照。）
　　Schellenberg, T.R.. *Modern Archives*：Principles and Techniques. Chicago：The University of Chicago Press, 1956, 247p. （主に，Chapter 12：Appraisal Standards（p.133-160）を参照。）.
　　Schellenberg, T.R.. The Appraisal of Modern Public Records. *Bulletins of the National Archives*, 8, 1956, p.233-278.
　　Booms, Hans. Society and the Formation of a Documentary Heritage：Issues in the Appraisal of Archival Sources. *Archivaria*, 24, 1987, p69-107. （1972年に発表されたドイツ語論文の同趣旨の英語版）
18）ここで記したことに関して，安藤は，次のように述べている。「彼の記録評価選別

論のポイントは，アーキビストや歴史家は原則として記録の評価選別に関与すべきではなく記録作成当事者である行政当局に任せるべきである，という点にある。」（安藤注2）文献, p.234.）

19) 坂口注15) 発表資料, p.4.
20) 安藤注2) 文献, p.235.
21) 坂口注15) 発表資料, p.4.
22) 安藤注2) 文献, p.235-236.
23) 坂口注15) 発表資料, p.4.
24) 安藤注2) 文献, p.240.
25) 安藤注2) 文献, p.244.
26) 石原注2) 文献, p.111.
27) 石原注2) 文献, p.111.
28) 石原注2) 文献, p.111-112.
29) 安藤注2) 文献, p.241.
30) スタッキー注16) 文献, p.70.
31) ただし，スタッキーは，「オランダのアーキビスト」としている（スタッキー注16) 文献 p.66)。
32) 安藤注2) 文献, p.248.
33) 安藤注2) 文献, p.249.
34) 安藤注2) 文献, p.249-250.
35) なお，シェレンバーグとジェンキンソンの立場は異なるものの，シェレンバーグの証拠的価値は組織像を意識したものといえ，シェレンバーグのこの部分に注目すれば，彼はジェンキンソンに近い点を有する。
36) なお，当節で示した評価選別論をとらえるための視点のほかにも，このための視点として，記録の内容を重視して評価選別を行うべきか，記録の出所・コンテクストを重視してこれを行うべきかという視点をも，設定できる可能性がある。もちろん，両者は相反するものではなく，相補的なものと考えることができようが，論者によって，どちらを重視するかという点で，色合いの差が出る。

　試しに，この点から，ここで取り上げた三者の説を分類すると，内容派には，シェレンバーグとブームスの説が属し，出所・コンテクスト派にはジェンキンソンの説が属するということになろう。

　だが，ここで記したことについては，もしかすると，「ブームスの説では，出所・コンテクストも重視されているのではないか」という疑問が提出されるかもしれない。しかし，アンゲリカ・メンネ-ハリッツ（Angelika Menne-Haritz）は，ブー

ムスの説を（シェレンバーグの説とともに）「内容指向アプローチ」としている (Menne-Haritz, Angelika. Appraisal or Selection : Can a Content Oriented Appraisal be Harmonized with the Principle of Provenance?. The Principle of Provenance : Report form the First Stockholm Conference on Archival Theory and the Principle of Provenance 2-3 September 1993. Abukhanfusa, Keristin; Sydbeck, Jan ed.. [Stockholm] : [*Swedish National Archives*], 1994, p.103-131.)。また、ブームスと同じく社会像派に属すると考えられるジャン-ピエール・ワロー（Jean-Pierre Wallot）は、出所・コンテクストをかなり重視しており、両者を比較すれば、ブームスが内容派、ワローが出所・コンテクスト派ということになろう（Wllot, Jean-Pierre. Building a Living Memory for the History of Our Present : New Perspective on Archival Appraisal. *Journal of the Canadian Historical Association*, 2, 1991, p.263-282.（日本語訳は次のとおり。ワロー、ジャン-ピエール著；塚田治郎訳. 現在の歴史を生きた記憶として刻印する：アーカイブズ評価選別の新しい視点. レコード・マネジメント, 50, 2005, p51-73.（この訳の一部を修正した訳が、次の文献に再録。記録管理学会・日本アーカイブズ学会編. 入門・アーカイブズの世界：記憶と記録を未来に. 東京：日外アソシエーツ, 2006, 267p.（掲載ページは p.81-115)))。

なお、マッキネスは、ここで述べた視点に近い視点を設定している（McIness 注1）文献, p.213-214）。ただし、彼女は、一時に一箇所という物理的実体として存在しない電子記録の性質や、組織が変更されやすいという今日的状況にかんがみて、出所・コンテクストに代わって、組織の機能に注目することを提案している。
37）スタッキー注16）文献, p.70.
38）安藤注2）文献, p.255.
39）Menne-Haritz 注36）文献, p.122.
40）Menne-Haritz 注36）文献, p.124.
41）Menne-Haritz 注36）文献, p.124.
42）石原は、メンネ-ハリッツ（とドゥランティ）の説について、次のように記している。「評価選別は外在的な価値の序列によって判断されるのではなく、……すなわちコンテクストの証拠の保存を目標に行われるべしという主張である。」（石原注2）文献, p.114）ここでは、当論の興味に引き寄せて彼女の説を位置付けたが、石原の見解や彼女の論文のサブタイトルに "Can a Content Oriented Appraisal be Harmonized with the Principle of Provenance?" とあることからも分かるように、本来の彼女の説のポイントは、出所・コンテクストに注目して評価選別を論じたという点にあるといえよう。つまり、注36）の分類に基づくと、彼女は、出

所・コンテクスト派ということである。
43) 彼がこのような考え方を表明している文献の一例を，以下に挙げる。
Eastwood, Terry. How Goes it with Appraisal?. *Archivaria*, 36, 1993, p.111-121.
44) Greene, Mark. "The Surest Proof"：A Utilitarian Approach to Appraisal. *Archivaria*, 45, 1998, p.127-169.（引用箇所は p.148）
45) 2段落上で，「一部の例外を除いては」と記したが，その例外としては，利用中心主義派に属すると考えられる，グリーンを挙げることができる。彼も，実証的研究の必要性を主張しているのである（Greene 注44）文献）。

　しかし彼の主張は，どちらかというと近視眼的な，ある館の評価選別方針を決めるための，館レベルの利用調査（use studies）を意識したものであり，筆者がここで主張したような，古今東西といったスケールやアーカイブズ学の基礎研究分野の形成といったパースペクティブを有する，利用パターン研究ではない（ただし，筆者は，このような調査の積み重ねも大事だと考えている）。

　なお，グリーンの研究に関連するものとしては，評価選別（やその他の文書館の活動の）のプログラム評価の必要性を訴える，ジャック・グリマード（Jacques Grimard）の下記の研究がある。
Grimard, Jacques. Program Evaluation and Archives："Appraising" Archival Work and Achievements. *Archivaria*, 57, 2004, p.69-87.

レコードキーピング：その射程と機能

古賀　崇

1．はじめに

「レコードキーピング」はまだ日本国内では耳慣れない言葉であるが，記録管理やアーカイブズの世界において新しい中核的概念となりつつある。本稿においては，「レコードキーピング」についてその意味するところを最初に説明し，それを踏まえて「レコードキーピング」がどのようなかたちで機能しうるかを論じることとしたい。

2．「レコードキーピング」の言葉とその意味

まず，そもそも「レコードキーピング」とは何を意味するのか，から話を始めたい。

アメリカ・アーキビスト協会が発行した，英米圏のアーカイブズ領域における用語・用例集である *A Glossary of Archival and Records Terminology* においては，"record keeping" ではなく "recordkeeping" というひとかたまりの言葉を見出し語として採用している。ここでの "recordkeeping" は以下のように定義されている。「経営，活動，財務上の必要性や責任に沿うように，記録を体系的に作成，利用，管理，処分すること。(The systematic creation, use, maintenance, and disposition of records to meet administrative, programmatic, legal, and financial needs and responsibilities.)」[1]

英米圏における記録管理ないしアーカイブズにかかわる文献においては，"record keeping" "record-keeping" "recordkeeping" という言葉をよく目にするが，実際には前2者と後者では明確に使い分けがなされていることが多い。つまり，名詞としての "record keeping"，および形容詞としての "record-keeping"（"record-keeping system" などの形で用いられる）はもっ

ぱら文字どおりに「記録の保有」という意味で用いられる一方，ハイフンのない "recordkeeping" はオーストラリアを中心とした英米圏における「戦略的」「政策的」用語として位置づけられている[2]。"recordkeeping" に含意されているのは，安藤正人の言葉を借りれば「電子記録の爆発的増大を背景にして，業務現場での記録の発生から社会的な活用までを含めて，いわば記録の存在世界全体を論理的かつ実務的にコントロールすること」である[3]。つまり，「記録の保有」という意味での "record keeping" であれば，すでにある記録をどう取り扱えばよいか，を考えれば済んだが，"recordkeeping" となると記録の作成時点から記録を生み出す環境も視野に入れなければならない，ということになる。上述の *A Glossary of Archival and Records Terminology* でも，ハイフンやスペースのない "recordkeeping" という言葉が，記録の「作成」から「利用，管理，処分」までを視野に入れたものとして定義されているのである。

以下では，特に断りのない限り，このようなオーストラリア的意味合いでの「レコードキーピング」を論じることとする。

3．「レコードキーピング」の背景：「レコード・コンティニュアム」論

さて，このようなオーストラリア的な「レコードキーピング」の理解というのは，「レコード」ないし「記録」の性質をどう理解するか，という点にかかわっている。それは「記録」の性質やその取り扱い方に関する理念的枠組みである，「ライフサイクル」と「レコード・コンティニュアム」との対比として説明される。

記録の取り扱い方，ないし単なる「記録の保有」としての「レコードキーピング」に関する従来の中心的な考え方は「ライフサイクル論」であった。これは，記録作成者にとって記録のもつ価値は，基本的には時間が経つほど減少し，最終的にはその価値がほぼ消滅した段階で廃棄されるか「歴史的重要性」に鑑みてアーカイブズ機関に移管・保存される，という考え方である。言い換えれば，記録は作成後しばらくは「現用記録」として作成者ないし作成組織のため

に利用され，時間の経過とともに「半現用記録」となり，最終的には「非現用記録」として保存か廃棄に処せられる，という経過をたどることになる。この「ライフサイクル論」のもとでは，記録をどう取り扱うか，という点で「(現用・半現用)記録/記録管理（レコード・マネジメント）/記録管理学」と「アーカイブズ/アーカイビング/アーカイブズ学」の分化が成される，と言えよう。こうした「ライフサイクル論」はアメリカに端を発するものであり，アメリカ国立公文書館副館長を務めたシェレンバーグ（Theodore R. Schellenberg）が1950年代に確立したといわれる[4]。

一方，「レコード・コンティニュアム」はオーストラリアにおいて発達した概念であり，モナッシュ大学のアップワード（Frank Upward），マケミッシュ（Sue McKemmish）らが中心となって考案したものである[5]。ここでは，記録の作成から社会的共有に至るまでの過程が，以下の4つの次元に分けられる。(1) 作成（create）。行為者（actor）による行為の痕跡（trace）が，ドキュメント（document）[6]として作られる。ここでは次の「取込み」の段階とは異なり，作成されたドキュメントからはその作成の文脈や背景（contexts）が分からないことが多い。(2) 取込み（capture）。作成されたドキュメントについてその文脈や背景に関するメタデータを設定し，行為に関する証拠（evidence）としての役割をもつ「記録（record）」としてそのドキュメントを位置づける。(3) 組織化（organize）。「記録」となったドキュメントを，作成組織内で共有できるような体制を構築する。(4) 多元化（pluralize）。作成組織を超えて，社会の広い範囲で記録を共有できるようにする。オーストラリア的な「レコードキーピング」は，この4つの次元すべてを含み持つものとして把握される。ここでは，その生成からの経過時間が「10億分の1秒であろうと100万年であろうと」記録は記録であることに変わりはない[7]，という考え方の上に記録が位置づけられる。また，「(現用・半現用)記録/記録管理（レコード・マネジメント）/記録管理学」と「アーカイブズ/アーカイビング/アーカイブズ学」は明確に分化したものではなく，連続した一体のものとして把握される。

こうした「レコード・コンティニュアム」「レコードキーピング」の発想の背景としては，「記録の電子化」が大きく作用している。「ライフサイクル」論

では記録が紙媒体として存在していることを前提に，「記録の存在形態を時系列的・段階的にとらえ（現用→半現用→非現用），記録管理実務を物理的移管システム（オフィス現場→レコードセンター→アーカイブズ）として構築してきた」[8]。しかし，電子化のもとでは「物理的移管システム」は問題でなくなり，さらにドキュメント（情報）の発生時点からその取り扱い方法を考慮する必要がある――さもないと電子上の情報は一瞬のうちに消滅しかねない――ため，「時系列的・段階的な見方」も後景に退く。こうして，「レコードキーピング」の課題は「時系列・段階に応じた物理的な保管」から「情報・記録の発生時点からの包括的な取り扱い」へと移ることになる。アーカイブズ学においては，後者のような視点が「脱保管」あるいは「脱収蔵」（post-custodial）の考え方と称されることも多い[9]。

　もっとも，「レコード・コンティニュアム」の枠組み，およびそれに基づく「レコードキーピング」の発想に対しては，以下のような論評が成されている。カナダのアーカイブズ学者であるクック（Terry Cook）は，以下のような問題提起を行っている。「レコード・コンティニュアム」をめぐっては，「作成」「取込み」の次元での議論が盛んに行われている一方で，「多元化」の次元における議論は少ない。この状況において，「レコード・コンティニュアム」の枠組みのなかでは，組織の「証拠」を確保するという機能が重視されている反面，国家，人々，集団，運動，個人などの「記憶」をどう位置づけるか，という点が軽視されている。しかし，「コンティニュアム」のモデルをより深化させることによってこそ，「証拠」と「記憶」の要素は「コンティニュアム」の枠組みのなかで両立できるのではないか，と[10]。また，青山英幸は「レコード・コンティニュアム」と「ライフサイクル」は両立可能なものと位置づけている。つまり，「レコード・コンティニュアム」の概念は記録の時間上の位置づけと空間上の位置づけとを表現したものであり，前者に「ライフサイクル」の要素が含まれている，と青山は捉えている[11]。

　いずれにせよ，「レコードキーピング」を支える枠組みはまだ確固としたものではなく発展途上の段階にある，と言えるだろう。

4．レコードキーピングの機能： 個人と政府の活動に焦点を当てて

　ここからは，「レコードキーピング」がどのようなかたちで機能するか，という点に関する議論を紹介したい。
　2．(p.60)で紹介した「レコードキーピング」の定義では「経営，活動，財務上の必要性や責任に沿うように…」とあるが，これを踏まえると，「レコードキーピング」は「組織」における「必要性や責任」に沿うかたちで記録を取り扱うこと，と見なされてしまうかもしれない。しかし，以下で見るように，個人単位での記録の取り扱いに際して「レコードキーピング」の考え方を当てはめようという議論が見られる。また，記録を作成する組織——とりわけ政府——の意図を超えて，広く社会のなかで記録がどう機能し得るか，という点をめぐっても，「レコードキーピング」の考えが持ち込まれている。以下，これらの点に関する議論をまとめてみたい。

（1）　個人単位でのレコードキーピング：「私の証拠」

　「レコード・コンティニュアム」の提唱者であるマケミッシュらは，個人を中心に据えたレコードキーピングという観点から，「私の証拠（evidence of me)」という考え方を打ち出している[12]。
　マケミッシュらは，レコードキーピングを「証言行為の一種（a kind of witnessing）」と捉え，個人単位でのレコードキーピングは，「個人の記録」の作成や管理——作成者以外の者が「管理」に携わることもある——を通じてその人の生活・生涯を「証言」する行為だと位置づけている。ここでいう「個人の記録」には，メモ，日記，手紙のほか，自伝的な小説や自分の思いを託した詩歌，また他者による伝記も含むものとしている。またマケミッシュらによれば，個人単位でのレコードキーピングで留意すべき点は，「個人の記録」に現れる「交流性（transactionality）」と「文脈性（contextuality）」である。「交流性」は記録に反映される人間関係，あるいは人どうしのやりとりのさまざまなかたちであり，「文脈性」は記録の作成・管理・利用にかかわる時間的・

空間的脈略（つながり）を指す。個人の生活・生涯はまったくの孤立あるいは真空状態で存在することはなく，ほかの人々や組織との何らかの関わり合いのなかで営まれている。また，生と死，あるいは死後の時間の流れ，および同時代の別空間での出来事のなかで，個人の生活や生涯は位置づけられる。こうした要素が，さまざまな「個人の記録」において「交流性」「文脈性」として反映されているのである。つまり，一人ひとりの人間の生き方，およびその人と家族，友人など周りの人々との関係，さらにはその人と社会との関わり合いが，その人に関する「レコードキーピング」，つまり「私の証拠」を同定する営みから見えてくる，と言えるだろう。こうして，マケミッシュらは，「私の証拠」が「交流性」「文脈性」を手がかりとして「私たちの証拠（evidence of us）」へと拡張しうること，そして「私たちの証拠」が社会的に共有される記憶へとつながっていくこと，を説いている。

　もっとも，「個人を中心に据えたレコードキーピング」の前提としては，英米圏において「収集アーカイブズ（collecting archives）」「収集アーキビスト（collecting archivist）」という存在が意識されている，という点に注意すべきかもしれない。これは，政府・自治体や企業・団体など，特定の組織や機関において発生する記録を取り扱う「機関アーカイブズ（institutional archives）」「機関アーキビスト（institutional archivist）」と対になる存在であり，個人の記録を寄付などのかたちで受け入れ整理・保存する役割を担うものである。単独の機関として「収集アーカイブズ」が運営されている場合もあれば，国や自治体のアーカイブズにおいて「収集アーキビスト」として働く（個人の記録群を管理する）者もいる[13]。上述のように，記録のもつ「交流性」「文脈性」を意識する「収集アーカイブズ」「収集アーキビスト」が，歴史的経過や社会状況などを意識しつつ個人の記録を整理することによって，「レコードキーピング」のもとで個人の記録が社会全体に位置づけられるものになる，とマケミッシュらはほのめかしているように思われる。

　マケミッシュらの議論から派生するかたちで，2点付言しておく。まず，日本の状況に関して言えば，武邑光裕が『万葉集』に関して興味深い議論を行っている。彼は『万葉集』を「この国に伝わる現存最古にして最大規模の文化情報アーカイヴ」と捉え，また国家単位で編纂された『古事記』『日本書紀』―

——まとめて『記紀』と称される——や『風土記』と対比させて,「『記紀』と『風土記』を戦前の国定教科書とすれば,『万葉集』はさながらウェブの情報空間に遍在する無数の個人サイトの感がある」と述べている[14]。ここでマケミッシュらの議論に引きつけると,彼女らは「自分の思いを託した詩歌」も「個人単位でのレコードキーピング」の対象となると述べているが,『万葉集』はまさに「自分の思いを託した詩歌」の集積であり,日本において「私の証拠」が「私たちの証拠」へと転化した例と言えるだろう。

　もう1点は,「新たな日記形式」として利用されている「ブログ(ウェブログ)」を「個人単位でのレコードキーピング」の対象とすべきか,そうであるならどのような方法や手続きをとればいいのか,という問題がアメリカのオサリバン(Catherine O'Sullivan)によって提起されている。ブログもその時代背景を色濃く反映したものとしてあり,将来の世代がその時代を知る手がかりを得られるようにブログを「レコードキーピング」の枠組みのなかで整理・保存する必要性は確かにあると言える。しかし,「インターネット・アーカイブ」[15]のような技術でブログを確実に保存できるか,ブログの保存についてその作成者の同意を得られるか,また保存に際してブログのもつ「交流性」「文脈性」を確実に同定できるか,といった問題点が考えられる[16]。

(2) 政府活動とレコードキーピング:「記録のちから」の二面性

　続いて,オランダの元国立公文書館長でアーカイブズ学者でもあるケテラール(Eric Ketelaar)の議論を参照しつつ,レコードキーピングの機能をより広い社会的な枠組みのなかで考えてみたい。

　ケテラールは「レコードキーピングと社会的なちから」と題する論考において[17],現代社会における「レコードキーピング」の様相や,「記録」と「レコードキーピング」がもつ「ちから」に注意を促している。つまり,イギリスの社会学者ギデンズ(Anthony Giddens)らの説明に現れているように,現代の政府活動は統治対象である一般人を「監視」することで成り立っている[18]。特に人々の生活状況——出生,死亡,住所,職業など——に対して政府は「記録による監視(documentary surveillance)」を行っている。実際には,「何が記録されているか」というよりは,政府が「記録による監視」を行っていると

いう姿勢こそが,「監視下」にある人々の行動を統制しているように見える。このように,「記録」とりわけ「公的記録」や,それをとりまく「レコードキーピング」のあり方には,政府による統治の実情が反映されている,と言える。

　しかしその一方で,こうした「公的記録」は,個人の尊厳や名誉の回復,あるいは人々の「エンパワーメント」の源ともなりうることを,ケテラールは指摘している。彼は特に東ヨーロッパ諸国が社会主義体制から「民主化」した際に,旧体制下の「抑圧」の記録が人々の「補償」のための記録へと転化していく状況を描き出している。このことについて,ケテラールは次の2点に注意を促している。1つは,同じ記録が状況の時系列的変化によって,作り手(政府)の意図を超えた役割を持ちうること。もう1つは,それゆえ「記録のなかの記憶の守り手」たるアーキビストの役割が重要となることである。特に後者の点について,ケテラールは次のように論じている。「記録のもつ,何らかの出来事の痕跡を残すというちからは,アーカイブズの外にある社会的なちからに従属する。アーキビストも社会の一員であるから,その社会的なちからには従わなければならない。しかし,社会的なちからが普遍的な人権を侵し,あるいはアーカイブズ資料の完全性(さらにはその証拠としての信頼性)を損ねようとする場合は,アーキビストはそれと闘わなければならない」[19]。

　こうした「記録のちから」の二面性,あるいは「諸刃の剣」としての性質は,安藤も翻訳論文集『入門・アーカイブズの世界』の冒頭における解説で述べている。安藤は,アジア太平洋戦争下での海外残留孤児や残留日本人2世の身元を証明するための「証拠」が公文書のかたちで残っている —— あるいはその可能性があるが,「証拠」となるべき公文書が公開されていない —— ことを取り上げつつ,こう述べている。「記録,とりわけ公文書には,支配の道具としての政治性や権力性が備わっていることは確かだが,反面,人の存在を証明し,市民の権利や財産を守るちからも備わっている。」[20]

　上述した「私の証拠（evidence of me）」の話につなげるならば,マケミッシュらのいうように個人の記録から発して社会全体の記録・記憶となる,という流れと同時に,国家や企業といった「権力者」のもつ記録のなかに「私の証拠」がある,という流れが存在する。安藤が紹介している,身元証明のための「証拠」をめぐる事例は,まさに後者の流れを象徴するものである。さらに言

えば，こうした「証拠」の存在を人々に広く知らしめることで，人々に共有されてきた「記憶」の修正，あるいは「記憶」の一面を「忘却」からすくい出すことにもつながるのではないだろうか。それは，チェコの小説家クンデラ（Milan Kundera）による「権力にたいする人間の闘いとは忘却にたいする記憶の闘いにほかならない」という言葉にも呼応するものである[21]。

5．おわりに：「レコードキーピング」のさらなる探求に向けて

　以上，本稿では断片的な考察にとどまったが，「レコードキーピング」は個人が生きていくなかでの活動とともにあり，また社会的な「ちから」として機能することを示した。さらに言えば，「レコードキーピング」という発想は，アーキビストやレコードマネージャーといった，記録の扱いに特化した業務と研究を行う者——まとめて「レコードキーピング専門職」や「レコードキーパー」と呼ばれることもある——が，記録のもつ「証拠」および「記憶」をめぐる性質を生かすためにどのような役割を担うべきか，の議論を導くことにもなるだろう[22]。「ブログ」のように記録の電子化が進むなかで，記録をいかに作成し，いかに将来の世代に継承していくか，またアーキビスト，レコードマネージャーら，どのような者がどのような立場で記録に関与していくか，などのさまざまな論点について，海外の議論を渉猟・検討しつつさらに考察を続けていく必要があると思われる。

注・参照文献

1) Pearce-Moses, Richard, ed. *A Glossary of Archival and Records Terminology*. Chicago, Society of American Archivists, 2005, p. 331. なお，この用語集は下記ウェブサイトでも閲覧できる。(online), available from <http://www.archivists.org/glossary/index.asp>, (accessed 2006-09-04). この用語・用例集においては"recordkeeping"のほか，"recordkeeping requirements""recordkeeping system"が見出し語として採用されている。

2) 安藤正人．"編集にあたって"．入門・アーカイブズの世界．記録管理学会・日本アー

カイブズ学会共編. 東京, 日外アソシエーツ, 2006, p. 22-23 (注9) を参照。ここでは, ハイフンやスペースのない "recordkeeping" という言葉の使われ方について, クックの意見を収録している。
3) 安藤, 前掲注2), p.18.
4) 「記録」や「アーカイブズ」に関するシェレンバーグの考えについて, 詳しくは以下を参照。青山英幸. 電子環境におけるアーカイブズとレコード：その理論への手引き. 東京, 岩田書院, 2005, p.35-37, 117-120. なお, アップワードは以下のように指摘している。もともとアメリカにおいてはノートン (Margaret Cross Norton) による1930年代の主張のように「情報が記録される時点からアーカイブズ的資源 (archival resource) が発生するのであり, アーカイブズを歴史的記録としてのみ見なすのは誤りである」という, 「レコード・コンティニュアム」につながる考え方が存在していた。しかし, 1950年代に入るとアメリカでは「ライフサイクル論」が優勢となりアーキビストとレコード・マネジャーとの分化が生じてしまった, と。Upward, Frank. "The records continuum". *Archives: Recordkeeping in Society*. Sue McKemmish et al. eds. Wagga Wagga: Centre for Information Studies, Charles Sturt University, 2005, p. 217-218.
5) 「レコード・コンティニュアム」は, 近年, 日本でも盛んに紹介されているが, 比較的詳細な分析を行ったものとして, 青山, 前掲注4), p.125-142を参照。また「ライフサイクル論」の欠点を指摘しつつ「レコード・コンティニュアム」の意義を説いたものとして, 以下を参照。McKemmish, Sue. "きのう, きょう, あす：責任のコンティニュアム". 坂口貴弘・古賀崇訳. 入門・アーカイブズの世界. 前掲注2), p.187-218. より詳しくは, 『入門・アーカイブズの世界』p.252に収録された, 「レコード・コンティニュアム」に関する参考文献リストに収められた諸論文を参照されたい。
6) 「ドキュメント」という表記について付言しておく。記録管理の国際標準 ISO15489に基づく日本工業規格 JIS X 0902-1においては, document を「文書」と表記している。しかし, 「レコード・コンティニュアム」の枠組みの中では, document は狭い意味での「文書」に限られておらず, 広く「行為の痕跡」を示すものだと判断し, ここでは「ドキュメント」と表記することにする。くわしくは以下を参照。Hartland, Robert, Sue Mckemmish and Frank Upward. "Documents". *Archives*. 前掲注4), p.75-100.
7) McKemmish, 前掲注5), p. 201, 207.
8) 安藤, 前掲注2), p.18.
9) クックは「脱保管」の考えを, 次のようにまとめている。「[記録に含まれた]証拠を守ることを伝統としてきた[イギリスの20世紀初頭のアーキビスト, ジェンキン

ソン（Hilary Jenkinson）に基づく］ジェンキンソン派の考え方を，物的枠組みから概念の枠組みへ，文書中心から作成過程志向の営為に，物質から精神へ，と再考察することを意味する」。Cook, Terry. "過去は物語の始まりである：1898年以降のアーカイブズ観の歴史と未来へのパラダイムシフト". 塚田治郎訳. 入門・アーカイブズの世界. 前掲注2), p.170. また同論文の p. 185-186（注82・83）に掲載の諸論文も参照。

10) Cook, Terry. "スクリーンの向こう側：レコード・コンティニュアムとアーカイブズにおける文化遺産". 古賀崇訳. 入門・アーカイブズの世界. 前掲注2), p.219-250.

11) 青山，前掲注4), p.156-158.

12) McKemmish, Sue. "Evidence of me…" *Archives and Manuscripts*, vol. 24, no. 1, 1996, p. 28-45. (online), available from<http://mybestdocs.com/mckemmish-s-evidofme-ch10.htm>, (accessed 2006-09-04) ; Upward, Frank and Sue McKemmish, "In search of the lost tiger, by way of Sainte-Beuve : re-constructing the possibilities in 'Evidence of me…'" *Archives and Manuscripts*. vol. 29, no. 1, 2001, p.23-43. (online), available from <http://mybestdocs.com/mckemmish-s-upward-f-ontiger-w.htm>, (accessed 2006-09-04)

13) Cook, 前掲注10), p.239, ならびに p.250（訳注8））参照。

14) 武邑光裕. 記憶のゆくたて：デジタル・アーカイヴの文化経済. 東京，東京大学出版会, 2003, p.219-224.

15) Internet Archive. (online), available from <http://www.archive.org/>, (accessed 2006-09-04)

16) O'Sullivan, Catherine. "Diaries, online diaries and the future loss to archives; or, blogs and the blogging bloggers who blog them". *American Archivist*. vol. 68, no. 1, 2005, p.53-73.

17) Ketelaar, Eric. "Recordkeeping and societal power". *Archives*. 前掲注4), p.277-297.

18) 「統治」と「監視」に関するギデンズの議論については以下にまとめられている。Webster, Frank. 「情報社会」を読む. 田畑暁生訳. 東京，青土社, 2001, p. 85-118. なお, Upward, 前掲注4), p.198-201は，「レコード・コンティニュアム」論の背景にはギデンズの社会理論がある，と述べているが，この点についての考察は今後の課題としたい。

19) Ketelaar, 前掲注17), p. 296-297. なお，ケテラールも言及しているが，ここでのアーキビストの役割については，国際文書館評議会（International Council on Archives）における「アーキビストの倫理要綱」と関連づけて理解する必要があ

る。この倫理要綱については，青山，前掲注4），p.211-226を参照。
20）安藤，前掲注2, p.10-13.（傍点は原文通り）
21）Kundera, Milan. 笑いと忘却の書. 西永良成訳. 東京, 集英社, 1992, p.7. この言葉は，Cook, 前掲注9，p.121, Ketelaar, 前掲注17, p.277などに引用されている。
22）この点の議論の一端としては，McKemmish, 前掲注5）を参照。

知識情報資源基盤と横断的アーカイブズ論研究会

八重樫純樹

1. はじめに

　'90年代以降，インターネットの普及が世界規模で急速に社会全分野を包括し進展するとともに，情報資源の有効かつ効果的共有化の仕組みを合理的に構築するため，データベース等のコンテンツの国際的標準化動向もまた急速である。特に歴史・遺産情報等を含む知識情報を人類世界共有の情報資源化する動向も急速であり，これらの標準化動向を無視した新たなデータベースなどコンテンツ構築は，ともすれば世界のネットワーク情報資源から漏れてしまうか，対処のための新たな変換システム開発を必要とする場に直面せざるを得なくなるであろう。筆者を中心とする研究グループは，特に知識情報基盤分野として博物館，文書館，図書館資料情報を対象に，

- 1970年代以降のわが国の主な文系情報化研究活動を振り返り，これらの分野の共有情報資源化研究会として横断的アーカイブズ論研究会を立ち上げ，
- 第1段階研究活動として世界の情報共有化技術と標準化動向について調査し，
- 第2段階研究活動として，類似文化圏に属する近隣国家であるにも関わらず断片的な情報しか伝わってこない韓国，中国の情報化政策と実態調査活動を，情報共有化・流通化可能性を探ることを目的に，

現在遂行中である。

　2005年は韓国に，2006年は中国の調査を行った。

　以下，本論ではこれら研究活動の基礎となり，かつ動機となった筆者の研究来歴概要を示すとともに，まだ途上ではあるが，本研究の概要を示す。

2. 研究の来歴

(1) 国立歴史民俗博物館における活動経緯

筆者は1982年4月から国立歴史民俗博物館（以降，歴博と略す）に勤務し，以来，歴史学系人文科学系資料を対象とした情報システムそして情報化方法論の実践研究開発を遂行してきた。歴博は歴史研究部，民俗研究部，考古研究部，そして建築史学や美術史学等，極めて多様な文系分野・領域の研究・博物館活動を遂行する場であり，学際的研究を行う場でもあった。

1）館内データベース共同研究開発

特に館内研究として進めたのは，考古学分野では古墳出土の「石釧・車輪石データベース」，「日本出土銅鏡データベース」，「縄文時代土偶データベース」等，民俗学分野では「日本民謡データベース」，歴史学分野では「荘園誌料データベース」，建築史学分野では「仏塔データベース」等であり，これらを具体的・整合的に収納可能なコンピュータシステムを千葉大工学部，千葉工大等の協力者有志との共同研究によって開発した[8][10]。

データベースとして組織化すべき情報，あるいはデータベース化可能な情報は，その分野の大量情報の代表値，あるいは抽象値のみである。その情報の選定（情報集合と情報値）と枠組みの決定（スキーマ設計）にはある程度，その対象専門分野についての知識が必要である。その点，きわめて広範囲な分野・領域の情報・知識について，深く勉強をさせていただいたと考える[8][9][10]。

2）プロジェクト共同研究活動

また，歴博は旧文部省の大学共同利用機関でもあり，他機関，他分野の研究者との学際的共同研究を遂行する場でもあり，多様な分野・領域の他機関のさまざまな研究者との自由な議論を通じその考え方を学びつつ，研究の幅を広げ，推進することが可能であった。2期（1期3年間）に亘り代表者としてプロジェクト共同研究を遂行させていただいた（『国立歴史民俗博物館研究報告』30集，37集，53集：国立歴史民俗博物館）。

3）縄文時代土偶データベース研究開発

特に，人文科学が専門でなかった筆者が，全国の考古学専門家の方々（「土

偶とその情報」研究会）とプロジェクト研究として自主的に研究推進活動を進めることができた縄文時代土偶データベース研究開発活動は，当初は個人研究であったが2（1）－2）(p.73)で述べたプロジェクト共同研究テーマの一部となり，1987年度に文部省科学研究費が交付され，本格的な取り組みとなった。「土偶とその情報」研究会を立ち上げ，全国約50名の考古学研究者に参加いただき，悪戦苦闘の末，データベース試行公開にやっとこぎつけたのは1995年であった。この過程で，わが国社会システムにおけるメディア管理，情報管理の本質的問題が見えてきた（2001年2月14日㈬，朝日新聞夕刊．文化欄）。そして，組織的なデータベース構築とは，協働作業による情報集成と情報共有による新たな知識の創生活動の実践的遂行の機会でもあった。集成された良質な形式知を共有することにより，新たな暗黙知（研究情報）が創生されるのである。データベース公開以降は，この点に力点をおき，重要な時期・地域を6区分し，毎年シンポジウムを開催することにした。

（2） 静岡大学情報学部
1） 転勤後の土偶データベース研究開発

　静岡大学に移ったのは1995年10月であったが，これは丁度，第1段階 土偶データベース公開が終了し，縄文時代土偶データベース研究開発の最終まとめの段階に入った時期であった。先にも述べたように，情報共有による新たな暗黙知を知識情報マイニング活動を通して，さらに形式知として社会・学会に公開する必要があった。このため，プリミティブな方法ではあったが，知識情報マイニング活動としてシンポジウム活動と，研究論文の刊行を計画・遂行した。

　転勤先における新学部立ち上げの大変な時期と重なったが，しかし，この研究は私一人のものではなく，「土偶とその情報」研究会メンバーの10年以上の支えで成り立っている研究である。最後までの一つのまとまりが必須であり，創生された第2の暗黙知を社会化することを一番重要な課題として2000年まで，グループの中心として研究活動を遂行した[4)5)6)7)]。

　これをお認めいただいた当時の学部長である阿部圭一氏をはじめ，同僚諸氏に心から感謝する次第である。

2）静岡大学キャンパスミュージアム活動から

　静岡大学への転勤と同時に，本部の事務長から呼び出され，静岡大学キャンパスミュージアム構想を聞かされ，協力するように要請された。以降，この活動を遂行することとなった。理学部（主に地球科学系）・人文学部・教育学部（主に火山学）・農学部（主に植物のDNA分析）・情報学部の有志の教員との静岡大学キャンパスミュージアム活動立ち上げは共同研究として遂行することとした（文科省科学研究費もいくつか交付いただいた）。この活動は独立行政法人化した現在も活発に遂行されている。この研究活動で，今までの人文科学系の資料の考え方以外の，自然科学系の"資料"についての考え方，そして研究方法などを学んだ。これまでは，せいぜい日本の人間の歴史4～5万年前からが対象であったが，地球の歴史47億年間が対象となってしまったのである（注．2006年4月から国立大学独立法人化にともない，正式に静岡大学付属博物館として登録され，博物館活動を開始した。正式名称は「静岡大学キャンパスミュージアム」）。

3）学部内の教育活動から

　大学教育は一人ではできない。カリキュラムがあり，教育段階があり，同僚教員との共同作業の上で成り立つものである。学年進行とともに，社会学系，メディア系教員との交流等があり，相互の戦うべき土俵を理解し，議論等を行う上で，これらの分野・領域研究の知識獲得のための勉強が必要であった。歴史系博物館の世界のものの見方・考え方とは異なった，新たな幅広い視点が得られた。また，博物館の世界に対する客観的な見方が必要であることの認識を強く感じた。そして日本の博物館は，日本の社会活動のなかで，孤立・遊離してしまっていることを強く感じた。博物館がどうなろうと，社会は何ら関心を持たないかもしれないし，そのような道筋を戦後の博物館はたどってきたのであろう（あるいは文化財行政か）。戦後の博物館活動の史的研究と，今後の新たな道筋設定が必要ではないかと考える（文書館等も同様に考える）。

4）横断的アーカイブズ論研究へ

　歴博時代は，文系専門外であったので，歴史学，民俗学，考古学等，それぞれ学問方法や考え方，領域は異なるにせよ（同じ分野でも個人によって考え方等が異なる），記憶メディアとしての"資料"の存在そして社会的意味は同じ

ではないかと感じていた。学問の違いは資料の有する膨大な情報に対する視座（view）およびメッセージ解釈法と，メディア情報性質（資料自身の物理的・化学的性質，資料自身のメッセージ精度，そして出現から現在社会に出現・採取・発掘されるまでの経緯環境の文脈メッセージ）の差異によっているのではないかと考え，国立歴史民俗博物館在勤の最後の頃は，これらを明らかにするための資料情報モデリングと資料情報記録・管理の枠組みを確立する必要から，ここに力を入れていた。静岡大学に移ってからは，その意識がさらに強くなった。

　また，資料情報記録作業の存在なしには，それら資料の情報管理などできるわけがなく，その前提論理としての"資料論"の規準が必要である。しかし歴史系各分野では資料認識のため"資料論"は必須であり，存在はするが，潜在化あるいは個別分散状態で，顕在化された論理は見当たらない。このことは長年，神奈川大学大学院歴史民俗資料学研究科において非常勤講師を務めてきた中で強く感じることであった。資料情報の記録管理は各分野で必要とされてきたが，分野バラバラの状況で，個別的活動に終始してきており，これらの総合化には各分野資料情報（メディアとして）の"差異"と"アナロジー"を明確にしてゆく作業が前提として必要であろうと感じていた。

　たまたま，慶應義塾大学文学部アートセンターで遂行しているCOE研究活動（鷲見洋一先生，高山正也先生）から協力の声がかかり，ここで近畿大学の田窪直規先生，愛知県美術館の鯨井秀信先生と一緒になり，インターネットも世界的に普及し，いずれ広領域の横断的な情報資源アクセスが可能になることを話し合った。また，学生の教育・研究指導活動の一環として，急速に進められている自治体など，公共機関の情報化に関する状況把握も必要であり（情報社会学科が筆者の所属学科），学生の卒研などでそれを進めていた。まずは，博物館・美術館・図書館をベースとした，そのための国内の調査・技術動向研究・国際化動向などを把握し，総合化する研究活動が必要であり，平成12年度に2001年度〜2003年度の文部科学省科学研究費補助金の申請を行なった。

　なお，我が国の1970年代以降の主な文系情報化研究活動等については**表1**を参照いただきたい。

表1 人文系・文化財研究・事業とIT関連活動の経緯概要

　　　　　　　　　　［文化庁系］　　　　　　　　　　［旧文部省系］
・1970年代後半　　　　　　　　　　　　　　　　国立民族学博物館（1977開館）
　　　↓　　　　　奈良国立文化財研究所
・1980年代前半　　（木簡データベース）　　　　国文学研究資料館
　　　　　　　　　　　　　　　　　　　　　　　国立歴史民俗博物館（1983開館）
　　　　　　　　　　（各機関コンピュータ導入：各機関共同研究開始）
・1982年……………………………………………＊（土偶データベース開発研究の開始）
・1980年代中半　国立5館2文化財研究所共同研究
　　　　　　　　・動産データベース（東京国立博物館中心に）　　　　　↓
　　　　　　　　　（文化財・美術品等）　　＊（土偶データ分析・設計・実験）
　　　　　　　　・不動産データベース（奈良国立文化財研究所）
　　　　　　　　　（遺跡・史跡等）
　　　　　　　　　　↓
　　　　　　　　・動産データベース→共通索引システム整備）
・1985年……………………………………………　＊（土偶データベース科研交付）
　　　　　　　　　　↓
　　　　　　　　　　？
　　　　　　　　　　↓
・1994年　＊第一回アート・ドキュメンテーション
　　　　　　研究フォーラム開催

・1995年　＊重点領域研究「人文科学とコンピュータ」＊（第1版土偶データベース公開）
　　　　　　　開始〜1999年度まで　　　　　　　　　　　　　　↓
・2000年　［総務省によるe-Japan構想のスタート
　　　　　　　　　　　　　　　　　　　　　　　　　　　　　　↓
・2001〜2002年…………………………………………………　大学共同利用機関法人
　　　　　　　　　　　　　　　　　　　　　　　　　　　　　人間文化研究機構
　　　　　　　　　　　　　　　　　　　　　　　　　　　　　（Z39.5実装開発）
・2003年　［総務省，国立情報学研究所の文化遺産ネットワーク構想］　↓
　　　　　　　　　　　↓
・2004年　共通索引システム→文化遺産ネットワークへ移行　　　↓
・2005年4月　アート・ドキュメンテーション学会　（研究資源公開システム開発）
　　　11月　ミュージアム資料構造化モデル（東京国立博物館））

＊［英国］　　MDA（1977年設立）→　1994年 SPECTRUM 第1版，2005年第3版
＊［カナダ］　CHIN（1972年設立）→　1985年人文系データベース
　　　　　　　　　　　　　　　　　　1987年自然科学系データベース
＊［ICOM-CIDOC］　MICMO（1994年），IGMOI（1995年），考古学遺跡（1997年），
　　　　　　　　　CRM提案（1998年），その他
＊［韓国］　「博物館遺物電算化のための遺物分類標準」基本案（1993年発表），
　　　　　　第一版（1995年）

3．横断的アーカイブズ論研究

（1） 第一段階研究活動

【「広領域分野資料の横断的アーカイブズ論に関する分析的研究」（平成2001～2003年度文科省科学研究費補助金基盤研究（B)(1)，課題番号：13480102，代表：静岡大学八重樫純樹）】

　本研究は，インターネットによって急速に進んできている国際化，学際化そして情報の共有化にともない，良質な社会共有情報資源生成基地としての図書館情報，文書館情報，博物館情報を軸として，

- 図書館，文書館，博物館の国内実態の調査と国際記録規準動向（各分野のメタデータ規準等）の調査・分析
- 情報管理・情報流通技術動向の調査（次世代インターネット技術の動向調査：RDF[①]，XML[②]，オントロジー技術，CRM[③]モデルの開発実験（鯨井氏担当））
- 海外動向調査
- その他，国内自治体電子化の動向等に関する調査・分析研究

などを行い，新たな知見と展望を得ることであった。以上の目的を遂行するため，以下の組織化を進めた。

1）組　織　化

［研究代表者］
　八重樫純樹　静岡大学情報学部・教授
　　　　　　　研究総括と資料情報モデリングの研究
［研究分担者］
　高山　正也　慶應義塾大学文学部・教授（現．（独法）国立公文書館　理事）
　　　　　　　多種分野資料の記録情報の比較研究
　安藤　正人　国文学研究資料館・史料館・教授（現．（独法）人間文化研究機構アーカイブズ研究系教授）

[①][②]…：RDF，XMLなどのACRONYMSについては章末（p.89）にフルスペルを記載。

国文学研究史料アーカイブズの研究
田窪　直規　近畿大学・短期大学部助教授（現．教授）
　　　　　　図書館資料アーカイブズの研究
水嶋　英治　科学技術館企画部・企画開発部次長（現．常磐大学コミュニティ振興学部教授）
　　　　　　博物館資料アーカイブズの研究
鯨井　秀信　愛知県美術館美術課主任学芸員
　　　　　　美術資料アーカイブズの国際比較研究とCRMモデルの開発実験
小川千代子　国際資料研究所代表
　　　　　　文書アーカイブズ論の国際比較研究
永村　真　　日本女子大学文学部教授
　　　　　　日本史史料のアーカイブズ研究
島尾　新　　東京国立文化財研究所・美術部室長（現．多摩美術大学美術学部教授）
　　　　　　美術資料のアーカイブズ研究
塚越　哲　　静岡大学理学部助教授
　　　　　　古生物資料のアーカイブズ研究
白井　靖人　静岡大学情報学部助教授
　　　　　　情報システム化に関する研究

なお，上記研究分担者以外に，必要に応じて適切な専門家の指導・助言・専門知識を受けることができるように，研究協力者として適宜本研究に参加いただくこととした。

2）主な研究活動

[2001年度の主な活動]

メタデータ標準化（ダブリン・コア等），マークアップ言語（XML等），文書館（ISAD[④]（G）），図書館（書誌情報記録やEAD[⑤]），博物館（ICOM-CIDOC[⑥]やCRM）に関する国内外の実態・動向を中心に，研究協力者の講演と議論等を通して研究を進めた。分野間相互およびその研究動向について議論を進め，相互理解も深まった。これで研究の方向性が定まった。

① 研究会：上記テーマを中心に4回遂行した
② 海外調査等
- 安藤正人氏がドイツのアーキビスト養成に関して調査研究
- 小川千代子氏が世界のアーカイブ機関に関するアンケート調査を実施（ICA[7]会長後援）
- 鯨井秀信氏がCRMのプロトタイプ実験開発を開始

［2002年度の主な活動］

高山正也氏に分担者として正式に参加頂く。関連分野に積極的にアプローチするため特に，最前線で活動している若手研究者に協力頂き，ダブリン・コア動向，ISBD[8]とFRBR[9]，そして国内で研究開発中の横断検索データベース（国文学研研究資料館中心）とグローバルデータベース（国際日本文化研究所中心）について議論を進めた。またセマンテイックWeb研究開発に中心的な役割を果たすRDFの国際動向について報告頂き，自由討議を重ね，我々が関連する諸分野の全体像が見えてきた。研究は飛躍的に向上した。また，国文学研究資料館・資料館と共催で12月に公開シンポジウム『情報社会とArchives－図書館・文書館・博物館をめぐって』を開催した。

① 研究会：4回遂行した
② 海外調査など
- 小川千代子氏の代理で牟田昌平氏（アジア歴史資料センター研究員）がICA円卓会議で発表
- 水嶋英治氏がイギリスおよびフランス博物館のドキュメンテーションに関して調査研究。
- 鯨井秀信氏が引き続きCRMプロトタイプの実験開発
③ 公開シンポジウムの開催
- 12月24日。国文学研究資料館・史料館と共催で国文学資料館・史料館大会議室にて，『情報社会とArchives－図書館・文書館・博物館をめぐって』を開催した。

［2003年度の主な活動］

2001～2002年度研究活動で，以下のような成果を得た。
- 当初，目的とした図書館，文書館，博物館の国際メタデータ規準の歴史・

内容・動向・実態，そしてその"差異"と"アナロジー"が明らかとなってきた。
- 小川千代子氏を中心とした世界のアーカイブ機関国際実態調査もまとまってきつつあり，初めてその実態を世界に報告できるまでに至った。
- ダブリン・コアの動向や ISAD (G)，ISBD，ICOM – CIDOC，英国 MDA[10] 等の動向と内容，その"差異"，"アナロジー"が明らかになってきた。
- データ流通のための記述言語 XML，EAD の動向が把握できた。
- さらに技術動向として，CRM，RDF の関係，世界情報資源共有化のためのこれらの動向が急速に進展しつつある実態を把握できた。
- ISO[11] 15489の JIS[12] 化の問題の進展が脚踏み状態で，かつわが国はそれに対応できるような体制にないことも明らかであり，この問題も社会的に明らかにする必要がある。

これらを踏まえ，我々が把握・分析した情報の社会的公開の必要性が緊急であるものと考えた。また，図書館，文書館，博物館以外に，現代資料アーカイブ（行政資料，特に電子政府，電子自治体の策定と自治体合併問題，企業資料（ISO15489問題），映像音響資料等）へと研究の幅を広げる必要性を痛感した。

このため，その端緒として，9月開催を目標に公開シンポジウム『情報化・国際化のアーカイブ』を計画した。研究会は従来の文脈で遂行した。

① 研究会：3回遂行した。9月2日に川口市にある NHK アーカイブスを見学。
② 海外調査等
- 小川千代子氏が南アフリカ，ケープタウン市で開催の第37回国際文書館評議会円卓会議に出席し，動向調査を行ない，報告した。
③公開シンポジウムの開催
- 9月17日，静岡大学浜松キャンパス佐鳴開館で，公開シンポジウム『情報化・国際化のアーカイブ』を開催

(2) さまざまな課題

本研究の3年間で得られた新たな知見は非常に幅広く，深く，深刻なものが

あった。情報社会における基盤となるべき，① 情報技術基盤，② 情報体制基盤，③ 情報資源基盤のうち，我が国の，③情報資源基盤は欧米に比べて極めて貧弱な実態にある。アーカイブズ体制あるいは資料の記録・管理体制を国家のさまざまな仕組みの中に打ちたてない限り情報資源基盤は成立しない。そして図書館，文書館，博物館，さらに現代社会に存在する各種行政資料や企業資料はその時期における社会活動の記録を残した資料であり，記憶メディアである。これらは社会的・国家的・民族的存在である。一部の機関や専門家の"もの"ではない。これら資料の"社会化"が管理・運用機関の責任であると考える。情報化はそのための最良の方策である。

　自治体の電子化についても県も市町村もそれぞれバラバラに進められており，少なくとも我が国の博物館・文化財データ政策の無策同様に税金で行われている実態を卒研などで目の当たりにする。平成の大合併で，さらに無駄な税金かけて互換のための追加的なソフト開発や，ポータルサイト・コンテンツの作りなおしをする自治体が数多く存在するであろう[16]。

　ちょうど，本研究が終了した頃，中国，韓国における実態や計画等に関する情報が部分的に入ってきており，隣国である中国と韓国の実態調査をこの視点で行う必要性を痛感した。また，縄文時代土偶データベースも公開してから10年近い時間が過ぎ，考古学遺跡情報の問題とも併せて，新たなバージョンに設定する必要性を痛感していた。

　これらの諸課題を踏まえて，次の段階のプロジェクト研究を計画した。

4．第二段階研究活動

【「横断的アーカイブズ論の総合化・国際化と社会情報資源基盤の研究開発」（平成2005～2007年度文科省科学研究費補助金基盤研究（B），課題番号：17300081，代表：静岡大学八重樫純樹）】

（1）　計画の骨子

　基本計画を2004年度に作成し，申請したが採択されず（申請窓口に注意を払わなかった），平成16年度に，特に近隣の中国，韓国の実態調査の必要性を痛

感し，計画を立て直して申請し，2005年度4月に採択された。

この計画の基本骨子は以下である。
① セマンテイック Web (RDF) やオントロジー研究および CRM 技術系研究動向調査は今までの文脈で遂行する。
② 図書館，文書館，博物館の活動・国際メタデータ規準とマークアップ言語等の動向も，従来，文脈で調査研究を遂行。
③ 行政（電子政府，電子自治体，合併問題による文書管理，コンテンツ統合問題）や企業資料，そして ISO15489問題等も含めて研究を推進。
④ できれば，情報資源基盤研究開発として，どこかの自治体とタイアップして解決策，あるいはデファクトスタンダードモデルを開発する。
⑤ 我が国の博物館資料情報化，そして情報記録・管理実態を調査・分析し，国際規格提案（ICOM－CIDOC）との対応分析を行う（考古遺跡についても同様）。
⑥ 韓国，中国の関係機関の実態・計画についての調査を遂行する。
⑦ 本研究で得られた新たな知見は学会論文はもちろんであるが，できるだけ速やかに公開シンポジウムを開催し，これを通して社会化してゆく。
⑧ その他

目標としては，前回の研究活動を踏襲し，前回できなかった部分の補強，そして実践性をより重視して進める計画である。なお，今回のメンバーは，
・柴山　守氏（京都大学・東南アジア研究所・教授）
・牟田昌平氏（国立公文書館，アジア歴史資料センター・主任研究員）
・五島敏芳氏（国文学研究史料館・史料館・助教授）
・古賀　崇氏（国立情報学研究所・助手）
に分担者として参加いただき，「横断的アーカイブズ論」研究会として研究を遂行する体制とした。

（2）　研究活動概要

2005年度8月までは，以下のとおり。
① 研究会：5月と7月に2度にわたる研究会を開催した。
② 講演会

7月16日に情報知識学会等との共催で講演会を開催した(元京畿大学,現漢錫斗先生による「大規模韓国語によるオントロジー開発のためのシソーラスの構築」)。
　③　海外調査
　・古賀崇氏が8月にストックホルムの国際学会発表と動向調査
　・筆者,田窪直規氏,小川千代子氏,小笠原和慶氏(静岡大学研究生)が8月17日〜8月21日まで,以下の韓国関係機関の情報化実態調査を行った。

(3)　2005年度韓国調査研究活動の概要(8月)
【国史編纂委員会,国立中央図書館,韓国教育・学術情報院,国立民俗博物館,国立中央博物館】(八重樫純樹,小川千代子,田窪直規,小笠原和慶)
　この調査の詳しい報告は2006年3月の公開シンポジウムで行った。韓国の情報政策は,情報通信省が中枢となっており,それぞれの分野,機関で情報化を進めている。[11][12][13][14]

[図書館分野]
　図書館分野では国立中央図書館が中心機関として情報化を推進しており(文献12)を参照),公共図書館など向けのシソーラス整備,書誌情報サービス等を遂行し,デジタル図書館建設の中心となっていた。
[文化財博物館分野]
　文化財関係分野では国立中央博物館が中心機関として推進中であった(1990年代前半に国家分類標準を決定し,それに沿って文化財資料情報化が推進されていた)。[13][14]
[歴史史料分野]
　歴史史料関係分野では国史編纂委員会が中心機関となり,主な13機関が相互の目録データを尊重し,3層構造の情報交換可能な横断検索システムとなっていた[11]。
[学術・教育分野]
　学術・教育関係分野では教育・学術情報院が中心機関として推進している。

それぞれの分野で国家メタデータ標準を決めており、このメタデータが情報通信省のサイトに集められ（コンテンツは各機関が保有）、利用者は情報通信省サイトからもアクセスできるし、各機関サイトへの直接的なアクセスも可能となっている。情報通信省では、すべてのメタデータが集成されているため、大規模なシステム変更やシステム開発などしなくても、国家規模の横断検索システムが容易に実現可能である。

非常に重要な点は、各分野で国家メタデータ標準を決定し（歴史史料分野では、それぞれ機関の目録形式を尊重し、3層の情報交換システムとして実現）、具体的に日常、それに則って情報記録・管理が進められていることであった。国立中央博物館の関係者から、文化財資料関係の電算化のための韓国国家記録標準のマニュアルをいただいてきた（ハングル記述：全博物館がこれに則って、進めている）。いずれ、これらも早急にわが国に紹介しなければならないものと考え、すでに基本的翻訳は終了し、2006年9月現在、文化財専門用語の日韓対応の検討に入っている。

韓国はデータ政策を設定してから情報化を進めており、非常に合理的であり、国家規模のシステムとして効果的かつ効率的なシステム構築を可能としている。

（4）　2006年度中国調査研究活動の概要（9月）

【北京市：国家博物館、国家図書館、故宮博物院、社会科学院、中国科学院、首都博物館】

【上海市：上海博物館、上海図書館】（八重樫純樹、田窪直規、水嶋英治、木戸（九州国立博物館）、余梅分（静岡大学情報学研究科院生））

今回の中国調査は9月3日～9月12日に、北京、上海の博物館、図書館分野の情報化関係部署を中心に情報化政策・計画・実態について行われた。調査機関は上記のとおりである。

[博物館分野]

国家博物館、故宮博物院は国務院文物局の直接下にあり、首都博物館は北京市の文物局、上海博物館は上海市文物局に属している（中国の場合、北京市、上海市、重慶市、南京市は特別な自治市である）。中国の博物館情報化計画は日本、韓国より遅れてスタートした。国務院文物局では、当初、国家メタデー

タ基準を設定する活動を遂行し，設定したが[15]，実際のデータ作成において，各機関・分野の基準に合わないので，現実には，各機関が独自に各機関や分野にあったデータ作成を行っている。

[図書館分野]

国家図書館が中国図書館界の中枢であり，図書館機能はもとより，目録，書誌データ整備，および全体的なメタデータ変換システム開発を遂行していた。中国の書誌データ交換については，いくつかのグループがあり，各図書館は相互に参加しあっている。競争の原理で活動していることが新鮮であった。また，国家図書館では敦煌等における文物関係情報化活動とも相互に研究を進めていた。上海図書館は，上海市区中心の情報化と情報サービス活動を行っていた。

[社会科学院と中国科学院]

社会科学院では人文系学問分野のメタデータ基準について研究を遂行していた。ここで決定されれば，中国国内の影響力は大きく，国家標準になる可能性が高い。哲学，文学，民俗学，社会科学院図書館等の開発状況の話を聞くことができた。ここでも国家標準メタデータは，走りながら考えてゆくとの方針であった。

中国科学院は，インターネットのCN[13]ドメインの管理中枢でもあり，自然科学系研究機関（47機関）の約100のデータベース管理をしており，横断検索を可能にするため，3層の変換システムを開発中であった（RDFを参考に，オントロジーレベルまで）。ここではインターネットのCNドメインを管理しているコンピュータ室も見学をさせていただいた。

博物館分野におけるコンピュータへのデータ入力率は相当なものがあった（各館ともに資料目録作成率は相当なレベルにあるものと推測される。昨年度，常磐大学水嶋研究室で国内博物館の実態調査を遂行したが，国内博物館の博物館資料目録の整備が，きわめて貧弱な状況にあることが判明した[12]水嶋，北岡）。いずれ，各分野ともに相互横断検索が必要になると思われるが，各分野ともに，ともかくデータベース構築を進めながら，走りながら考えてゆくとのことであった。国家図書館の国際メタデータ変換システムの説明を受けたが，相当な水準にあり，あらゆる国際標準を調査し，その変換のシステム化を図っているようである。

5. まとめにかえて

　韓国はすでに1990年代半ばごろから基本的な国家情報化政策（データ政策も含めて）を設定し，分野ごとに中心機関を決めて，国家予算のバックアップのもとで情報化活動を推進しており，われわれが調査した2005年度は，相当な成果が現れている最中であったのである。これらの活動の中心となったのは，文献情報学（図書館情報学）分野の専門家であり，国家データ政策を決定してから，実活動に入っている。我が国の図書館情報学の専門課程は3大学にしか存在しないが，韓国ではその10倍の教育・研究機関が存在する。技術系による箱物のシステム開発を始める以前に，データ政策が決定されており，無駄が少なく，きわめて合理的である。

　中国は国土も広く，韓国よりは地方分権的な状況もあり，この点は我が国に類似している。博物館分野では国家文物局が中心となり，2000年から2015計画を設定し，国家メタデータ標準の設定活動がなされてはいるが，実行に際しては各機関の裁量となり，各機関が独自で情報化を推進している。ともかく各機関ともにデータベース構築活動が最優先の課題のように見受けられ，"標準化，横断検索化は走りながら考えてゆく"という言葉がきわめて印象的であった。

　各分野ともに各機関（特に博物館分野）の情報化専任スタッフは理系，文系を含め，少ないところで6〜7名前後，多いところでは60名以上と，わが国の文化財関係機関に比べ，はるかに多く，予算も相応に手当てされているようであった。国家情報資源として情報化に関する意思とエネルギーを強く感じた調査であった。

① それに対して，わが国では組織化そのものも果たして可能であるのかどうか。
② 地域ポータルサイトやデジタルミュージアム構想は結構だが，各地域や機関の基本データや構造は全くバラバラであり，その連結や横断化にはとてつもない人力と費用が必要になってくる。基本的部分のデータ基準の設定（データ政策）は情報資源化と社会的共有化にとりどう考えても必須と考える。ばらばらなデータはプログラムだけでは解決しきれず，かつ膨大

な費用が必要となる。
③　またデータベース構築等，文化財資料情報化活動はともかくとして，わが国の博物館界，文書館界等の行政にデータ政策がそもそも存在していたのかどうか。世界の先進国は国家・民族の歴史遺産情報の積極的発信と情報共有化の方向に動いている。この履歴の反省と今後への展望を見据える必要があろう。
④　データ政策無策のままで e-Japan 構想は2005年度に完成したはずである（2004年以降は u-Japan 構想）。この検証も必要であろう。
⑤　そして図書館界はともかく，博物館，文書館における情報化要員教育・整備と情報化予算の現状はどうであろうか。世界に向けて国家・民族の文化・歴史遺産情報発信のシステム機能抜きにして，世界先進国家とはいえない状況となりつつあるのではなかろうか。現状はきわめて深刻な状況ではなかろうか。

なお，中国調査についての詳しい報告は，2007年3月3日（土）～4日（日），静岡大学浜松キャンパスで開催予定の公開シンポジウムにおいて報告する予定である。

参 照 文 献

1 ）八重樫純樹ほか．平成13～15年度文部科学省科学研究費補助金基盤研究（B）（1）「広領域分野資料の横断的アーカイブズ論に関する分析的研究」（課題番号：13480102）研究報告書（本編），p. 238, 2004・3.
2 ）八重樫純樹ほか．平成13～15年度文部科学省科学研究費補助金基盤研究（B）（1）「広領域分野資料の横断的アーカイブズ論に関する分析的研究」（課題番号：13480102）研究報告書（別冊1：世界のアーカイブ機関－組織図集）
3 ）八重樫純樹ほか．平成13～15年度文部科学省科学研究費補助金基盤研究（B）（1）「広領域分野資料の横断的アーカイブズ論に関する分析的研究」（課題番号：13480102）研究報告書（別冊2：世界の国立連邦文書館（アーカイブ）の調査－最終報告書）
4 ）「土偶とその情報」研究会編．土偶研究の地平．第4巻．勉誠出版社，p. 438, 2000.
5 ）「土偶とその情報」研究会編．土偶研究の地平．第4巻．勉誠出版社，p. 519, 1999.
6 ）「土偶とその情報」研究会編．土偶研究の地平．第2巻．勉誠出版社，p. 419, 1998.

7)「土偶とその情報」研究会編：『土偶研究の地平』第1巻．勉誠社，p. 439, 1997.
8)八重樫純樹編著．国立歴史民俗博物館研究報告：共同研究「歴史系支援情報処理の研究－カタチの情報のデータ形成・索引法」．第53集．国立歴史民俗博物館，p. 320, 1993.
9)八重樫純樹編著．国立歴史民俗博物館研究報告：土偶とその情報．第37集．国立歴史民俗博物館，p. 489, 1992.
10)八重樫純樹編著．国立歴史民俗博物館研究報告：共同研究「歴史研究支援情報処理の研究－画像データを中心に－」．第30集，国立歴史民俗博物館，p.395, 1991.
11)田窪直規．韓国の国史編纂委員会と韓国歴史情報統合システム．レコード・マネージメント．no.51, 2006, p.48-57.
12)八重樫純樹，田窪直規，水嶋英治，菅野育子，小川千代子，古賀崇．文化・知識情報資源共有化とメタデータ：横断的アーカイブズ論研究会2005年度成果報告を中心に．横断的アーカイブズ論研究会（平成17～19年度文科省科学研究費補助金基盤研究（B）（課題番号：17300081，代表：静岡大学　八重樫純樹）），2006, 110p.
13)田窪直規．韓国における文化財情報のデジタル化とネットワーク化．アート・ドキュメンテーション研究，no.13, 2006
14)八重樫純樹．空間データベース構築と情報処理技術について．日本情報考古学会第21回大会後援論文集，2006, p. 107-112.
15)王宏鈞　主編．中国博物館学基礎．改定版．上海古籍出版社，2006, 597p.
16)和久田聖衣，八重樫純樹．ディジタルアーカイブの調査研究：博物館情報の標準化動向を中心に．静岡大学情報学研究，2004, p.127-146.

ACRONYMS のフルスペル

① RDF（Resource Description Framework）
② XML（Extended Markup Language）
③ CRM（Conceptual Reference Model）
④ ISAD(G)（International Standard of Archival Description(General)）
⑤ EAD（Encorded Archival Description）
⑥ ICOM-CIDOC（Groups of the International Committee for Documentation of the International council of Museums の略）
⑦ ICA（International Council on Archives）
⑧ ISBD（International Standard for Billio Description）
⑨ FRBR（Functional Requirement Bibliography Record）
⑩ MDA（Museum Documentation Association）
⑪ ISO（International Organization for Standarization）
⑫ JIS（Japanese Industrial Standard）
⑬ CN（China）

図書館の思想：
国立国会図書館と政府情報へのアクセス

根本　彰

1．政府情報は開かれているか

　今でこそ，インターネットが開かれた情報通信網の基盤となっているが，これが普及する前の1980年代後半から15年間ほど，パソコン通信と呼ばれた通信方法が普及していた。個人が電話回線を通じてPC（パソコン）を最寄りのホストに接続することで，電子メールによる通信や掲示板を用いたコミュニケーションが可能になった。その草分けであり最大手の通信網が Nifty Serve である。現在の web やブログのようにマルチメディアの多彩な表現はできなかったが，テキストベースで開かれた意見交換の場「フォーラム」があって多くの人が活発に議論を行っていた。

　フォーラムの一つである「わくわく経済ランド（FECO）」に，臨時の会議室「国家情報は誰のもの？」が開設されたのは1994年の9月3日である。臨時会議室は1週間を原則としていたが延長されて1ヶ月間開かれ，のべ40通の意見のやりとりが行われた。内容は多岐にわたるが，その題名に示唆されているように，議論の中心には国家情報が国民に知らされていないことに対する批判があった。1980年代前半に地方自治体の情報公開条例がスタートし，国の情報公開法のあり方について議論が続いていた時期である。また，インターネットがようやく一般に使用され始めた時期でもあった。新しい制度と新しい方法による国家情報の公開について真剣に議論された。その内容をかいつまんで紹介しておこう。[1]

　まず，「第二次世界大戦中の大本営発表」から「ソリブジン薬害」「丸山ワクチンの許認可」に至るまで，官庁の秘密主義により国民に知らされないままにさまざまな決定が行われた事例が挙げられ，「国家は常に嘘をつく」ことから出発すべきとの意見があった。これに対して，意外なことに現職の行政官庁の職員複数名が実名で書き込みを行い，これまではそうであったかもしれないが，

これを改革するために自分たちは努力しているので議論してほしいと訴える声が続く。さらに，こうしたデータないしインフォメーションの公開非公開という問題とは別に，行政機関内部の問題として高度の意思決定を行うための前提となるインテリジェンスのレベルの情報管理が日本は弱いのではないかという指摘が行われる。そして，こういう場で積極的に自分の立場を説明している現職官僚にせよ，結局のところ，総務庁や経済企画庁（いずれも当時）といった調整官庁の職員であるということで，許認可権限をもつ事業官庁職員とは異なった立場であることが指摘される。その後，国家情報は意外に閉ざされておらず，「官報」を隅々まで見るとたいていのことは分かるのだという議論が続く。

　これらの一連の議論は，当時，政府情報というものに対して抱かれている一般的イメージを掘り下げて総括したすぐれた議論であったといえる。政府の秘密主義に対する批判はそれ以前から強く存在していたが，単なる批判にとどまらず新しい制度と情報技術の適用を目指した議論が行われたのである。

　その後，1999年に行政機関の保有する情報の公開に関する法律（平成11年5月14日法律第42号，以下，行政情報公開法）が公布（2001年施行）されて状況は大きく変わった。一定範囲の情報以外は原則的に公開することが決まった。また，この時期にインターネット上でさまざまな行政情報を提供する事業が始まった。政府は日本型 IT 社会の実現を目指す e-Japan 政策に基づいて2001年からさまざまな政策を打ち出し，その一つに政府が行うサービスをインターネット上で行う電子政府（e-Gov）の実現がある。e -Gov のホームページからアクセスできる行政情報はきわめて多様であり，この10年で政府情報の入手状況は大きく変化したことが分かる。[2]

　FECO の議論のなかに情報公開法は絶対ではないという意見が存在していたように，政府主導の情報開示の手法には限界がある。そもそも「公開」とは情報がどのような状態になっていることを指すのか曖昧である。行政情報公開法はあらかじめ目録で情報の存在を告知しておくだけで，情報そのものは担当各部門にあるから実際の利用には開示請求手続きが必要である。これに対して，e-Gov による行政情報の提供はインターネットで容易にアクセスできる体制を構築しているので実質的な公開に近いとはいえるが，公開される行政情報の範囲については共通のガイドラインが用意されてはいても出す出さないの判断は

各省庁に委ねられている。

　また情報そのものは別に隠されているわけではないのにアクセスしにくいことがある。一部の情報は商業ベースで提供されており、利用には料金が必要である。たとえば、FECO で引き合いに出されていた官報を取り上げよう。官報は立法・行政・司法の作用にかかわる事柄の広報および公告を使命とする。とくに法令の公布は官報によりなされる慣行になっている。最高裁の判例で、法律の公布時期が「一般希望者において右官報を閲覧し、または購読し得る」最初の時点とされ、国立印刷局官報課及び東京都官報販売所に掲示される発行日の午前8時30分とされている。[3] 官報に法律が掲載され東京で見ることが可能になったからといって、この法律が公布されたことが国民に周知されるわけではないのにも関わらず、これが基準になっている。

　官報はこのような重要性をもつ政府情報のメディアであるが、e-Gov が始まっているにもかかわらず一般の人が容易にアクセスできるとはいえない状況にある。というのは、官報のコンテンツを発行元国立印刷局のホームページ上で自由に見られるのは過去1週間分のみで、それ以外は有料ベースで提供されているからである。検索も有料サービスでしか利用できない。国立印刷局が独立行政法人化したために、官報データベースが重要な収入源として位置づけられる必要があるからだろう。インターネット上に法令データベースほかの基本的な政府情報が自由にアクセスできるように置かれているのに、政府情報としてもっとも基本的な官報のコンテンツを過去にさかのぼって利用しようとすると有料ベースになってしまう問題は小さくない。

2．政府情報へのパブリックアクセス

　図書館を資料や情報をまとめて管理して共同利用する場であり、図書館思想を公開されている情報にどのようにアクセスの手段を提供するかに関わる社会的仕組みに関する思想であるとすれば、これを政治過程の世界において実現するという考え方は、民主主義の実現に図書館を位置づけるという意味で重要である。アメリカは、これを連邦政府から地方政府のレベルで実現しようとしている社会である。政府情報に関して、政府印刷局（GPO）による一元的な政

府情報の印刷配布と連邦政府各部門の刊行物を全米の1,000館以上の図書館を通じて配布する仕組みである連邦政府刊行物寄託図書館制度（FDLP）が一定の機能をもって，情報をもつ市民（informed citizenry）を作り出す役割を果たしてきたという評価があった。[4)]この仕組みはアメリカ民主主義と図書館思想を結びつける典型的な例と考えることができる。

　筆者は，戦後アメリカ産のライブラリアンシップの影響を受けて再生した日本の図書館の実践がそれを包み込む社会構造や政治構造にうまく適合せずに隅に追いやられてきたことを研究してきた。それは図書館に関わる事象の随所に見られるが，政府情報の分野においては戦後間もないうちにできた次の法律をみておくとよい。[5)]

(1) 国立国会図書館法（昭和23年2月9日法律第5号）における調査及び立法考査局の設置及び国の刊行物の納本制度

(2) 地方自治法第一次改正（昭和22年12月12日法律第169号）の際に100条に加えられた政府刊行物の都道府県議会への送付とそれを管理する議会図書室の設置

(3) 図書館法（昭和25年4月30日法律118号）9条の官報や政府刊行物の公立図書館への提供

といった条項には，いずれも一定の政治思想のもとに，民主的でかつ科学的な政策決定をするためには資料的な裏づけを持たせることが必要で，そのために資料を集中的に管理する図書館の設置が必要であることという考え方が表明されている。しかしながらこのなかで，国立国会図書館やごく一部の議会図書室，公立図書館を除くと，このような考え方が生かされているとはいえない状況である。

　本稿では，政府情報へのパブリックアクセスを次のような枠組みでとらえている。まず政府情報は立法，行政，司法の3つの政府機構で扱う情報であるが，不定形の「情報」という概念よりも，行政情報公開法における公開の対象となる「文書」という概念で扱う。この法律で対象となる行政文書は，第2条2項で「行政機関の職員が職務上作成し，又は取得した文書，図画及び電磁的記録（電子的方式，磁気的方式その他，人の知覚によっては認識することができない方式で作られた記録をいう。以下同じ。）であって，当該行政機関の職員が

組織的に用いるものとして，当該行政機関が保有しているものをいう。」と定義されているが，同様の論理で立法文書，司法文書を定義し，これらをもって本稿における行政情報，立法情報，司法情報とする。

上記の法律によって，行政情報については開示請求手続きを行うと原則的には公開される。立法府や司法府には情報公開制度が存在しないので開示請求手続きによる情報の利用はできない。だが，政府情報の利用はこの情報公開法によるまでもなく，いくつかの方法で可能である。憲法に裁判の公開や国会の公開についての条文があることをはじめとして，法律ではさまざまな情報の公開・開示が定められている。[6] また，行政情報公開法の対象にならない情報として，第2条2項の先の引用部分に続けて次のようにある。

「一　官報，白書，新聞，雑誌，書籍その他不特定多数の者に販売することを目的として発行されるもの

二　政令で定める公文書館その他の機関において，政令で定めるところにより，歴史的若しくは文化的な資料又は学術研究用の資料として特別の管理がされているもの」

第一号は官庁刊行物とも呼ばれることがあるが，公開を前提として作成されるから対象に含めないものである。この類のものには立法情報や司法情報も少なくない。これらを合わせて政府刊行物と呼ぶ。ここでは「販売」という用語が使われているが，無料で配布するものも含まれる。また，インターネット上で販売あるいは配布するような電磁的記録も含まれる。このように最初から対象に含まれないものだけでなく，形式的には対象になるが，別の法の適用によって公開することが決まっているものが多数あり，それらについては，定まった方法によって公開することが優先される。[7]

第二号は文書館や図書館のようにそもそも「記録・文書・書籍」を扱う機関はこの制度の対象としないということである。政令に定めるところにより総務大臣によって行政情報公開法の対象にしないとされた機関は平成18年4月1日時点で10機関である。[8] 歴史的・文化的な資料又は学術研究用の資料を扱っている機関がほとんどであり，宮内庁書陵部図書館を除くと，後に検討する各省庁に付設された国立国会図書館の支部図書館は含まれていない。

政府情報へのアクセスを考えるときに検討しなければならない重要な仕組み

は公文書館である。行政情報公開法では，個人情報，法人情報，国際関係情報，公共の安全秩序に関する情報などさまざまな理由で開示が適当でないものを非開示にすることができることになっているが，これらの情報には一定の時間が経過すれば公開できるものもありうるし，歴史学的に重要な情報を含む場合が少なくない。また，政府機関にはそれぞれ文書管理規定があって，文書の保存期間が定められている。長期保存の文書の管理については執務機関にとっても利用が可能なように目録の作成や保存環境の保持といった適切な措置が執られなければならない。これは政府機関における文書管理をどうするかという課題であり，それと独立して，歴史研究や国民の知る権利という観点から公文書館を生かすべきという課題がある。[9]

先ほど見た，行政情報公開法第2条2項2号の趣旨を生かすために，公文書館には政府機関から適切に政府文書が引き継がれなければならない。これについては，独立行政法人国立公文書館があり，そのための国立公文書館法が制定されている。国立公文書館は「歴史的資料等保有施設として政令で定める施設及び総務大臣が指定した施設」に指定されている。また，この制度を生かすためには政府機関が公文書を適切に管理し一定期間の後に公文書館に移管される必要がある。この移管プロセスがきわめて重要であるが，行政情報公開法の施行を契機にようやくこの議論が始まり，平成12年2月25日づけの各省庁事務連絡会議の申し合わせで「行政文書の管理方策に関するガイドラインについて」がつくられた。移管がスムーズにいくように進める体制を検討するために，平成15年に内閣府大臣官房長のもとに「歴史資料として重要な公文書等の適切な保存・利用等のための研究会」がつくられ，諸外国の例を含めて総合的な検討を行った。それを引き継いで内閣官房長官のもとに「公文書等の適切な管理，保存及び利用に関する懇談会」が設置され，平成16年6月に報告書が出された。[10]

以上の状況を**図1**で示した。行政情報公開法は政府情報の一部しか対象としていないが，それを超えて国民が情報にアクセスできる仕組みが多様にあることがわかるだろう。そのなかで特に図書館がどのような役割を果たすのかについて，以下で論じてみたい。[11]

図1 政府情報を考える枠組み

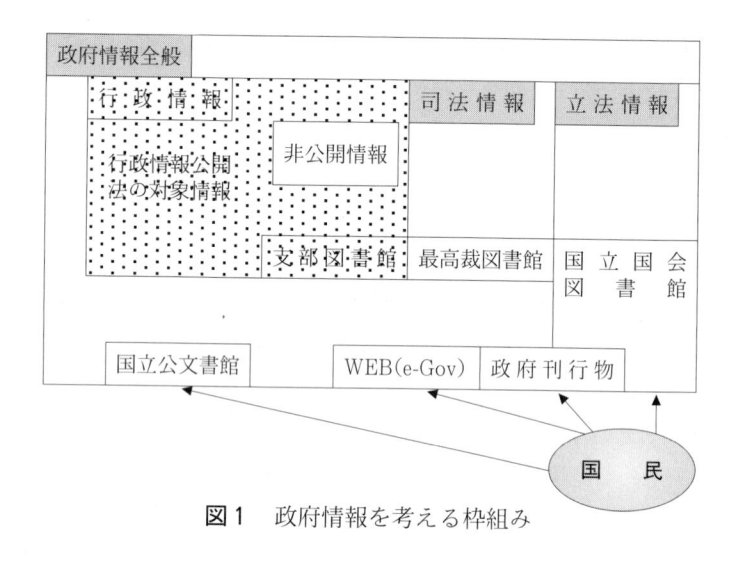

3. 図書館の思想と文書館の思想

　蟻川恒正は、「情報公開の制度を貫く原理とは、(政府に関する)知識を公衆の利用に供して、以て、これを(公衆の)力に変えるメカニズムでなければならない。…情報を収集し、これに目録化(cataloging)と索引化(indexing)を施して、公衆の利用に供することは、図書館の原理に他ならない」と述べて、戦後の国立国会図書館成立期において行政府に支部図書館を設置しこれを通じて行政資料を集めようとした考え方が図書館の原理を一部実現しようとしたものだと論じた。[12] そして、この論文では、GHQの依頼で国会図書館設立のために来日したLC副館長バーナー・クラップとアイオワ大学図書館長チャールズ・ブラウンの青写真をもとに、日本側では歴史家で参議院図書館運営委員長の羽仁五郎が中心となって国立国会図書館法に支部図書館制度を位置づけたこと、また、羽仁の強い要請があって就任した国立国会図書館副館長 中井正一は、この制度を実現しようと尽力するが、それが行政官僚の強い抵抗に遭って実現せず、志半ばで逝去したことが記述されている。

　ここで重要な指摘は、実は官僚から資料や情報を提供させる論理は図書館思

想には含まれず，この失敗は最初から制度的に胚胎(はいたい)していたという点である。「行政諸官庁において日々算出され保管され廃棄されつづける諸資料を対象として，その資料群のなかから公衆の利用に供すべき価値あるものを選んで移管ないし「占領」（羽仁）するための原理は，図書館の原理ではなく，文書館の原理である。」[13] 確かにこの構想は行政府や司法府に支部図書館を設置することで政府そのものの図書館化をはかり，その目録によって誰でもが情報を自由に引き出せるようにしたという意味で画期的ではあった。しかし，今日の情報公開制度とそれに接続する公文書館制度がまさにこれを行うものであり，図書館の論理だけでは不可能であったという原理的な批判がここに当てはまる。

蟻川は，アメリカでは1936年にアーキビストの専門職団体が設立されたときに，文書館の原理が図書館の原理から分離したと述べている。そして，それは文書館の原理が歴史家の原理から分離したときであるとも述べ，日本ではそれから10年遅れて敗戦後に歴史家が図書館の原理で政治情報の公開を実現するための制度をつくろうとしたと述べている。[14] 最後の論理については必ずしも明らかではないが，（羽仁のような）歴史家の論理が図書館の原理と似て，文書館の原理がもつような資料の発生プロセスに働きかけて資料を収集保存し開示させる要素をもちえていないことを指しているのだと思われる。

筆者は，蟻川の議論に異を唱えるものではなく基本的にはそのとおりだと考える。従来，図書館関係者の間では，国立国会図書館の失敗について図書館に対する法制度的な視点からの反省はなく，アメリカの制度が日本の国家制度になじまなかったのがその原因だと考えられてきた。だが，文書館の原理と区別される図書館の原理をより明らかにするためには支部図書館制度以外の要素を検討しておくべきだと考える。特に重要なのは，政府部内で発行される出版物を義務的に納入させるための納本制度である。出版物や刊行物という概念は曖昧(あいまい)であり，要するに複製された文書ということであるから，納本出版物に内部資料的な文書を含みうるからである。[15]

4．政府刊行物の納本制度

国立国会図書館における出版物の納本制度の検討はかなり詳細にわたって行

われているが，国立国会図書館法第24条の国の出版物よりも第25条の民間出版物に焦点を当てたものが多い。[16] 第24条と第25条は連続して置かれているが，実はかなり異なった思想に基づく制度である。第25条の方は，戦前の内務省検閲制度における検閲本の「納入」に典型的に見られる「官」と「民」の対立関係が前提となっている。当時，新しく成立した国立国会図書館は「民」からみれば新たに出現した「官」の一つにすぎないから，法でいくら文化財の蓄積及びその利用という目的を掲げたところで最初は警戒されることになる。他方，第24条の方は，国会が新憲法体制によって国民が直接その代表を送り込む場であることを前提としている。その意味で「民」の代表として「官」に対して資料を「納入」させるという逆向きの関係を想定している。国立国会図書館が「官」と「民」の間に立ってこのような二重の（言葉を換えれば曖昧な）性格をもっていることが問題を分かりにくくしている。

　一般には，国の出版物の納本制度と支部図書館制度をセットにしてこれを国の出版物を国民の手に渡すための制度だととらえ，その制度の仕掛け人はクラップ，ブラウン勧告に促された羽仁五郎だと考えられているように思われるが，それは必ずしも正しくない。羽仁が新憲法制定後第1回の参議院選挙に立候補して議員になる以前で，当然，クラップ，ブラウンも来日していない昭和22年4月30日に制定された国会法（法律79号）の第130条には国会図書館（国立国会図書館ではない）の設立が規定され，第105条には「内閣及び各省は，その刊行物を国会図書館に送付しなければならない。図書館運営委員会において必要と認めたものについては，内閣及び各省をしてこれを各議員に配付させることができる」となっていた。行政刊行物を国会図書館に送付する義務がすでに規定されていたのである。そして国立国会図書館法が制定されたとき，国会法第105条は削除されて同法24条となった。[17]

　2つの法律の考え方は似ているが異なっているところもある。国会図書館は戦前から衆議院・貴族院に付設された図書室を引き継ぐものであり，文字どおり国会のための図書館だから，第105条の措置は国会議員の活動への支援のためにある。それに対して，その後できた国立国会図書館は理念の上では国会議員だけではなく，国立図書館として国民全体への奉仕を行う機関として設置された。戦前に文部省の一機関であった帝国図書館は国立図書館と名前を変えて

いたが，国立国会図書館法の施行後はそこに統合されて一体化された。これに応じて，国の刊行物の扱いの目的も少し変更されているのである。

　それでは，国会図書館の設置および国会図書館への行政刊行物の送付という考え方はどこから来ているのであろうか。国会を国権の最高機関とする新憲法のもとで，国会を強化するために議会図書館が必要という考え方は，最後の帝国議会であった昭和21年夏の第90回帝国議会で請願や決議案の提出というかたちで多数の議員から寄せられていた。[18] 国会法は内閣の臨時法制調査会や衆議院の議員法規調査委員会で準備が始まっていた。その過程において臨時法制調査会がつくった「議員法改正の項目」（昭和21年8月13日）において改正項目18項目が定められる。その最後の18番目に「国会に両院共同の図書館を設置し，国会議員（できれば議員外一般民衆をも加へて）の調査研究に資することとすること」と記されている。[19] 一方，GHQ/SCAP の民政局において国会を担当したジャスティン・ウィリアムズは昭和21年11月4日に国会法のための最初の指示として11項目のメモを日本側に示した。その中の3番目に"Diet Library and Diet Legislative Bureau and Reference Service"が挙げられていた。[20] ここには連邦議会図書館とそこに置かれていた立法考査局を日本にも導入しようという考え方が現れている。

　小林正によると，行政部門の資料を収集するという考え方は国会法の三次案に「内閣及び各省の刊行物は，これを議員に配付しなければならない」という文言が入ったことから始まった。しかしながら，これでは不要な刊行物まで議員に配付させることとなり不便であると考えられたことから，先に示したように国会図書館に送付し，議院運営委員会において必要と認めたものだけを議員に配付することに変更された。帝国議会の審議において，ここでいう刊行物が謄写刷りのものは意味せず，官庁刊行物として取り扱われたものに限定するとの説明が行われた。[21] 官庁刊行物の納本制度の起源がここにみられるが，謄写刷りのものを含めないということからは，官庁の内部資料を義務的に納入することを要求しているのではなく，議員の活動に役立つ刊行物を無料で入手することを目的にしていると考えられる。

　その後，昭和23年2月に成立した国立国会図書館法の第24条は，「国の諸機関により又は国の諸機関のために発行された，図書，小冊子，定期刊行物，地

図，映画その他のものを，印刷又は複写により，五百部以上発行する場合には，（機密扱いのもの及び書式用紙を除く）公用のため並びに外国政府出版物との国際的交換の用又はその他の国際的交換の用に供するために，直ちに国立国会図書館に五十部を納入させるものとする。」というものであった。この条文を読む限り，やはり「文書館の原理」につながる要素は認められない。前身にあたる国会法第105条は議員の執務資料の入手の便のために設けられたと考えられるし，特に機密扱いのものを除くとしているように，出版物の定義は各省庁に委ねられているからである。また，500部以上発行する際にその１割にあたる50部を納入することを要求していることも，稀少な資料を要求しているのではなく，印刷されて広い範囲に配布されるような複製物をまとめて複数部数要求していることを示すものである。なお，500部以上の発行部数の場合の最大50部という納本部数は翌昭和24年の同法改正で30部に改められている。

　納本の目的に「公用」と「国際的交換」と２つが掲げられている。「公用」とは，第２条で国立国会図書館の目的とされた「図書及びその他の図書館資料を蒐集し，国会議員の職務の遂行に資するとともに，行政及び司法の各部門に対し，更に日本国民に対し，この法律に規定する図書館奉仕を提供すること」であると一般には解釈されている。ここには国会議員への支援が最初に掲げられ，行政・司法部門及び日本国民に対する図書館奉仕がそのあとに加えられている。国会議員への支援とは，同法の第15条にある調査及び立法考査局の業務のことであり，種々の資料に基づいた調査業務のために，行政・司法部門の資料を収集することが必要になるということである。ただし，国会法にあった議員への配付は規定されていない。国立国会図書館法の考え方は資料を議員が直接利用するというよりも，資料閲覧や調査サービスを通じて間接的に議員を支援することにあったといえる。

　当時納本業務を担当した山下信庸は，後年，第24条がアメリカにおける政府刊行物の議会図書館への納入を定めた法律，US Code Title 44, Sec.1718から来ていることを突きとめている。そこには第24条と同じように「公用」（official use)と「国際交換用」（international exchange）の２つの用途があげられ，そのために150部以内の「政府出版物を納入すべきことが定められている。」[22] これは前から言われていたことだが，条文にさかのぼって検討した意

義は大きいといえる。しかしながら，筆者は山下の記述と元になった条文を改めて検討してみて，ここにさらに検討すべき日米間の認識のギャップがあることに気がついた。[23]

詳細な検討は別稿に譲ることにしてここで結論だけを述べれば，日米の制度は似て非なるものであるということである。Title 44, Sec.1718は，国の出版物全体ではなく立法府の出版物を最大で150部を議会図書館に寄託することを規定したものである。なぜ150部かといえば，うち最大125部は国際交換用として使用され，25部は自館での業務用に使用するからである。政府刊行物の国際交換については次の Sec.1719に，すべての政府刊行物は国際交換用に最大125部を議会図書館に送付すべきことが述べられている。[24]

当時の慣例では，政府刊行物全体については立法府に所属する政府印刷局の文書管理監（Superintendent of Documents）が一括して扱い，全米の寄託図書館に配布されることになっていたが，文書管理監の役割は政府機関に刊行物を納入してもらうことではなく，GPOで集中して印刷したものを寄託図書館に配送することと政府機関からGPOを経由しないで印刷したものについて報告してもらって目録を作成することである。また，議会図書館はその寄託図書館の一つであるにすぎない。しかしながら，議会図書館にはそれ以外に重要な役割が二つある。一つは外国の政府と政府刊行物の国際交換を行うために政府刊行物を受領するという役割であり，もう一つは上院下院の議会資料を国際交換分を含めて収集するという役割である。こうして見てくると，アメリカの連邦政府には政府刊行物の印刷配布制度と国際交換制度はあっても，日本でいうところの政府刊行物の法定納本制度は存在していない。議会図書館には立法府の刊行物が法定納本され，国際交換のために多部数の刊行物が寄託される仕組みなのである。

これがアメリカにおける「図書館の原理」である。それが日本の制度に導入される過程で Sec.1718と Sec.1719を一緒にして国の出版物を納入させるという第24条の原案として提案された。アメリカでは，政府刊行物全体について国際交換という目的が設定されており，立法府の出版物に関してのみワシントン地区の公務用という目的が設定されていた。それに対して，国立国会図書館法第24条では2つの目的を一緒にして政府刊行物全体に及ぶようにしたというこ

とになる。

5．支部図書館制度

　行政及び司法の各部門への図書館奉仕は国立国会図書館法第17条から第20条に規定されている。ここの部分の書き方は，国会議員への支援や国民への奉仕と比べるとわかりにくくなっていることは否定できない。その理由として，ここが支部図書館の設置と支部図書館に対する図書館奉仕の支援の両方を規定していることが挙げられる。第17条の最初に「館長は，行政及び司法の各部門に図書館奉仕の連繋をしなければならない」とあるが，この奉仕は国立国会図書館が直接行うのではなく，それぞれの部門の「支部図書館」の業務を支援するという構造になっている。ところが第20条では行政，司法の図書館をつくることを規定している。それ以外にも，国立国会図書館長による支部図書館長の任命（第17条１号），各省庁予算における図書館予算の独立制（第18条）などの点で，憲法に規定する三権分立に抵触するのではないかという議論があった。事実，クラップ，ブラウン両使節からの提案があったときに，両院の図書館運営委員会でこの点について議論された。しかし，「三権はもともとも相反撥すべきものではなく，立法・司法・行政三府の有機的運営による成果はやがて国民の上に還元されることを考えるならば，この際図書館の連繋から先鞭をつけるべきであるとの意見が大勢を占めた」とされる。[25] つまりこれは立法府内部の政治的判断であったといえよう。

　支部図書館は国立国会図書館が行政や司法に対して間接的にサービスをするためのものであると同時に，第24条の国の刊行物を集めるための道具として位置づけられた。この考え方は，羽仁五郎が明言し，中井正一がその実現に腐心したと言われているが，法自体には書かれていないことである。[26] 同法の第23条には，「館長は，国立国会図書館の蒐集資料として図書及びその他の図書館資料を購入，納本，寄贈，遺贈若しくは交換によって，又は行政及び司法の各部門からの移管によって受入することができる。行政及び司法の各部門の長官は，その部門においては必ずしも必要としないが，館長が国会図書館においての使用には充て得ると認める図書及びその他の図書館資料を国立国会図書館に

移管することができる」となっていた。ここにみられるのは，国立国会図書館と行政・司法の各部門の図書館が資料収集をめぐって連携協力しあうという考え方である。それ自体には，支部図書館を橋頭堡にして行政刊行物を国立国会図書館に集中させるという考えはみられない。

本来このような基盤的な部分を対象にした制度改革をするためには，国会法の下位法である国立国会図書館法をつくるだけでは不十分である。最高裁判所図書館に関しては，昭和23年12月に裁判所法が改正（法律第260号）され，次が新たに規定された。

「第14条の2　最高裁判所に国立国会図書館の支部図書館として，最高裁判所図書館を置く

第56条の2　最高裁判所に最高裁判所図書館長一人を置き，裁判所の職員の中からこれを命ずる。

2　最高裁判所図書館長は，最高裁判所長官の監督を受けて最高裁判所図書館の事務を掌理し，最高裁判所図書館の職員を指揮監督する。

3　前二項の規定は，国立国会図書館法の規定の適用を妨げない。」

最後の第3項を見れば司法と立法の調整に苦労した様子がうかがえる。裁判所は行政官庁のように縦割り組織で指揮監督権を行使するような秘密主義の温床になる要素は少なく，裁判は公開され判例という重要な政府情報を扱っている場である。最高裁判所の前身の大審院にも図書館が付設されていたことからわかるように図書館設置には積極的であった。

支部図書館制度が機能しなかったのにはいろいろ理由があるだろうが，もっとも，根本的には日本の行政法の体系がヨーロッパ大陸法の系譜を引くもので，戦後の政治改革においても，行政府の権限と官僚制的な意思決定を重視する構造そのものにはほとんど手がつけられなかったからであろう。[27] 国立国会図書館の原理が情報の集中化と専門家による科学的分析を基盤にするものであったのに対して，行政省庁は課を中心とした分散的な構造をもち稟議制のようなボトムアップ型の意志決定を行っていたので，情報自体がきわめて分散的に存在した。そういうところで図書館のような集中型の仕組みは不要であったということができる。

本来は行政機関に関しても国家行政組織法（昭和23年7月10日法律第120号）

ならびにそれに基づく各省庁の設置法に図書館を位置づける必要があったはずである。しかしながらそれはできなかった。それだけ行政官庁の抵抗は大きかったし，国立国会図書館にそれを押してまで行政機関の構造そのものに迫る力はなかったといえる。そして，妥協の産物としてできたのが「国立国会図書館法の規定により行政各部門に置かれる支部図書館及びその職員に関する法律」（昭和24年5月24日法律第101号）である。その条文はまことにそっけなく，国立国会図書館の条文をそのままひき写しにして，各省に適用し，支部図書館の名称を一覧にしただけであった。

このあたりの事情は1970年に国立国会図書館館友会という民間の組織が発行した『国立国会図書館支部図書館外史』に詳しい。公式の館史ではないが執筆者は支部図書館の問題に関わった当事者だけが知りうることを率直に報告している。その本の「はじめに－支部図書館制度とは－」に成立とその後の状況が概観されているが，そのなかに支部図書館連絡調整委員会が数次にわたって勧告を出して支部図書館の制度化のための努力をしたことが記されている。[28] 図書館の地位の向上，専任職員の増員，予算の増額などが繰り返し勧告されたが，ほとんど実現をみることはなかったとされているが，その理由について，その著者（匿名）は「支部図書館制度が多分に与えられた制度であること，当初から他の国内法との調整が十分に行われておらず法制上の矛盾を包蔵していること，創設当時も創設後も受入れ側各省庁の十分な協力がえられなかったこと」を挙げている。

そのとおりであろうが，制度的仕掛けの推進役だった羽仁五郎が参議院図書館運営委員長だったのは法成立の時までであり，中井正一は昭和27年に病を得て副館長を辞任した。後ろ盾であったはずのGHQはいわゆる逆コースのなかでラジカルな政治改革よりは日本政府と協調関係を重視するようになっていたから，こうしたことには関与することはなかった。

しかしながら，支部図書館制度はそもそも実現不可能な制度であったことも確かである。クラップ，ブラウン両使節の勧告に基づくといっても，アメリカにモデルが存在していたわけではない。クラップの話として伝えられていることによれば，議会図書館と最高裁判所の図書館の間に協力関係ができているだけで，長年他の機関との関係の改善を試みてきたが困難であった。したがって，

図書館の思想：国立国会図書館と政府情報へのアクセス

日本の国立国会図書館の機構にこれを取り入れることが実現すれば世界に誇る特色となるだろうと。[29] 先ほど述べたように，アメリカではGPO/FDLPのような集中印刷と配布の制度と国際交換のための政府刊行物収集制度が組み合わされていたが，それだけでは行政府の資料を網羅的に集めることはできなかった。こうして，両使節はもともとの国会図書館の仕掛け人であるジャスティン・ウィリアムズとともに，自国でも実施されていない理想像を日本で実現しようとした人々ということができる。これは占領初期のニューディーラーに共通する特徴ということができるだろう。しかし，それを法体系が異なる国にすぐに適用しようとしても困難なことだったということができる。

6．政府刊行物の国際交換

　最後に政府刊行物の国際交換制度を見ておこう。政府刊行物の納本制度が誤解されやすい理由として，depositという用語のわかりにくさが挙げられる。辞書によればdepositとは「預けること，保管してもらうこと」とある。預けられても所有権は移転しないのが通常であるから，通常，deposit collectionは寄託資料と訳してひとまとまりの資料を図書館に預けて管理してもらうものを指す。FDLPのdepository libraryもそういう意味で印刷された政府刊行物をまとめて保管してもらう図書館であり，資料の所有権はGPOにある。
　ところが，これがlegal depositとなると資料の提供者側に納入の義務を伴う納本制度ということになる。本来，depositは任意のものであってそうした法的強制力とは無関係のものであるはずである。もともとアメリカにおける民間出版物の納本は著作権登録の要件となっていた。今はその要件もなくなっているが，義務的であっても登録と引き替えに自主的に登録するという性格のものであった。
　この当時，日本が参考にした外国の図書館の思想は，基本的に紳士協定を原則とするものである。図書館はそうした協定の上に立って資料を集め，保管し，また資料の分析と目録，書誌，索引の作成を行ってきた。法的な規定があってもそうした協定を前提としており，手本になった議会図書館の仕事は基本的にそういうものである。これが，日本に行くと法的な権限のもとに資料を「納本

させる」ことが可能かどうかという発想になった。日本には戦前の内務省検閲による帝国図書館への交付本という，法的な強制をもって出版物を集め，その後図書館に入れる制度があったからである。

　紳士協定の最たるものは国と国との関係である。国際法というものはあるが，紛争が生じたときに調停する機関がないか，あっても非力であるから基本的には紳士協定を前提とせざるをえない。そして，国と国との関係の安定化に少なからぬ役割を果たすことを目的としてつくられたのが，政府刊行物の国際交換制度とそのための寄託図書館制度であった。第24条に納入部数が当初50部とされたのは一部が公用で残りが国際交換用である。もとになったアメリカの法律では125部という多数の刊行物が要求されていた。

　政府刊行物の国際交換は日本でも明治以来実施されてきた制度である。[30] 明治8（1875）年にアメリカでこの業務を担当しているスミソニアン協会が同国の連邦政府の刊行物の寄贈を提案し，その見返りとして日本の政府刊行物の送付を依頼してきたことに対応して，外務省が各省庁に交換用資料の供給を依頼しそれを送付した。その後，帝国図書館ができた後は同館がこの業務を担当し，交換関係も昭和11（1936）年には両国間の正式協定に基づくものになった。国際交換にはこのように二国間で結ぶものと，国際条約の批准によって多国間で実施するものとがある。明治19（1886）年にベルギーのブリュッセルで調印された「官庁資料・学術的及び文学的刊行物の国際交換に関する条約」（「ブリュッセル条約」）は後者の典型である。ここには自国の情報，学術，文学を他国に開示することによって国際的な相互理解をもたらすという思想を読み取ることができる。国際連盟は加盟国がこの条約を批准することを勧告したが，結局，日本は参加しなかった。戦前の国際交換事業はアメリカとの関係を中心にしてはいたが，特に国内で資料確保の方法が制度化されていなかったこともあって不安定なものであった。

　戦後の国立国会図書館の制度設計は国際的なコンテクストにおいて進められたから，政府刊行物の国際交換が位置づけられるのは当然である。クラップ，ブラウンの勧告事項に「外国政府及び国際機関の出版物の保管所」となることが明記され，またこれは交換を前提とするからすでにこの時点で政府刊行物の50部の受け入れが示唆されているのである。[31] そしてそれはそのまま第24条に取

り入れられたということができる。このように，政府刊行物の納本を規定した第24条に含まれるdepositの思想は，行政府や司法府の刊行物を国立国会図書館に納入することによって，これがさらに他の国の図書館に送られて日本政府の刊行物の寄託コレクションができあがることまでも含んだプランであった。[32]

今でこそ納本制度とは法律に基づいて図書館に資料を提供することを義務づける制度である。[33] しかし歴史的にみれば，このように多義的な概念が背景にあってもたらされたものである。国立国会図書館の成立は戦後，国際的なコンテクストにおかれた日本で図書館の原理が成立しうるかどうかをみるための試金石だったのである。

7. おわりに

以上，納本制度と支部図書館制度，そして政府刊行物の国際交換制度を中心に図書館の原理を検討してみた。いずれをみても，「文書館の原理」のように文書の作成部門に働きかけてその文書の管理と保存を義務づける働きをするわけではない。アメリカ連邦議会図書館で実施されていたものが日本に入ってくるときに両使節の理想主義によって少々ゆがめられ，それが官僚主導の行政府に対する民衆支配の立法府によって橋頭堡を築きたいとする羽仁＝中井の思想によって一定方向に導かれ，新しい理念によってつくりあげられた国立国会図書館という官僚機構のなかで，職員たちはそれを実現しようとした。今残されている1960年代前半までの記録にはそういう努力のあとが生々しく残されている。

最初にみた FECO のフォーラムでの議論は，行政情報公開法や文書館の思想との関係が強いが，行政情報の検索や国家情報のインテリジェンスの問題など図書館の原理に近い議論があった。政府情報へのパブリックアクセスを実現するにはそうした総合的な施策が要求される。本稿では触れられなかったが，「図書館の原理」には，出版物を網羅的に把握して書誌的記録をつくる「網羅性の原理」や納本制度と対になる「資料保存の原理」，そして集めた資料を利用するための知的付加価値をつくる「レファレンスサービスの原理」などが含まれる。今後，検討を進めたい。

注・参照文献

1) 以下の紹介は筆者が所有するFECOのログファイルに基づく。現在はニフティのフォーラムそのものが閉鎖されており、この情報を見ることはできない。
2) e-Govによる政府情報提供について評価したものに、鈴木美岐子. 行政情報のWebコンテンツ化. 情報管理.45(8), 2002, p.534-543.がある。
3) これは、被告が覚醒剤の取り締まりで逮捕された時刻が、ちょうど「覚醒剤取締法」の一部改正法が公布・施行された時刻の直後だったことから、それを知り得たかどうかをめぐって争われた事件の最高裁判決による. 山本美樹. 法律の公布・施行に関する事件. 立法と調査. no.206, 1998. p.56.
4) 古賀崇. アメリカ連邦政府刊行物寄託図書館制度の電子化への過程とその背景. 日本図書館情報学会誌. vol.46, no.3, 2001, p.111-127.
5) これらの点については、次の2つの論文で論じておいた。根本彰. 政府情報の提供体制と図書館：その法的根拠の検討. 図書館研究シリーズ. no.37, 2001, p.1-33. 根本彰. 政府情報へのパブリックアクセス論. 情報の科学と技術. vol.53, no.2, 2003. p.59-68.
6) 行政情報公開法によらないものも含めた行政情報の総合的な流通について詳細に検討した文献として次のものがある. 宇賀克也. 行政情報の流通政策と問題点. ジュリスト.no.1189, 2000, p.58-67.
7) Ibid., p.61-63.
8) 「行政機関の保有する情報の公開に関する法律施行令第2条第1項の規定に基づき歴史的資料等保有機関として総務大臣が指定した機関」
   http://www.soumu.go.jp/gyoukan/kanri/jyohokokai/pdf/daijinkikan.pdf
9) 文書館制度については、さしあたって国文学研究資料館編. アーカイブズの科学. 東京, 柏書房, 2003, 2 vols.を参照。
10) 同懇談会の最終報告は 公文書等の適切な管理, 保存及び利用のための体制整備について. 平成16年6月28日および 中間段階における集中管理及び電子媒体による管理・移管・保存に関する報告書. 平成18年6月22日として発表されている。
    http://www8.cao.go.jp/chosei/koubun/index_k.html を参照。
11) 現時点でこの問題についてもっとも総合的にレビューしているのは、富田美樹子. 行政情報アクセスの課題－出版物と文書をつなぐ視点で. レファレンス.no.660, 2006,. p.50-78.である。筆者は富田の問題意識を引き継ぐとともに、その背景にある「図書館の思想」と日本における今後の展開についての見通しをえたいと考えて

いる。
12) 蟻川恒正. 文書館の思想. 現代思想. vol.32, no.12, 2004, p.84.
13) Ibid., 91.
14) Ibid., 92.
15) この点は現在でも変わらない。むしろ，公文書が電子化されるようになるとさらに「公文書」と「政府刊行物」の違いがわかりにくくなる。注10)で挙げた懇談会の最終報告書では，国立国会図書館がインターネット情報の収集を行うなかで公開ウェブ上の公文書等の一部を収集することについて検討を行い，目的，対象，方法が異なるのでそれぞれ独自に実施することになること，また，相互に協力関係をつくることを提言している。(中間段階における集中管理及び... op. cit.,. p.27-28.)
16) 稲村徹元. 国立国会図書館法の制定経過と納本規定－西沢哲四郎文書に見る＜議会と図書館＞. 出版研究. no.22, 1992, p.133-151. 原秀成. 戦後改革と納入規定－出版物と電子情報の間隙. 出版研究. no.28, 1997, p.25-98. なお，国立国会図書館法の第一次改正(1949)で，第24条の2が追加され地方公共団体の刊行物の納本制度が規定されたが，ここではその議論は省略する。
17) 国会法から国立図書館法そして国立国会図書館法の成立については，小林正. 国立国会図書館法制定史稿. レファレンス. no.576, 1991, p.5-51.が詳しい。
18) Ibid., p.27-28.
19) 末川博編. 資料戦後二十年史　3法律. 東京, 日本評論社, 1966, p.110.
20) Ibid., p.111.
21) 小林 op. cit., .17.
22) 山下信庸. "政府出版物の納本制度について". 図書館の自由と中立性. 山下信庸, 1983. p.202..初出は山下信庸. 政府出版物の納本制度について. 図書館研究シリーズ. no.11, 1971.
23) 山下論文 (Ibid., p.191-201) においては，第24条における「公用のため」の起源をアメリカの法律に遡りそれが国民への提供を軽視することにつながるのではないかと推定している。筆者はその推定は誤りで，Sec.1718にある"for official use in the District of Columbia"はあくまでも"for international exchange"に対して用いられているので，議会図書館での業務用という意味合いであり当然に利用者にも開かれていると解釈すべきと考える。山下の誤解は以下に述べるように議会図書館が政府刊行物の納本図書館であると考えていることから来ている。
24) 以上の条文は，Ibid., p.244に転載されている。この条文は国立国会図書館成立時の1948年には，合衆国法典第二編139条に掲載されており，そのかたちで当時参照されていた。(アメリカ図書館使節覚書集. (国会図書館準備資料第6集). 東京, 衆

議院調査部, 1948, p.48.) なお Sec. 1718は現在でもそのままのかたちで存在し, Sec. 1719はその後納付先が議会図書館に変更されているが, 原型はそのまま残されている。http://www.access.gpo.gov/uscode/title44/chapter17_.html を参照。

25) 国立国会図書館支部図書館外史. 東京, 支部図書館友会, 1970, p.2.
26) とりあえずは, 羽仁五郎. 図書館の論理：羽仁五郎の証言. 東京, 日外アソシエーツ, 1981, 264p.を参照。羽仁および中井の図書館論に対しては多様な評価がある。今後の課題にしたい。
27) 岡田彰. 現代日本官僚制の成立：戦後占領期における行政制度の再編成. 東京, 法政大学出版会, 1994, 331p.
28) 国立国会図書館支部図書館外史 op. cit., p.1-7.
29) 酒井悌. "国立国会図書館法成立の過程". op. cit., p12.
30) 上野博. 当館における国際交換の展望. 図書館研究シリーズ. no.5, 1961, p.53-75. 斎藤毅. 日本における出版物国際交換事業の歴史. 図書館研究シリーズ. no.5, 1961, p.165-197.
31) アメリカ図書館使節覚書集.op. cit., p.26-27.
32) なお, 1958年12月のユネスコ総会で新たに戦後秩序に基づいた出版物の国際交換に関する2条約が採択された。一つは民間出版物の交換を目的とするものであり, もう一つは政府刊行物の交換を目的とするものである。日本政府はこの条約の批准をずっと見合わせてきていたが, 1984年4月に国会承認し, 同年7月に公布の手続きを行った。詳しくは"特集　出版物交換条約の締結". 図書館研究シリーズ. no.25, 1985. p.3-150.を参照。
33) ユネスコとIFLAによって1981年につくられた　納本法制定のための指針. (安江明夫ほか訳) 図書館研究シリーズ. no.25, 1985. p.1-49.を参照。

納本制度調査会の周辺：
国立国会図書館における政策立案プロセスの一齣

春山 明哲

1. はじめに

　20世紀の最後の年，2000（平成12）年4月7日，国立国会図書館法の一部改正案が国会を通過し（10月1日施行），ここに我が国における「パッケージ系電子出版物」の納本が法律によって規定された。この納本制度の改革は，1997（平成9）年3月3日の第1回納本制度調査会における国立国会図書館長の諮問「21世紀を展望した我が国の納本制度の在り方―電子出版物を中心に」によって開始され，同調査会による約2年間の調査審議を経て，1999（平成11）年2月22日付の答申に基づいて実施されたものである。

　出版物の法定納本制度は，その国の出版物の網羅的な収集，保存，利用を可能にする制度であり，ナショナル・ライブラリー（国立図書館）が全国書誌を作成し，さまざまな全国的な図書館サービスを提供するための，いわば「文化・知識・情報のインフラストラクチャー」でもある。我が国では，国立国会図書館が1948（昭和23）年の創設以来，約半世紀にわたり「法定納本機関」としてこの制度の確立と運用の役割を担ってきた。その実績は相当の評価を得てきてはいるが，電子図書館，デジタル・アーカイブ，インターネットの時代を迎えて，「21世紀を展望」するためには，なお多くの課題があり，制度創造的な取組みが今後も求められている。

　国の機関にあっては，ある制度を創造・改革するということは，政策の立案・実施そのものであり，国立国会図書館の場合も，「政策」という表現が最適かどうかは別として，同様である。とりわけ，納本制度は出版者（社ではない）に出版物の納入義務を法律によって課すわけであるから，その改革にあたっては政策の妥当性ばかりでなく，政策立案プロセスも重要である。

　納本制度調査会の設置と運営のほぼ全期間，筆者は収集部主任司書として，いわばその「事務局長」といった位置にいてこの政策立案に関わった。その経

験の一端を国立国会図書館の政策立案プロセスの一齣としてここに記録することは，ナショナル・ライブラリーの政策立案プロセスの在り方を検討するための素材のひとつとなるのではなかろうか。そして，納本制度調査会の委員でもあった高山正也先生の新たな出発への記念にもなればという筆者の想いも込めたいと思う。

2．納本制度改革の背景と動機

まず，納本制度改革に着手することになった背景と，私がこの改革を提起した動機を述べておく必要があろう。

6年に及ぶ総務部企画課時代の仕事であった関西館構想の事業化が決定し，電子図書館プロジェクトが緒に着いた1994（平成6）年4月，私は収集部主任司書の辞令を受けた。主任司書というのは，いわゆる「スタッフ管理職」であって，通常「特命事項」の仕事がある。私の場合，「官庁出版物の納入促進」と「国内出版物の収集方針書の策定」が当面の任務であった。

そもそも官庁出版物担当の主任司書というポストは政策的に設置されたもので，私は2代目であった。当時，米国は「日本情報法」を制定し，日本の公共政策，科学技術等の情報収集に力を入れていた。日本政府は「安倍基金」（安倍晋太郎外相の発案による）を創設してこれに対応したが，この資金の一部が充当され，米国議会図書館にJDC（ジャパン・ドキュメンテーション・センター）とその東京事務所が開設された。出版物の国際交換制度というチャンネルを活用して，米国向けの官庁出版物をより広範囲に，かつ迅速に送付することで当館も米国の日本情報の収集に協力することになったのである。このためには，官庁出版物とりわけ政府出版物の収集を拡大する必要があり，また，支部図書館はじめ関係省庁の理解と協力を得る必要があるというわけで，その責任者として主任司書があたることになったのである。

ここで問題となったのが，政府出版物の範囲と部数である。具体的には「内部資料」といわれるものや記者発表資料であり，これらは米国が欲しいタイプのものだが，従来納本対象としては明確ではなく，また，図書館資料としては必ずしも積極的収集の対象とはなっていなかったものである。また，部数に関

しては，法の規定は30部納入することになっていたが，各省庁はこれだけの部数を確保することが困難であり，同時に，当館としては実際には国際交換の低調から相当の余剰が生じるという矛盾を抱えていた。私は，官庁納本係の実務や支部図書館訪問等を通じて，官庁納本制度の実態を把握するにつれて，制度改革の必要性を感じていった。

　もうひとつの仕事が，新しく策定されつつあった「収集方針」を受けて，国内出版物の収集方針書を策定することであり，収集部内の検討小委員会の長の役割を引き受けた。これは，直接的には当時「ニューメディア」といわれたCD-ROMへの対応を課題とするものであったが，私としてはこの際，国内資料の収集の理念，制度，実務全般を見直し，また，ニューメディアを中心とした出版の動向を把握する機会としたいと考え，関係法規・マニュアルを読み，現場各部門を回るとともに，検討メンバーを連れて，出版社，印刷会社，関係業界団体を訪ね，出版フェアなどにも出掛けた。

　これらに基づいて，1995（平成7）年の初め頃であったろうか，A4判で約50枚の報告書をとりまとめた。この「収集白書」ともいうべき報告書の末尾に提言を付して，電子出版物の収集，利用等に関する本格的な検討の必要性を指摘し，その具体的な方法として，館内における調査研究の実施と各界の学識経験者等から成る納本制度に関する調査審議機関を設置することを提案したのであった。この提案は収集部をはじめとする全館的な理解を一応得られ，前者については，図書館研究所（当時。旧図書館協力部の組織）の調査研究プロジェクトとして，後者は平成8年度予算要求に「納本制度調査会」の運営経費が盛り込まれることにより，着手の運びとなったのであった。

3．調査研究プロジェクト

　1995（平成7）年9月，図書館研究所の調査研究プロジェクトとして「電子情報の保存とアクセスの制度に関する調査研究―「電子納本制度論」」を開始することとなった。この調査研究がまさにプロジェクトの名にふさわしいコンセプト，体制，方法のもとに進められたこと，その成果が相当の学問的な水準の高さを達成するとともに納本制度改革という政策形成に資するものとなった

ことについて，私はここに密かに「自画自賛」したいと思っている。その報告は国立国会図書館の『図書館研究シリーズ』34号（1997年7月）に，「特集：納本制度と電子出版への対応」と題する426ページの冊子としてまとめられている（ついでながら，のちに関西館設立の際の機構改革で，図書館研究所は，その調査研究機能が関西館事業部図書館協力課に引き継がれたが，東京における「研究センター機能」は廃止の憂き目にあった。このまことに残念な事態については，関西館構想の「変質」とともに，いずれ回想することもあろう）。

このプロジェクトで私が目指したものは2つあった。1つはその報告書を，いずれ開催する納本制度調査会の会場で，委員の机の上に参考資料として「どんと」置くことである。「国立国会図書館は納本制度のプロである」と各界の識者は思うだろう，当然，審議の材料が求められる，その時に貧弱なものしかなかったら「沽券に関わる」ではないか。それに実際のところ，私が本格的な調査研究の必要性を訴えたのも，先に述べた「収集白書」の検討過程で，納本制度については先行する研究も実態調査もほとんど皆無に等しいことを知ったからである。国立国会図書館は，自ら納本制度を永年運用していながら，私に言わせれば，いわば「無学の徒」だったのである。

もう1つは，この調査研究を機に，「法とはなにか」ということを可能な限り深く遠く考えてみたいと思ったのであった。「法定納本制度」というように，まさに納本制度は「法」のシステムであり，図書館と出版者の権利義務の関係を律するものである。そしてなにより「ナショナル・ライブラリー」の理念と制度と密接に関係する「文化の法」である。

「法とはなにか」を私なりに考えるために，まず読んだのがモンテスキューの『法の精神』であった。岩波文庫で3冊本である。その昔，高校時代に世界史の知識として習ったこの大著は思いのほか難解ではなかったが，私は納本制度改革の「心構え」となる「法の精神」はなんだろうかと問いつつ，これを読んだ。私の心に留められたモンテスキューの言葉は，『図書館研究シリーズ』34号の巻頭の拙稿「納本制度の歴史像と電子出版物への接近―「納本学」のための研究ノート―」の冒頭のエピグラムに引用した。

「中庸の精神が立法者の精神でなければならない。私が言うのはこのことであり，この書物を著したのも，もっぱらこのことを証明するためであったと思

われる。政治の善は，道徳の善と同じく，常に両極の間にある。」

　ここで「納本学」なる用語に注意していただきたい。この論考の冒頭に，私は「「納本学」の方法序説」といういささか長い序論を置いた（「方法序説」とはいうまでもなくデカルトの古典的名著の書名からの借用（転用？）である）。その中で「納本制度を作り育てた人間の問題にも触れたい」として「図書館の仕事は，息の長い，気骨の折れる人間の仕事の一つである」，「法定納本制度は書かれた法律によってのみ普及したのではない。必ずしも広く知られる機会があるとはいえない図書館員（ライブラリアン）の志と魂にわずかでも触れることは，電子メディアの時代という一筋縄ではいかない困難な状況に挑む際の励ましとなるかも知れない」と書いた。ギョーム・ビュデ（Guillaume Budé），アントニオ・パニッツィ（Antonio Panizzi），エインスワース・スポッフォード（Ainsworth Spofford），福沢諭吉，大久保利通，田中稲城などなど，「納本制度の歴史像」を形成したとも言えるこれらの人々の「志」と事績は，私の蒙を啓いてくれたばかりでなく，世界史の広々とした展望を与えてくれるものとなったのである。

　さて，一般に制度の始まりといったものは，その時期がはっきりとは分からないのが普通ではなかろうか。法定納本は珍しくその起源が明確な制度であって，それは1537年，フランス王のフランソワⅠ世が発した「モンペリエの王令」をもって嚆矢とする。このデカルト以前のフランス語で書かれた法令のテキスト（驚いたことに，国立国会図書館の法令議会資料室（当時）はこんなものまで所蔵していた）を翻訳することは私の強い希望であった。これはフランス語のできる職員と東京外国語大学のフランス語専門家の協力で実現できた。その一節にこうある。

　「余はよき文芸の素朴な力と光と明晰さが余の王国において完全に修復され還元されるよう大変念入りに努めてきた。…科学と学科に関する新しい書物と記念碑は日々作品として世に出され，著名な古代作家において蘇っており，…余はこれまであるいは今後，執筆，編纂，加筆，訂正又は修正された余の時代の読むに足る全ての作品を，万が一それらが今後人類の記憶から失われたり，あるいはその真正なかつ最初の刊行時の状態が少しでも変化を被ったりした際のよりどころとするために，余の図書室に引き取り，蔵置し，そして集成する

ことを決定した」。

　「人類の記憶」の保存,「真正な版」の確認,この2つこそ,「納本制度の原理」である,と私は「方法序説」に書いた。

　この「モンペリエの王令」は,1992年,フランス元老院文化問題委員会における法定納本法の改正案審議の際に引用されているのだが（この委員会報告書も翻訳して収録した）,これを読んだ時「もっとも現代的な課題の一つに挑戦するにあたって,450年以上も前の法令テキストを議会の場で引用できることに一種の羨望(せんぼう)の混じった驚きを禁じ得ない」との感想を記している。いずれ国立国会図書館法の納本規定の改正が国会で審議されるだろう時を想像して,もし我々が十分な準備をするなら,「文化の法」について充実した質疑が行われるだろうことを私は楽しみにしていた。時を経て,法改正案は私が収集部から異動した後に国会に提出されたのだが,ほとんど質疑も無しに通過したという。これを聞いた時,私は心血を注いだ調査研究も納本制度調査会の審議も,その半分が無駄になったと感じたものである。国会で,国民の代表たる国会議員に十分に納本制度の「現代化」を議論してもらい,その審議結果を国民に知ってもらうことこそ,我々が期待すべきことではないのか,というのが私の考えだったからである。

4．納本制度調査会

　納本制度の運用については,館創設まもなくから納入出版物代償金審議会というものがあった。これは戦後の出版事情が困難な時期に,戦前の内務省の検閲と結び付いた納本とは異なる新しい納本制度を確立・運用するために,出版団体等の代表者の意見を聞くための機関であった。直接には出版物の代償金額について専門家の立場から審議する機関であったが,岩波書店の布川角左衛門さんをはじめ出版界,取次業界,新聞・レコード関連団体の方々と当館との間での,納本制度に関する幅広い意見交換の場の役割も果たしていた（この「出版・図書館協力関係史」も記録されるべきものであろうが,残念ながら忘れられている）。

　電子出版に対応した納本制度のあり方を調査審議する場として,この代償金審議会を活用することは当然考えられた。それに,納本規程には「機械的,化

学的技術」による出版物といった表現があったので，これで CD-ROM を読み込むことも可能であったかもしれない。事実，CD-ROM 形態の出版については日本電子出版協会が設立され，その協力を得て「試行的収集」も少しずつ始められていたから，従来の代償金審議会の機能を多少拡張すれば事足りると考えた幹部も多かった。

　しかし，「電子」の出版物と「紙」の出版物を単にメディア（媒体）の相違とだけ捉えていいものだろうか。図書館資料の収集，保存，利用に新しい事態をもたらす可能性があるのではなかろうか。それにまた，出版界のみによって構成された審議会が代償金を中心に検討するという枠組みはあまりに狭過ぎ，プロセスの公正さと透明性という観点からは不十分ではなかろうか。このような考えから，私は新しい調査審議機関の設置を関係職員・幹部に説明した。さらに，従来，内規で設置されていた審議会を，国会の承認が必要な「規程」で設置することにした。議院運営委員会，その中の図書館運営小委員会という国会の監督機関の関与を館はしばしば「敬遠」する傾向にある，と私は感じていたのだが，法改正を目的とする以上，最初から議員の関心を政策立案プロセスに向けることが重要である，と考えたのである。

　納本制度調査会のメンバーの人選をどうするか，これが調査会の運営を左右する最重要課題であることはいうまでもない。まずは会長であるが，当初，東大法学部の芦部信喜名誉教授を考えた。法制の改革であるから憲法学の最高峰を，という発想であったが，健康がすぐれないという情報があり，調査会から法改正への期間が長くなる場合も考えて候補にしなかった。著作者かつ利用者の「代表」として作家の江藤淳さんを，という意見もあった。あるとき，部内で衛藤瀋吉さんという名が挙がった。衛藤さんは専門は中国を中心とする近代政治外交史であるが，その父上が満鉄の奉天図書館長であり，戦後日本図書館協会会長もされた衛藤利夫さんである。図書館との縁も（淡いが）ある。そして，衆議院で「政策秘書制度」導入の際，衛藤さんは有識者懇談会の座長を務められたことがあり，その時事務総長であった緒方信一郎さんが館長であることも考慮に入れ，会長をお願いすることにした。

　調査会は，法制部会と電子出版物部会の二本立てで運営することにした。法律家については，当時調査及び立法考査局の国土交通課長をしていた小林正君

に相談に乗ってもらった。小林君は私と入館同期で法律が専門であり，総務課の法規担当をしたこともあることから，館内の法制局長官という意味で「長官」というニックネームを奉られていた。納本制度調査会の運営にあたっては，私が事務局，小林「長官」が法制スタッフという体制で「二人三脚」で取り組んだ面が多々あり，このような僚友を得たことはまことに幸いであった。

会長代理で法制部会長という要のポストに行政法の塩野宏東大名誉教授を，と提案したのは小林君である。彼の考えでは，憲法よりも行政法分野の知識が必要で，また，塩野先生が政府の各種審議会に関わっていることも推薦理由であった。法律家の人選はほとんど小林君の提案によるものであった。電子出版物部会は社会学者の公文俊平さんをヘッドにするというのが，当初からの私の構想であった。技術というより社会学からのアプローチが必要と考えたためである。電子出版については，岩波書店のニューメディア室長で『広辞苑』CD-ROM版を製作した電子出版の先駆者の一人である合庭惇さんに人選その他，万般の相談相手になっていただいた。

5．法律勉強会

先に「法とはなにか」ということについて可能な限り深く遠く考えてみたい，と書いたが，この点から私にとって大変興味深く面白かったのが，「法律勉強会」であった。納本制度調査会は仕組みの上では，全体会議と，法制及び電子出版物の2つの部会から成っていたが，図書館の納本実務を踏まえた緻密な法律論的検討を行うためには限界があり，便宜機動的な方法を採った。1つは，いわば作業グループというべき「法律勉強会」の開催であり，もう1つは委員・専門委員から個別に随時ご意見を伺う機会を持つことであった。運営体制の上からは，前者が「法律勉強会」として決裁を取って行ったものであったが，私にとっては，後者を含めて両方が法律勉強会であった。そして，なにより特筆すべきことは，塩野先生が終始実に熱心にこの勉強会をリードし，実質的に指導されたことである。

前者の「法律勉強会」は，塩野先生のほか，紋谷暢男（成蹊大学法学部教授，著作権法），安念潤司（成蹊大学法学部教授，憲法），玉井克哉（東京大学先端

納本制度調査会の周辺：国立国会図書館における政策立案プロセスの一齣

科学技術研究センター教授）の諸氏が法律の講師陣であり，高山正也先生（図書館情報学），小林君，そして私が検討に参加した。また，堀本収集部長等の収集部関係者，総務部の法規担当がオブザーバーであった。この勉強会の記録は，「法律勉強会ファイル」として残されている。

ついでながら，納本制度調査会に関するすべての資料は，決裁文書や議事録はもとよりメモの類に至るまで，およそその政策立案プロセスの把握にとって必要なものはすべて整理して保存してある。これは通常の文書取扱い規則によるものではなく，将来の情報公開制度の導入に備える（国会には情報公開制度が未だない）とともに，納本制度調査会を政策文書の保存管理システムの「モデルケース」にしようと考えたためである。

個別の勉強会では，小林君の「お供」をしながら何度か本郷の東大法学部研究室に塩野先生を訪問したことが印象深い。くつろいだ雰囲気ながらも，「法とはこういうものか」と感じながら，塩野先生と小林君のやりとりを聞いていた。納本制度調査会の運営にとって，塩野先生という行政法学の泰斗と法律論的にきちんと対話できる小林君という存在があったこと，あえていえば，図書館側に塩野先生とディスカッションできるメンバーがいたことが塩野先生に実質的ご指導いただける理由ともなったであろうこと，これが成果につながった大きい要因の一つであったと，現在，私は評価している。

法律論的検討テーマの一つで興味深いものが，「代償金の追加的費用説」であった。簡単に言えば，現行制度では出版物納入に係る経費として，本の定価の半額を出版者に支払うことになっており，この法的根拠は憲法の財産権の保障ということになっている（厳密な議論ではないが，本稿ではこの程度の説明にせざるをえない）。これは妥当な金額なのだろうか。小林君は「追加的費用説」なるものを持ち出したのである。つまり，ある出版社（としておく方が分かりやすい）が，定価1,000円の本を1,000部発行したとする。もし，納本制度なかりせば，全部売れれば売上は百万円である。ところが，納本分として1部余計に印刷刊行しなければならないとすると，追加的に必要な金額はいくらか。定価を部数で除すと1円であるから，1部余計に発行するためのコストは大体1円程度だろう。だとすると，代償金は1円でいいはずだ。定価の半額というのは，本来売れたはずのもの1部を国に納めるという前提であって，納本制度

が存在することによる「損失補償」の「理論」としては疑問の余地が大いにあるのではないか，というのが「追加的費用説」である。私もこの考え方は経済学でいう生産コストの「限界費用」の考え方と類似していて，それなりに理屈があるような気がした。結論的には，塩野先生の制度運用50年の歴史を踏まえよ，という趣旨の「一喝」(?) でこの理論の採用は沙汰止みとなった。憲法学者の安念さんとこの「追加的費用説」についての個別勉強会をしたことがあり，のちに彼はこの論点を『法学教室』(2004年9月，288号，「演習憲法」) に書いてくれたので，興味のある方はご覧いただきたい。考えてみれば，この安念さんの論文は，国立国会図書館の納本制度を法律論として展開した唯一の専門論文といってもいいだろう。今となっては貴重な納本制度調査会の「遺産」のひとつでもある。

6. 初代納本課長・山下信庸さんのこと

　納本制度調査会が設置された1997（平成9）年，奇縁とでもいうのであろうか，初代納本課長を務めた山下信庸さんにお目にかかる機会があった。翌1998（平成10）年は国立国会図書館創立50年にあたり，この記念事業の一環として『国立国会図書館50年史』の刊行が企画され，私も編集・執筆に関わることになった。このための作業のひとつとして，山下信庸さんにインタビューすることになったのである。越谷のご自宅に伺ったのは夏の暑い日だったことを覚えている。当時すでに90歳を越えていた山下さんは記憶も確かで，往時のことをいろいろ話してくださったが，実を言うと，インタビューそのものよりもその後の「文通」のことが印象深い。インタビュー終了後，型どおり御礼の葉書を出したところ，山下さんから分厚い封書が届いたのである。これを含めて封書を3通，葉書を3通いただいた。

　それらには，「たまたま，布川角左衛門さんという人がいて，その人のお陰で，とに角一とわたりの体制が出来たこと，そしてそれが五十年という長い年月をつづけて来たということは，まことに仕合せであった」，「これは私の老婆心ですが，納本は館だけの都合で考えてもダメで，日本中の出版社の精神がどう考えるか，又，これは私には全く資格はありませんが，貴兄の言う電子関係

の資料の取扱いなど，どうあれば人の納得がえられるか，を十分お考え頂かないと，図書館の独断専行になり，巧い結果はえられないだろうということです」など納本制度に直接関係することから，慶應義塾大学の図書館学科が「情報」を取り上げたころから盛んになってきた，図書館が「情報」を収集するという考え方への疑問が表されていた。さらにこのことから，山下さんが興亜院に務めていた時代，ある調査の先輩が，西安事件のときに共産党から周恩来が来て蒋介石と会談したという「情報」から即座に国共合作と抗日統一戦線の結成を判断した，というエピソードが紹介されていた。ちなみに山下さんは，東京帝大経済学部で河合栄次郎の門下生であったが，のち興亜院で思想関係の調査に携わり，毛沢東の『新民主主義論』の（おそらく日本で最初の）解説を書いた方である。

　別の書簡には，インタビューの際に，初代副館長の中井正一さんは金森徳次郎館長とちがってやや粗忽な人だと評したが，その具体例を思い出したとして，ある映画監督と映画フィルムにまつわる話を書いてこられた。今これを紹介する紙幅はないが，山下さんは，納本制度も国立国会図書館もその歴史は「人」が苦労して作ったものであって，そのことを図書館が忘れているのではないか，と言われたのであった。私はもっともと思い，『国立国会図書館五十年史』の第6章第1節「資料収集50年の展開」の「納本制度の創設」のところで，布川さんのことに触れた。

　50周年記念式典の当日，山下さんは招待されて館に足を運んでくださった。私は担当したVIP接遇のあと，是非，山下さんとお話したいと思ったが，探した時にはすでに帰られたあとであった。後日，「会いたいと思う人にただの1人も会うことのできぬままに直ちに玄関を出た」次第と，式典について館の運営が不手際ではないか，との趣旨の憤懣の弁を寄せてこられた。山下さんはこの頃からやや体調を崩されたと知らせてきていたが，翌1999（平成11）年8月，訃報を知った。享年93歳であった。

7．映画フィルム

　国立国会図書館法第25条の本則には「映画技術によって製作した著作物」が

納本対象として規定してあったのだが，附則には「当分の間免除する」となっていた。映画フィルムのことである。山下さんの書簡には，中井正一のエピソードのくだりで，昭和26年頃，金森館長が映画フィルムは当分集めないと決定した頃，という文面があったから，その頃までは映画フィルムの納本をどうするかの検討はされていたのであろう。『キネマ旬報』だったかに，当時有名な映画俳優と女優が赤坂離宮に金森館長を訪ねたグラビア写真がある，と日本出版学会の知人が教えてくれたことがある。なにか関係があったのかも知れない。

　私が図書館に入った年に，丸山昭二郎さんという先輩が「勉強会」（「丸山学校」などと言っていた）を開いてくださり，米国図書館使節のクラップ（Clapp），ブラウン（Brown）の報告書と勧告を勉強したことがあるが，その中に，映画フィルムの納本実施については慎重な検討と準備が必要だ，という個所があったように思う。

　「当分の間」が続いて50年になり，館内ではほとんど映画フィルムの問題は意識になかったようである。小林「長官」も私も映画フィルムの納本規定がせっかくあるのだから，危地に瀕している日本の映画フィルムの保存につながる策はないものか，と考えたのであった。専門委員の一人に，浜野保樹さん（現在，東京大学大学院教授）をお願いした理由はここにある。浜野さんは若い頃，黒澤明監督のもとで助監督を務めた経験もあり，映画界のことに詳しかった。また，東京国立近代美術館フィルムセンターの岡島尚志さんは，映画フィルムの法定納本を実現したいという迸るような情熱を持っており，この「志」との連繋を図りたいと私は考えていた。映画界では伊丹十三監督がもっとも保存に関心があると知った私は，いずれ伊丹監督にお会いする機会を得たいと考えていたところ，この映画保存に関心を持った日本経済新聞の記者が巧みな紙面作りをしてくれて，伊丹監督の記事と私からの取材記事とを隣り合った記事として掲載してくれた。しかし，残念なことに伊丹監督はほどなく亡くなられ，ほかの事情も重なって，ついに映画フィルムの検討を中断せざるをえなかったのはいまだに残念に思っている。

8．むすびにかえて

　伊藤整の『日本文壇史』のどの巻だったか忘れてしまったが，徳富蘆花が独立して出版社の看板を掲げ，その最初の本（蘆花自身の作品）が刷り上がった時に荷車（だったか）に本を載せ内務省に納本に行く，という記述があった。これを読んだとき私は「文学作品に描かれた納本制度」の唯一の例かな，と思った記憶がある。納本制度はややもすると戦前の検閲制度と結び付けられ，それは間違いではないけれども，そこだけが強調されると少し違うだろうという感想がある。納本制度の起源となったフランスでも宗教戦争の開始とともに厳しい検閲制度が登場するが，モンペリエの王令は検閲とは無関係の「フランス・ルネサンス」の精華といってもよい。明治初期の納本制度も，今から見ると制度の実効性に乏しい感はあるけれども，福沢諭吉の西洋理解のいわば延長上にあると考えてよいと思う。

　納本制度が世界各国に伝播していった現象は，まさに「法の継受」の典型といってもよいのではなかろうか。それも「強制」の要素はほぼないといってよい。それは近代の出版産業の産物であり，教育がもたらした市民社会が求めるものでもあり，近代国家が拠って立つ必須装置のひとつであり，著者の欲求とも結び付いていたようである。ひと言で言えば，納本制度は近代国家の「国の蔵書」（ナショナル・コレクション）という理念と機能の産物であり，また，それを構築するシステムである，というのが私にとってもっとも理解しやすいコンセプトである。

　しかし，インターネットの時代にこの近代国家の産物たる納本制度は，なお有効であろうか。国境と言語という近代国家の枠組みも，編集過程を経た「真正な版」という概念も，いまや相対的なものでしかありえないのではなかろうか。「本」という実体概念は「コンテンツ」という抽象概念に置きかえられつつあるのではなかろうか。そうだとすれば，これに適用される「法」についても根底からの再検討が必要とされるはずである。近代国家の納本制度は，哲学的な意味とは必ずしも重ならないが，「近代以後」という意味で「ポスト・モダン」の視点から再検討しなければならないだろう。納本制度の「延長」ない

し「拡大」というアプローチによる「デジタル・デポジット」は大きな限界がある，と私は見ている。「ナショナル・ライブラリー」は，法律に基づく特定の権限の行使者というより，ある種の「編集者」ないし「コーディネーター」の役割を負うことになるのかも知れない，というのが私の「予感」である。

学術図書館におけるガバナンス

逸村 裕

1. ガバナンスとは

　学術図書館のガバナンスとは，大学を構成する教職員，学生といった構成員を念頭に，学術図書館の中長期的な発展へ向けた業務とサービスの方向づけを行う経営機能と構造のことである。その一つの特徴は，短期的に一部の利益を犠牲にすることはあっても，大学全体の長期的な安定と発展を推進する役割を担うことである。本稿ではこの学術図書館のガバナンスについて講じる。

　ガバナンスとは，「統治」と訳されることが多い。「企業ガバナンス」といった場合には「企業経営に規律を求める仕組み。経営を監視することによりその企業の成長や発展を実現するためのシステム」を意味する。近年の経営においてガバナンスが重視されてきたのは，社会構造の変化から企業活動が多層化する一方で，透明性が意識され，社会全体に経営組織を見る目が厳しくなったことによる。経営組織体における取引，決算がらみの不祥事への現代的対応ともいえる。

　企業においては多様な利害関係者が存在する。株主，経営陣，社員，取引先，顧客等である。これら利害関係者をどう位置づけ，どのように利益を上げるのかは，経営陣に課せられた課題である。不良債権処理を漫然と先送りして損失を大きなものにする，事業の見直しを怠ったために他社に不利な条件で吸収合併を余儀なくされる，過大な設備投資により収益を損なったなどの事例は企業ガバナンス失敗の典型といえる[1]。

　大学におけるガバナンスも同様である。大学をめぐる利害関係者は教職員，学生の他にも，資金を提供する国・地方公共団体・企業・財団，また地域社会，同窓会，学生保護者と多様である。大学の機能は高等教育を行い，研究成果を産出し，社会ひいては人類福祉に貢献することである。大学は営利事業体ではないが，組織体として永続的に経営されなければならない。教育研究の活性化

に対する物心両面にわたって支援，教職員の生計の維持，施設の更新その他さまざまな活動が必要になる。

　今日の経済状況においては収入増の手だては厳しい。国立大学においては運営費交付金が，私立大学においては授業料収入が収入の柱であるが，それも大学としての評価があればこそである。大学業務全般にアウトソーシングが進む中で，教育研究活動の中核は人材であることは認識されているものの，それをどう確保し，どこに集中させ，どうインセンティブを上げ，どう育成するか課題は多い。

　日本の学術図書館のガバナンスは多様な面がある。規模的に数万人の利用者と数百人の図書館員を抱える組織もあれば，ごく小規模な図書館も存在する。運営にあたって図書館長が指揮を執る場合もあれば，単なる名誉職扱いで実質的に図書館事務部門幹部が指揮を執る場合もある。あるいは大学幹部である副学長が図書館長を兼任し経営を行う場合，また大学経営責任の一翼を担う図書館担当理事が担当する場合もある。私立大学はその歴史・規模・主題に応じて多様な経営形態をもっている。国立大学は法人化された2004年以降，多くの組織改革が行われつつあり，そこでの経営形態も多様なものとなっている。コンピュータセンター系あるいは研究協力系組織との統合（コンバージェンス）を行った事例もあり，その動きはなお継続している。

　これら組織のあり方は大学個々の事情によるが，図書館ガバナンスのアウトカムは明らかである。すなわち「魅力ある図書館」の構築である。量的拡充が大きくは望めない中で質的な変革を迎えている今日において学術図書館のガバナンスがいかにあるべきかを検討する必要がある。

　なお，本稿では高等教育機関全般の図書館を対象とするので，ほぼ同義であるが，大学図書館ではなく，学術図書館を一般名称として用いる。

2．今日の学術図書館をめぐる状況

　大学は設置母体別に国立，公立，私立に分けられており，学術図書館は設置母体である大学の運営に大きな影響を受ける。近年の学術情報量の増大と学術社会の変容，情報技術とインターネットの進展，学生確保，財政問題，留学生

増加や教育研究環境での国際化進捗といった相互に絡み合った学術をめぐる環境の変化により学術図書館はそのガバナンスをどう考えるか岐路に立っている。

（1） 大学の経営環境

　世界的な潮流でもあるが，日本においてこの数十年，一貫して大学進学率は上昇してきた。これに応じて大学及び学部学科の新設が続き，平成18(2006)年度学校基本調査[2]によれば，四年制大学数は744（国立87，公立89，私立568）大学生数は約286万人（63万，13万，210万）となった。これに短期大学469校，学生数約20万人，高等専門学校64校，学生数約6万人となっている。すなわち高等教育機関に属する学生数の総計は約312万人である。高等教育への進学率は50％を超えたが，全体としては頭打ちとなり，いわゆる少子化により，2007年度は「全入時代」を迎える。大学倒産時代，といわれ，すでにいくつかの私立大学が民事再生法の適用申請を行っている。また2006年度時点で222校の学部が何らかの形で定員割れを起こしている。この状況は十数年前から予測されてきたが，大学数はなお微増を続けている。

　授業料値上げは現下の情勢では厳しく，国立大学では収入の中心である運営費交付金が毎年１％削減することが決められ，人件費も５年で５％削減となっている。競争的資金の獲得に力が入れられているが，すべての大学がその確保を行うことは難しい。

　一方，認証評価による大学評価が進む傾向にある。認証評価は学校教育法第69条の３第２項に規定された文部科学大臣の認証を受けた評価機関による評価である。この従来からの事前チェック（設置審査）から事後チェック（認証評価）への動きについては，多くの学術図書館が自己点検・自己評価，第三者評価を行ってきた経緯もあり，ある程度の対応は進んでいる。国立大学の中期計画・中期目標の中にも図書館の事項が取り上げられている例も多いが，詳細はこれからである。認証評価では「教育研究活動等に関して各大学の有する目的を踏まえて行い，大学設置基準に適合していることが求められ，国際的な大学の質の保証という観点から，諸外国の評価機関における評価基準等の内容も参考になる」とのことで，いっそうの「開かれた大学図書館」であることが求められる。英米における高等教育機関認証評価は先行しているが，高等教育制度

そして社会体制の相違もあり，実態を吟味した上でその採り入れには考慮が必要であろう。

　1991年の大学設置基準大綱化以来，日本の大学の競争は徐々に激しさを増してきた。18歳人口の急減による受験生獲得競争はその代表である。国の科学技術振興策により，大学院重点化政策，競争的教育・研究資金の増額が続き，教育研究ともにいわゆる大学改革が進んでいる。大学設置審の縛りもゆるくなったことから，新構想学部・研究科の設立が活発に行われた。2005年の総合科学技術会議答申においては「異分野の知の出合いによる触発や切磋琢磨する中での知の融合が果たした役割は大きい。21世紀に入り，世界的な知の大競争が激化する中，新たな知の創造のために，既存の分野区分を越え課題解決に必要な研究者の知恵が自在に結集される研究開発を促進するなど，異分野間の知的な触発や融合を促す環境を整える必要がある」とし，これまで以上に学問分野の再編融合が検討されている[3]。

　これらを踏まえて，大学の学部・研究科あるいは短期大学を含めての再編は今後さらに加速されることが予想される。中長期的な大学ミッションのもと，経営陣がしっかりした規律の下に，従来からの慣行に則っただけの経営ではなく，現代的なガバナンス対応を迫られている。このことは大学を中心とする学術図書館も同様のことである。かつては大学設置審の活動により，新規学部・研究科の申請には図書館がその分野に対応する図書・雑誌群を整える体制をとってきたが，大学設置基準の大綱化以降，その機能は失われつつある。また後に触れるが，情報利用行動も変容しており，改めてガバナンスの変革が必要なゆえんとなっている。

（2）　大学研究者をめぐる問題

　研究を支えるのは，当然のことながら研究者である。日本の高等教育機関（四年制大学，短期大学，高等専門学校）に常勤として勤める研究者は180,233人を数える。

　研究，という観点から見れば，加えて261,038人の大学院生が存在する。このうち18.6％が社会人大学院生である。さらに非常勤研究者，オーバードクターが存在している。1990年代からの大学院重点化政策により今日では定員として

毎年約6万人の大学院生が新たに生まれている。なお，この数値は米国の20％程度にすぎない。

　大学での教員採用をめぐる状況は近年の応募倍率，公募条件，任期制導入等の厳しさなどからも窺い知ることができる。理系はもちろん，文系大学においても，博士号取得を前提とする傾向が見られる。すでに職を得ている大学教員においてもその活動評価，競争的資金獲得やキャリア向上など，環境は厳しさを増している。かつての「大学院時代は蓄積の時代であり，論文を書こうなぞと考えてはいけない」という口吻は遠い昔のものとなり，Publish or perish の度はその激しさを増している。

　その結果として，生産される学術論文数は増加を続けている。また，このことは海外においても同様であることから，学術論文数は世界的に増大し，これらの発表媒体である「学術情報源」も増加の一途をたどっている。同時に，これらの評価に関わる問題も切実なものとなっている。またその情報要求も高まる傾向にある。このことも予算抑制下の学術図書館の課題となっている。

(3)　学生をめぐる問題

　学術図書館の主たる利用者である学生の変化も大きい。高等教育大衆化が進んだことにより，18歳人口の半数以上が高等教育に進む時代である。これに加えて，入試の多様化という政策のもと，AO入試を含め推薦入学者の比率上昇が続いている。大学学部新入生に占める推薦入学者比率は全体で40％，私立大学においては48％，国立大学でも14％となっている（図1）。

　推薦入学は本来，全ての世代が学びたいときに大学で学ぶことができる柔軟な教育環境を整備するため，学力テストだけでなく，多様な入試機会を与え，有為な人材を育成することが目的であった。しかし実態としては，大学で学ぶにあたって学力に問題のある学生の入学を許すことになった。全てが推薦入学制度に由来するわけではないが，同一大学・学部・学科に入学する学生の間でもかなりの学力の差が生じている。これを補うために学生へのリメディアル教育活動を行う大学も増加しつつある。

　このような状況に応じ，2005年3月日本リメディアル教育学会が設立された。予備校においても，少子化時代の有力な市場と見て参入する動きがある。高等

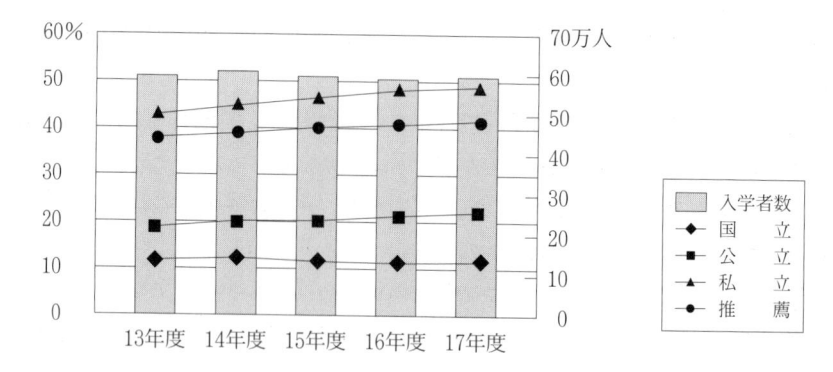

図1 大学入学者数と推薦入学の割合（平成13年度〜17年度）

教育を高等教育として成立させるためには，新入生に対する客観的な基礎学力の測定，そして学力が一定の水準に達しない場合のリメディアル教育をどのように行うかの検討が必要であり，そこに図書館がどう関与するかは，大学教育の一翼を担う学術図書館ガバナンスとして重要な用件である。

　学力の問題とは別に，学生の情報探索行動にも変化が見られる。インターネットと携帯電話そしてGoogleに代表されるサーチエンジンの普及に伴い，「検索」は一般化し，WWWは学生を中心とする情報利用者の第一の情報源となっている。今日では誰もが当たり前に使うGoogleが普及したのは1999年以降である。2003年度から高校教育課程に教科「情報」が取り入れられたこともあり，図書館利用者のOPAC検索行動にもサーチエンジンの探索経験が影響を及ぼしている。大学図書館において効果的な情報探索指導を行うためには，利用者が実際にWWWをどのように利用しているかについての調査を行い，基礎データを蓄積し，その対応を図る必要がある。WWWの探索行動は単純なパターンが繰り返される反復行動であり，わずかな時間で結果のフィルタリングが行われている。またWWW情報源の評価では，視覚的な要素と経験的な要素が重視され，コンテンツの質的な評価（例：情報の信頼性，正確性，オーソリティ）が欠落する傾向があることも明らかである。これらはOPACが前提としていた従来からの図書館情報探索指導とは大きく異なっており，今後学術図書館の情報リテラシー教育において情報源の評価法が重要なポイントの一つとなることを示している[4]。

(4) 学術情報源をめぐる問題

　現代の大学の果たすべき役割としては，一般に，研究支援，教育支援，地域貢献が挙げられる。学術図書館業務は多様な情報資源の収集，組織化，保全そして利用者の情報要求に応じた資料と情報の提供，施設提供，二次情報を介したレファレンス・サービスなどの人的サービスを行うのが基本であった。今日，電子情報源の拡充により，これに対して大きな地殻変動が起きている。

　自然科学系においてはかねてから学術雑誌が情報要求において大きな比重を占めてきた。医学系図書館では資料費の大半を学術雑誌に注ぎ込んでいる例もある。研究成果の早期の公表，という点からは人文社会系においてもその傾向が強まっている。その中で1990年代の日本の学術図書館は雑誌の危機（Serials Crisis）と呼ばれる学術雑誌の恒常的な値上がりの対応に追われた。

　表1は米国研究図書館協会（Association of Research Libraries：ARL）による1986年を100とした1986～2003年の各種数値の推移である。

表1　ARLによる1986-2003の経年変化[5]

物価上昇率	82(%)
雑誌経費上昇率	286
図書経費上昇率	82
購入雑誌タイトル数増加	14
購入図書タイトル数増加	±0
ＩＬＬ借数	214
ＩＬＬ貸数	108
大学院生数	78
全学生数	27
教員数	14

　表1からは，物価上昇率や図書経費上昇率を大きく上回る雑誌経費上昇を見ることができる。日本の学術情報流通の基本的構造はかつての「丸善学者」以来，西洋の情報と文化の受容をいかに手早く有効に行うか，であった。今なお自然科学系を中心に学術情報発信の中心が欧米にある以上，学術情報輸入にあたっての学術図書館に与える学術雑誌の重要性は高い。

　情報政策的にも日本における海外学術雑誌の重要性に鑑み，1977年度から文部省が予算をつけ，医学・生物学，理工学，農学の3分野について国内に欠落

している資料の整備が進められた。1985年度からは人文・社会科学分野を加え，4分野に対し国立大学9図書館による分散型の「外国雑誌センター」が成立した。この成果は当時の円高の追い風もあり，学術雑誌タイトル数増加として現れた。

しかし1990年代半ば以降，円高の恩恵が消えた後，雑誌価格高騰による全国的なタイトル数減少が問題となった。全国学術図書館の1990年度学術雑誌予算150億円は2000年度には269億円に増額されたが，同期間に継続タイトル数は半減している[6]。

時期を同じくして現れたのが電子ジャーナル（EJ）である。欧米においては1990年代後半以降普及し，日本においてはやや遅れて2000年以降コンソーシアム活動の成功により，EJが急速に普及した。EJが十分には浸透していなかった2000年時点，主要国立大学では冊子体を含め5,000タイトル程度，中規模大学では2,000タイトル程度の学術雑誌予約購読を行っていた。これが2006年には，多い大学では10,000タイトル以上，国立大学の半数以上が3,000タイトル以上の雑誌を電子的に利用できる環境となっている。大手の私立大学においても同様である。

これはコンソーシアム交渉の結果，ビッグディール（当該出版社発行雑誌をパッケージ化した包括的契約）が成立し，各学術図書館において，従来の購読費用を大きく変えることなく，いわゆる「非購読誌」へのアクセスが可能になり，EJアクセス可能タイトル数が増大したためである。結果としてこれはコンソーシアムに加盟する中小規模学術図書館において有利な「資源共有」となっている。

このことは利用状況からも明らかで，2001年と2003年に行われた国立大学におけるEJ利用状況調査では，週一回以上の利用者が2001年37%から2003年は52%，利用タイトル数は，中央値で見ると2001年が6～9タイトル，2003年は10～14タイトルと増加しており，2006年には年約3000万件のダウンロードが行われていると推測されている[7][8]。

しかし，財政状況の厳しい中では「従来の購読費用の維持」も難しくなっている大学があり，今後の動向は予断を許さない。

EJはその利便性と速報性により，利用者に受け入れられた。これに比し，

現時点では電子ブックの導入は一部にとどまっている。しかしこれら電子情報源の普及に対して学術図書館はより有効な手立てを取る必要に迫られるのは確実である。

3．学術図書館の利用動向の変容

1980年学術審議会から文部大臣に対し「今後における学術情報システムのあり方について」の答申が行われ，1986年には東大文献情報センターを引き継いで「学術情報センター National Center for Science Information System： NACSIS」が発足した。NACSIS は日本における主たる書誌ユーティリティの活動を担い，共同目録作業，総合目録 DB の作成，ILL システムの提供を行った。これを利用し，OPAC の提供など，日本の大学図書館は本格的な図書館業務機械化を成し遂げた。NACSIS は2000年に改組され「国立情報学研究所 National Institute of Informatics:NII」にその機能は引き継がれた。今日の学術図書館は，NACSIS-CAT/ILL システムを中心として活動を行っている[9]。

先に記したとおり，研究状況の活発化は情報要求の増大につながる。財政的に巨大大学においても全ての情報資源を確保することはできない。そのため，他大学所蔵資料を相互協力を通じて入手する資源共有は必然的に増加することになる。

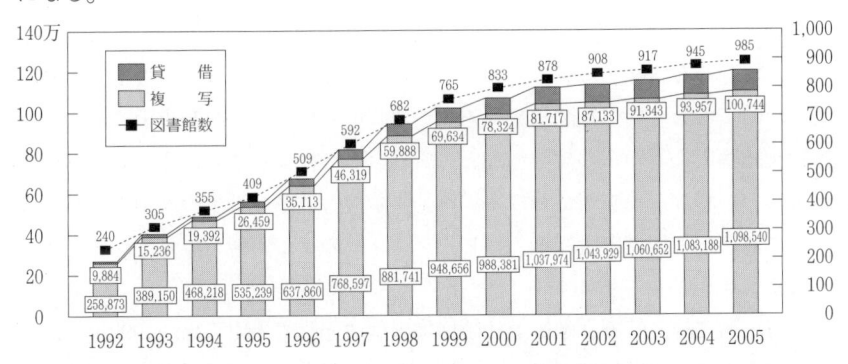

図2 NACSIS-ILL による依頼レコード件数及び参加組織数の推移(1992〜2005)
http://www.nii.ac.jp/CAT-ILL/contents/nill_stat_reqnum.html

図2はNACSIS-ILL依頼レコード件数及び参加組織数の推移を見たものである[10]。この図から，NACSIS-ILLは参加組織数，ILL依頼レコード数ともに増加を続けていることがわかる。これらは先に示した外国雑誌センター構想と併せ，学術情報政策の成功とみなすことができる。

しかし，このデータの詳細を分析した佐藤らによると，図3に見るように，2000年以降その内実は変化している。

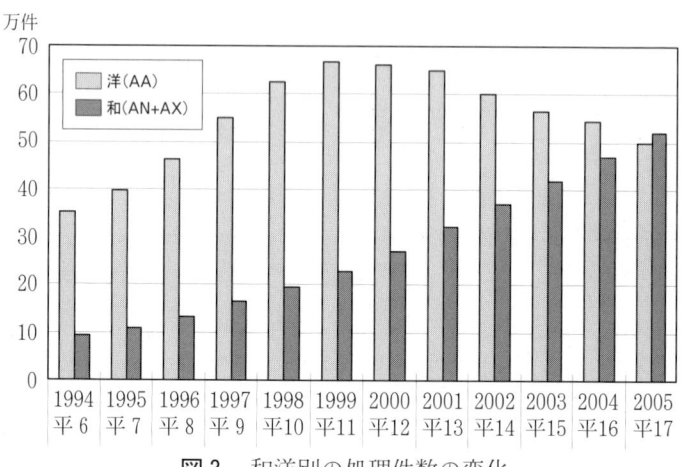

図3　和洋別の処理件数の変化

図3から洋雑誌に対する文献複写件数は，1999年度666,562件をピークに減少をたどり，2005年度には498,594件まで減少している。一方，和雑誌文献複写件数は1994年度の91,671件から上昇を続け2005年度には520,807件に達している。すなわち，図2に見る近年における複写件数の微増は見かけ上のものであり，内実としては洋雑誌論文に対する依頼の減少と，その減少分をやや上回る和雑誌論文に対する件数の増加との組み合わせによってもたらされたものであることがわかる。図3における洋雑誌文献複写依頼の減少の理由は，学術図書館における大規模出版社との「ビッグディール」が影響を与えていると考えられる[11]。

一方，和文誌文献の文献複写件数増加の理由として米田らは，1990年代からの看護系大学・大学院数の増加により，関連分野全般の研究活動が活発化し，この分野の和文誌文献需要が増加していること，『雑誌記事索引』などの二次

資料に収録される関係記事論文が増加していること,さらに,和文健康保健関連分野雑誌のデジタル化が進んでいない点を,増加の原因として指摘している[12]。

このように学術図書館における資源共有の実態は,高等教育研究機関の再編あるいは新規設立および電子情報源の浸透または立ち遅れにより変化しつつある。すなわち従来の図書館相互協力/文献提供サービス(ILL/DDS)の前提が大きく変化しているのである。

2004年3月,日本著作出版権管理システム及び学術著作権協会との協議の結果「大学図書館間協力における資料複製に関するガイドライン」により大学図書館間での文献複写における電送が認められるようになった。これは業務的に大きな変化であった。学術図書館が目指したサービスが,利用者の情報利用を最大限に支援するという目的の実現であるならば,情報共有のシステムとしてのインターネットの普及,常態化は,資源共有の方式だけでなくサービス概念そのものにも変化を及ぼし得ると考えられる。

すなわち,これまで学術情報流通は出版流通としてとらえられ学術図書館の外部に存在し,その成果物である学術雑誌を物理的存在として図書館が所蔵し,サービスに供するものという位置づけがとられていた。しかし,今日の状況においては学術コミュニケーションそのものが「共有システム」となりつつある。成果物としての論文は,EJのコンテンツとして出版者のサーバにおかれ,図書館が出版者と契約してアクセス権を有償で取得することによってオーソライズされたその大学の利用者がサーバに直接アクセスし入手するようになった。このことは従来,出版者と図書館の間にあった資料の保管・保存機能の境界の消失ととらえることができる。この地殻変動ともいえる学術情報流通変革が現在,学術図書館ガバナンス対応に求められる第一の点であろう。

紙をベースにした情報資源の割合は今後減少し,デジタル優位へと進むことが予測される。EJ契約におけるDDP(Deeply Discount Price:EJ契約をすれば冊子体購読は低廉で行える)への移行はその端緒とみなすことができる。

4. 学術図書館の変容とガバナンス

　長く大学図書館のイメージされるところは，膨大な情報資源を所蔵し，静謐な環境のもとに閲覧学習環境を提供し，さまざまな情報源に精通したレファレンスライブラリアンがいて，というものであった。しかし，今日，そのイメージは部分的には変化しつつある。

　2006年3月，科学技術・学術審議会　学術分科会　研究環境基盤部会　学術情報基盤作業部会により「学術情報基盤の今後の在り方について（報告）」が公開された[13]。この報告書では大学図書館の基本的な役割として次の2点を掲げている。

　1．教育研究支援が大学図書館の学術情報基盤として，基本的な役割を果たす
　2．電子情報と紙媒体を有機的に結びつけたハイブリッドライブラリーである

　そして，これを基として，厳しい財政事情の下でEJの普及，機関リポジトリ構築，電子ブック，e-Learning，OpenCourseWare，パスファインダー等情報通信技術を用いた教育研究に関わる新しい概念の導入が求められている状況が示されている。一方，資料保存活動など本来的に図書館が取り組まなければならない課題も記されている。

　どの項目に力を入れるか選択し，また独自に何を行うか。そのためにどのように財政，人をどう注ぎ込むか，そこに21世紀初頭の学術図書館ガバナンスの課題が示されている。

　学術図書館ガバナンスに求められることは，「魅力ある図書館」であるためにはどうすればよいか，である。物理的に快適な閲覧学習環境の整備が求められ，一方では電子情報源へのシフトは進みつつある。さらに，それらを便利に扱うためのポータル機能，ライブラリ・コモンズ，リンクリゾルバあるいは管理を容易にするための電子情報源管理システム（Electronic Resources Management System：ERMS）の開発も進んでいる。2006年より始まった全国大学共同電子認証基盤（UPKI）においては大学間連携に必要な認証の共

通仕様の策定が始まった。これにより、いっそう大学連携が容易になることが予想される。これらに高等教育機関の教育・研究・社会貢献を支える学術図書館がどのような対処を行うべきか。組織・人員・設備・サービス対応の変化に財源確保を意識しつつ展開を図らなければならない。

　学術図書館業務へのコンピュータ導入は1980年代からNACSIS-CAT/ILLを中心に対応し成功したと評価できる。21世紀に入り、一次資料の電子化、インターネットとそれに付随した学術情報流通と情報通信技術を中心とした学術情報基盤は大学を構成する重要な要素の一部となっている。一方、伝統的な紙媒体への嗜好は人文社会系を中心になおも続く。多様な情報源の提供をいかに経済的に、効果的に、効率的に行い、大学を支える基盤としての活動をいかに行うか、この問題解決はまだ端緒についたばかりである。そのために必要なガバナンスとは何か、を真剣に検討すべき時代である。

参 照 文 献

1) Roberts, John. 現代企業の組織デザイン. 谷口和弘訳. 東京, NTT出版. 2005. 296p.
2) 学校基本調査－平成18年度－　高等教育機関　統計表一覧 第1部　学校調査 総括. http://www.mext.go.jp/b_menu/toukei/001/06080115/006.htm
3) 総合科学技術会議　諮問第5号「科学技術に関する基本政策について」に対する答申.2005年12月27日.
4) 種市淳子；逸村裕. Webの探索行動と情報評価過程の分析. Library and Information Science. no.55, p.1-23.
5) Monograph and serial costs in ARL Libraries, 1986-2003. http://www.arl.org/stats/arlstat/graphs/2003/monser03.pdf
6) 土屋俊. 電子ジャーナルと大学図書館.東京, 丸善, 2003. p.1-32.
7) 大学における電子ジャーナルの利用の現状と将来に関する調査－調査報告書－. 東京, 国立大学図書館協議会電子ジャーナルタスクフォース, 2001, 90p.
8) 大学における電子ジャーナルの利用の現状と将来に関する調査－調査報告書－. 東京, 国立大学図書館協議会電子ジャーナルタスクフォース, 2003, 119p.
9) 栗山正光；竹内比呂也；佐藤義則；逸村裕；加藤信哉；松村多美子；土屋俊. わが国の大学図書館政策に関する研究：1990年代の動向を中心に. 日本図書館情報学会,

三田図書館・情報学会合同研究大会. 2005, p.69-72.
10) NACSIS-ILLによる依頼レコード件数及び参加組織数の推移（1992-2005）
http://www.nii.ac.jp/CAT-ILL/contents/nill_stat_reqnum.html
11) 佐藤義則； 竹内比呂也；土屋俊；逸村裕.日本の大学図書館におけるILLの需給状況の変化：NACSIS-ILLログデータ（1994-2005）の分析. 第54回日本図書館情報学会研究大会2006. p.69-72.
12) 米田奈穂；武内八重子；加藤晃一；竹内比呂也；土屋俊. ビッグディール後のILL:千葉大学附属図書館亥鼻分館における調査. 大学図書館研究. vol.74, 2005, p.74-81.
13) 科学技術・学術審議会　学術分科会　研究環境基盤部会　学術情報基盤作業部会. 学術情報基盤の今後の在り方について（報告）.
http://www.mext.go.jp/b_menu/shingi/gijyutu/gijyutu4/toushin/06041015/020.pdf

主題情報専門職教育と複合学位プログラム：
日本司法支援センターにおける法律情報専門職について

松下 鈞

1. はじめに

　平成18年春，日本図書館情報学会は平成15年度から取り組んできた「情報専門職の養成に向けた図書館情報学教育の再構築に関する総合的研究」の最終報告「LIPER報告書」[1]を発表した。

　LIPER報告書は，図書館法施行規則による司書養成制度を踏まえながらも，1）図書媒体に偏った内容から，電子メディアを視野に入れた内容への変更，2）資料収集・組織化・利用サービス中心に，情報利用行動に関わる内容の取り込み等の必要性を指摘するとともに，3）公共図書館の司書養成を目的とする「省令科目」は，現代社会における情報専門職養成には不十分である，としている。また，今後は「一般社会や学術コミュニティ，学校コミュニティにおける情報の利用行動にかかわる高度な知識，情報通信技術の急速な発展を反映した情報組織化や情報サービスの高度な知識や技術」が必要であることに鑑み，「主題知識を踏まえて個々の情報提供の現場の経験の共有化」ができる情報専門職の養成を，大学院レベルで行うよう提案している。LIPER報告書には，さらなる議論を引き起こすため，「図書館情報学カリキュラム案」と「図書館情報学検定試験」の提言が含まれている。

　情報通信技術と情報の電子化が急速に進展する状況の中で，文部科学省は科学技術・学術審議会等の討議を踏まえた数々の答申，勧告，報告に基づいて，学術コミュニティにおける情報基盤の整備，情報の電子化を進めてきた。平成18年3月23日に発表した「学術情報基盤の今後の在り方について（報告）」[2]では，図書館サービスの問題点として，1）「主題知識，専門知識，国際感覚を持った専任の図書館職員」の不足，2）「情報通信技術の活用と人的サービスを行なうコミュニケーション能力を持った，デジタル・ライブラリアンとも言うべき人材」の不足，3）人材養成への取り組みの遅れ，を指摘している。[3]

報告は，人材育成の方策として「学内や複数の大学による研修の実施，在職しながら大学院等での勉学や各種の研修会への参加の奨励，海外研修の実施」[4]などを具体的に挙げ，さらに「米国のライブラリー・スクール等でのマスター取得者などの人材の確保」[5]の必要さえも言及している。学術研究における国際競争力を高めるため，学術コミュニティにおける研究基盤と情報基盤を充実するとともに，その運用にあたる情報専門職の確保が緊急の課題であることを，文部科学省が認識している表れと見ることができる。

　平成17年2月，高度情報通信ネットワーク社会推進戦略本部（通称ＩＴ戦略本部）から「ＩＴ政策パッケージ2005」が発表された。ここには「ＩＴ利用・活用を一層進め，国民がＩＴによる変化と恩恵を実感できる社会の実現」のための方策として，1）行政サービス，2）医療，3）教育・人材，4）生活，5）電子商取引，6）情報セキュリティ・個人情報保護，7）国際政策，8）研究開発の8つの重点項目が挙げられている[6]。このパッケージには「ITを利用した医療情報の連携活用の促進（厚生労働省）」，「高度なIT人材の育成：産官学連携による高度IT人材育成の推進と体制整備（内閣官房，総務省，文部科学省，厚生労働省，経済産業省）」など，国が取り組むべき重要課題と担当府省が明記されている。

　内閣府が発表した「消費動向調査」（平成17年3月）[7]によれば，一般世帯におけるパソコン普及率は65％である。総務省情報通信政策局の「通信利用動向調査報告書」（平成18年5月）[8]によれば，インターネット利用者は推計8,529万人，人口普及率も推計66.8％に達している。また，携帯電話の世帯保有率は89.6％，パソコンの世帯保有率は80.5％と，既に大半の世帯に電子情報機器が普及していることが示されている。この調査報告書には，インターネットに接続している世帯の約3分の2（65.0％），インターネット利用企業の68.1％が，ブロードバンド回線を使用しており，高速大容量通信回線が急速に普及していることも示されている。財団法人インターネット協会から刊行された「インターネット白書2006」[9]によれば，我が国のインターネット利用人口は，平成9年2月の571万人から平成18年2月の7,363万人へと，10年間に13倍の，急激な右上がりのカーブを描いている。

　ＩＴ戦略本部及び各省庁は，情報通信技術の発展，情報基盤の整備状況とパ

ソコンとインターネットの国民への普及を示す数値を認識したうえで，つまり高度情報化社会の到来を前提として，各種コンテンツの構築を進め，今後の政策を策定していると思われる。また，それぞれの管轄する主題分野における情報専門職を想定しているかのような動きもある。

本稿では，司法制度改革の一つとして成立した「総合法律支援法」第3章によって設置されることになった「日本司法支援センター」の，第3節 業務運営，第1款 第30条（業務の範囲）によって規定された活動を担う法律情報専門家の養成について，図書館情報学教育における主題専門職教育との関連において検討する。

2．総合法律支援法の成立と日本司法支援センターの活動

平成13年の「司法制度改革推進法」の成立以降，内閣府におかれた司法制度改革推進本部によって一連の司法制度改革が進められ，その一つとして「総合法律支援法」（平成16年法律第74号）[10] が成立した。

「総合法律支援法」制定の目的は「内外の社会経済情勢の変化に伴い，法による紛争の解決が一層重要になることに鑑み」，「裁判や法による紛争解決のための制度の利用を容易に」することであり，国民が，法曹関係者とその隣接分野の専門職のサービスを身近に受けられる「日本司法支援センター」が各地に設置されることとなった[11]。この法律では特に「法による紛争の解決に必要な情報やサービスの提供が受けられる社会を実現する」（第2条）ため，「制度を有効に利用するための情報や資料及び法曹関係団体の活動に関する情報及び資料が提供される態勢の充実強化」（第3条）が定められている。注目すべきは第30条（業務の範囲）である。すなわち，第30条1項には，日本司法支援センターの業務内容として「情報及び資料を収集して整理し，情報通信の技術を利用する方法その他の方法により，一般の利用に供し，又は個別の依頼に応じて提供すること」が第一に挙げられている。

また，第32条では「利用しやすいものとなるよう配慮する」と同時に「統一的な運営体制の整備及び全国的に均質な遂行の実現に努めること」（第32条第1項），高齢者及び障害者等が「利用しやすいものとなるように特別の配慮」

（第32条2項）が求められている。また，新たに全国各地に設置されることになった日本司法支援センターの運営にあたっては，法曹団体及び隣接する法曹関係団体と関係者のほかにも「総合法律支援に関する取り組みとの連携の下でこれを補完することに意を用いなければならない」（第32条3項）と明記されている。

（1）　日本司法支援センターにおける情報提供サービス

　法律扶助協会は日本弁護士連合会によって昭和27年に設立された。協会は平成12年から民事法律扶助法の「国民は，資力の有無にかかわりなく適切な法的助言や，法律の専門家による裁判手続きの援助を受け」，「国民生活から悪徳商法の被害や予期しない不利益」[12]，を受けないようにする，という趣旨に沿って，無料法律相談，刑事被疑者弁護援助，少年保護事件付添扶助などを行ってきた。総合法律支援法の成立とともに協会は解散し，平成18年10月からその事業は日本司法支援センターに引き継がれることになった。

　法律扶助協会が行ってきた窓口業務には，法的問題に直面した市民からの問い合わせ，相談，照会などがあった。それらは協会内で処理されるのではなく，窓口から弁護士会，家庭裁判所，簡易裁判所，自治体などに振り向けられ，対処が委ねられてきた。

　しかし，新たに設置される日本司法支援センターの窓口サービスは，総合法律支援法第30条の趣旨から言って，単に法曹機関や行政機関への案内や法曹専門家の紹介に留まるものではない。

　法律扶助協会は新たな状況への対応について，「司法支援センターへの民事法律扶助事業の承継と残された課題」（平成17年12月）[13] を発表し，いくつかの懸念を述べている。協会は司法支援センター窓口での「情報提供は当然解決手段の案内につながり，案内された解決手段（弁護士・司法書士，ADR[14] など）の結果によって支援センターの評価が決まる」ことになり，支援センターの情報提供は「極めて重大な責務を負う」ものであることを認識している。そして，懸案事項として次の5点を挙げている。

　1）民事法律扶助の対象からの相談には速やかに応じ，適切な措置を行うこと

2）スタッフに「コンピュータの活用，相談員の訓練などを通じた対策が求められる」こと
3）視覚障害者，聴覚障害者，日本語を母国語としない人，センターまで来られないなど，なんらかのハンディキャップを持つ人からの情報提供依頼に対する「きめ細かなサービスが求められる」こと
4）犯罪被害者への情報提供
5）問題に精通した弁護士への紹介や相談内容による情報提供の方法

　ここで言われている「情報提供」とはどのような内容であろうか。また，その担当者にはどのような知識，技能が必要とされるのであろうか。総合法律支援法の成立によって，日本司法支援センターが「情報及び資料を収集して整理し，情報通信の技術を利用する方法その他の方法により，一般の利用に供し，又は個別の依頼に応じて提供する」機能と役割を担うものの法的位置づけが明確になったことは画期的である。しかし，総合法律支援法には，この機能と役割を担うスタッフ（それを法律情報専門職と仮称しよう）の資質，資格や養成については明記されていない。今後，それらについて論議されることに疑いの余地はない。

3．法律情報専門職養成の現状

　日本司法支援センターは，人と人，人と組織，人と法律が対峙（たいじ）するところで，権利，尊厳，生命，財産を守るため法による解決を求めて窓口に来る人々に対し，法曹関係者，隣接法曹関係者が法律情報や法解釈を提供し，対処の仕方の指導，法的処理機関への紹介などを業務とする機関である。したがって，第30条の業務を担うスタッフが，センターの運営に携わる法曹関係者のため，広範で高品位な「情報及び資料を収集して整理し」，提供することは当然のことである。そしてさらに，市民への法律情報支援のため「情報及び資料を収集して整理し，情報通信の技術を利用する方法その他の方法により，一般の利用に供し，又は個別の依頼に応じて提供する」ことが求められている。こうした活動を担う，法と情報に詳しい主題情報専門家の必要性が示唆されている。法曹関係者，隣接法曹関係者の養成とは別に，我が国において法律と情報に関わる専門家の

養成の現状を概観してみよう。

（1）ロー・ライブラリアン

　我が国における法律情報専門職への胎動は，法律図書館連絡会の発足に始まる。西村捨也は昭和31年に発表した紹介記事[15]の中で米国のロー・ライブラリアンを理想像として論じている。

　専門職大学院制度が実施された平成16年以降，門昇[16]，指宿信[17]，中網栄美子[18]，岩隈道洋[19]，早野貴文[20]，藤勝周次[21]，藤倉皓一郎[22]，岡田孝子[23]らの論考には多かれ少なかれ法科大学院における図書館及び図書館員の活動が触れられている。藤勝は法情報支援サービスの図書館的課題として，

　1）「法情報支援サービス担当者」の能力レベルアップ
　2）バックアップ体制の充実
　3）図書館学と法学と情報リテラシー能力を併せ持つ資格認定制度の導入
　4）ロー・ライブラリアンの継続的な育成の必要
　5）法科大学院図書館，公共図書館等における「法情報支援サービス担当者」の必置義務などをあげている。[24]

　図書館情報学教育の分野では藤勝の主張する「法情報支援サービス担当者」（ロー・ライブラリアン）の養成教育に取り組んでいるところはない。

　しかし，平成16年に施行された「法科大学院の教育と司法試験などとの連携などに関する法律」（平成14年法律第139号）[25]は，法曹教育と法律情報教育との関連性に変化をもたらした，と見ることができる。

　日弁連法務財団による「法科大学院認証評価基準」8－1－2施設及び設備(2)[26]には法科大学院認可の評価基準として，教育や学習に必要な情報源とその利用環境の整備が明示されている。この評価基準は，「法令，判例，参考文献等の情報に学生がアクセスできる環境が整っていることを評価する」としている。

　また，利用環境の整備状況の評価尺度としては，

　1）「学生が必要な情報に適時に容易にアクセスできるような環境にあること」
　2）「情報の取り揃え，需要量対応」

3)「アクセスのサポート体制」
4)「利用のし易さ（時間帯や距離）など」があげられている[27]。

つまり、「法科大学院認証評価基準」によって法科大学院（ロー・スクール）における図書館の資料及び施設設備の充実とともに、法科大学院の図書館運営を担うスタッフの活動も評価の対象に含まれることになった。法科大学院の教育研究を支える図書館員には、法律情報と法律専門図書館の活動を担うに相応しい専門的知識と技術が求められる。こうして「法科大学院の教育と司法試験などとの連携などに関する法律」と「法科大学院認証評価基準」が法律情報専門職（ロー・ライブラリアン）の存在に積極的な裏づけを与えていると解釈できるだろう。

(2) パラリーガル

法律事務所や企業の法務関係部門で働く弁護士、弁理士その他の法律関係の公的資格を持つ法曹関係者の仕事をサポートする職業として最近注目を集めているのが、パラリーガルまたはリーガル・アシスタントである。米国にはパラリーガルの養成機関があり、The American Association for Paralegal Education[28]（AAfPE）や National Federation of Paralegal Association[29]（NFPA）を結成している。NFPAでは、パラリーガルとは法的概念の知識を必要とし、その分野の教育あるいは養成プログラムによって一定の能力を認定されるか、弁護士の指導のもとでの実務上の経験を積んだ人のことであり、弁護士あるいは法律事務所、行政機関等の機関で雇用されて働いているか、または司法機関の権限によって認定された人のことである、と定義している[30]。

我が国でもパラリーガル養成コースが増加の傾向にある[31]。龍谷大学キャリア開発部ではアカデミック・インターンシップの講座として「法律実務論」「特別講義Ⅱ（法律事務実務Ⅱ法律実務事務講座）を開講している[32]。テンプル大学日本校ではリーガル・アシスタント養成講座を開講している[33]。株式会社リーガルフロンティア21ではパラリーガル養成講座を開講し、通信講座をも実施している[34]。これらの大学、専門学校はいずれも文部科学省管轄の学校法人である。

(3) 法律実務研修

　法務省が管轄する公益法人，日弁連法務研究財団は，法律実務関係者に対する継続的な法律実務研修を行っている[35]。そこには弁護士，裁判官，検察官，学者（研究者），公認会計士，税理士，弁理士，司法書士や企業の法務担当者など法律実務家が講師として参加し，具体的な事例，つまり人と人，人と法との間で発生する事案が扱われている。因みに，これまでの研修テーマには次のようなものがある。

　1）コーポレートガヴァナンスと法律実務
　2）消費者破産の実態と個人債務者再生手続法
　3）不正競争防止法及び著作権法をめぐる諸問題
　4）マンションの建て替えをめぐって
　5）労働法の実務
　6）行政訴訟・税務訴訟の実務
　7）企業における法令遵守体制の考え方の実践方法

　これらはいずれも実際に起こり得る事案を想定し，該当する法律，法解釈，適応事例など幅広いケース・スタディを中心とした内容である。

　このように法律事務職，法律実務事務，法律実務秘書，パラリーガルあるいはリーガル・アシスタントなどの法律事務専門職の養成は各地で行われている。また，法律事務専門職を支援するホームページも開設されている[36]。

(4) 法情報学

　近年，全国各地で「法情報学」の科目を開講する大学が増えている。門昇は，それらは法学部を中心として開講されているが，「法情報学」とは名ばかりで，パソコン教室のような授業もあると指摘している。また門は，我が国の「法情報学」の授業内容は，いずれもドイツの Rechtinformatik（Juristische Informationswissenschaft），あるいは米国の Law and Computer のレベルに達していないと指摘している[37]。つまり，法学部を中心として行われている「法情報学」の内容は，現在のところ，ロー・ライブラリアンや法律事務職養成プログラムではなく，まして日本司法支援センターにおける法律情報専門職養成のプログラムでも無い。もともとロー・ライブラリアンは大学等における法

律の教育，研究，調査を支援する専門図書館員であって，日本司法支援センターで行われる，法曹関係者，法曹隣接分野関係者への支援と住民に対する法律情報サービスを担うものとは考えられていない。しかし，法学部が法律情報専門職の養成を目標の一つに掲げ，法律学と図書館情報学との複合プログラムを提供するようになれば，状況は一変するであろう。

　現在のところ，日本司法支援センターにおける法律情報支援サービスを担当する法律情報専門職の資格条件，養成プログラム，養成機関などに関する情報は見当たらない。しかし，法務省管轄の公益法人や法曹関係団体が独自の養成機関を設置するか，それらの団体が専門学校との提携によって資格制度の確立や養成機関の設置に動き出す可能性は否定できない。
　平成12年から財団法人日弁連法務研究財団と社団法人商事法務研究会によって全国一律の「法学検定試験」[38]が実施されていることにも注意を払う必要がある。法律実務研修と法学検定試験を実施しているこれらの公益法人が法律情報専門職の資格認定制度と養成システムの確立を法務省に働きかけることは容易に考えられることである。それが実現すると，文部科学省管轄の大学における法情報学教育から法律情報専門職を生み出すことはなかなか困難であろうと思われる。

4．図書館情報学教育と法律分野の主題情報専門職

（1）　LIPER「改革案の提言」と主題情報専門職教育

　LIPER報告書には「図書館情報学教育改革案」と「図書館情報学検定試験」からなる改革案が提示されている[39]。カリキュラム改訂案では，コア科目の基盤の上に，図書館設置母体の特性を念頭においた専門情報職領域として，公共図書館，学校図書館と大学図書館の特殊問題を置いている。さらに「個別情報領域は，主題や情報メディアの形態，利用者という観点から特定できる情報領域を設定し，それを支えるディシプリンやプロフェッションについての知識，そこでの情報の発生から流通，人間の情報行動についての知識，情報サービスの方法およびそれを支える情報技術などにわたる複数の科目からなる科目群を

学ぶものである」として，医学医療情報，障害者サービス及び法律情報を例示している。この3種について「現時点では情報専門職領域とするほどの制度的な背景をもっていないが，なかには将来的に情報専門職領域に発展する可能性をもつものもある」と述べている[40]。

我が国の情報専門職養成教育は「図書館法」（昭和25年）による司書及び司書補と「学校図書館法」（昭和27年）による司書教諭の養成を目的としている。学校図書館及び専門図書館，大学図書館など学術図書館で働く情報専門職の公的資格や養成機関に関する規定は無く，「省令科目」による養成教育が準用されているに過ぎない。

現在では，情報メディアは多様化かつ多層化し，情報と人との関わりも多様となっている。平成9年には情報社会の動向の変化を反映させた「省令科目」の内容の見直しが行われたが，図書館情報学教育の現場に劇的な変化は見られない。平成6年にはDublin Core Metadata Initiativeが発表されたが，電子化された情報の組織化への取り組みについても司書養成教育は遅れをとっていることは否めない事実である。

現状ではLIPER報告書が提案している情報専門職養成プログラムを大学院に開設する先駆的な大学が現われる可能性は低いだろう。日本司法支援センターの法律情報専門職の養成を図書館情報学教育機関が担うという可能性も，現状では難しいと言わざるを得ない。

しかし，大学図書館の現場からは別の声も聞こえてくる。国立国会図書館は平成15年度から図書館員の研修に関する調査を実施しているが，平成17年8月に発表された「図書館調査研究リポートNo.5 図書館職員を対象とした研修の国内状況調査」では，筑波大学における文部科学省主催の「大学図書館職員長期研修」との関係で行われたヒアリング調査の結果が収載されている。この調査結果には，国立大学図書館員が国会図書館側に要望していることとして，児童図書館員，医学図書館員の養成とともに「法律図書館員の養成講座を開催すること」が含まれ，国立国会図書館からの講師派遣が求められている[41]。しかし，ここには養成プログラムの内容についての言及は無い。同じ調査リポートには専門図書館協議会の研修についても触れられている。専門図書館協議会が独自に行っている研修事業のうち，平成13年度のビジネス支援情報講座のプロ

グラムには「法律情報探索」と「情報専門職が知っておくべき法律・法務情報」が含まれている[42]。

大学図書館の現場では，法科大学院設置とも関連して図書館活動として法律情報支援サービスを実施する必要性を感じていると思われる。

（2） 専攻課程の名称変更

LIPERの研究に先立つ1999年から2002年にかけて，北米においてはKALIPER (Kellogg-ALISE Information Professionals and Education Reform Project) による図書館情報学教育における情報専門職教育の再検討が行われている[43]。北米の図書館情報学教育研究機関の連合組織 ALISE (Association of Library and Information Science Education) におけるこの数年の顕著な傾向として，加盟機関の減少（2006年度の機関会員数は56大学）と専攻課程の名称変更が挙げられる。多くの大学の専攻課程名から，Library の名称を外す傾向が見られる。たとえば，2006年度のALISEの機関会員で，かつALAのAccreditation 認可56大学のうち，13大学の専攻名からLibrary の字句が消えている。以下に列挙してみる。

- Albany, State of New York : School of Information Science and Policy
- Drexel : College of Information Science and Technology
- Florida State : School of Information Studies
- Maryland : College of Information Studies
- Michigan : School of Information
- Missouri-Columbia : School of Information Science and Learning Technology
- Pittsburgh : School of Information Sciences
- Syracuse : School of Information Studies
- Tennessee : School of Information Sciences
- Texas at Austin : School of Information
- Toronto : Faculty of Information Studies
- Washington : Information School

Western Ontario：Faculty of Information and Media Studies

このほか，ALISEから脱退したUCLAもGraduate School of Education and Information Studiesへと名称変更している。

このことは北米の各大学の情報専門職教育では，従来型の図書館専門職教育から情報社会が求める幅広い情報専門職のニーズを受け入れる方向に向かっているためと考えられる。この名称変更は，情報通信技術の発展と情報の電子化の波が従来型の図書館と図書館情報学教育に与えている影響の大きさを反映している証左であるとも言えるだろう。

5．情報アクセス行動の変化と図書館情報学教育の再構築

ここ数年の間に利用者の情報アクセス行動に見られる変化がいくつか報告されている。土屋俊はCMUの調査結果から次の変化を指摘している。
1) 83%の学生が図書館の開館時間の制限が自由な情報入手を妨げていると考えている
2) 75%の学生がインターネットでの情報収集は時間の節約になると評価している
3) ほとんど全ての学生がインターネットを利用している
4) 93%の学生が図書館に行くよりもインターネットで情報を得るようになっている

ことなどである。[44]

また，OCLCによる学生の利用行動の変化に関する調査結果では，70%の学生がeTextなどのインターネット情報資源に依存していることが示されている[45]。

Leigh Watson-Healeyは大規模な調査から，利用者の情報アクセス行動に大きな変化が起こっていることを明らかにした[46]。それによると，利用者の情報アクセス行動の変化は次の6つの点で顕著である。
1) 情報を図書館員に頼らず自分で探す傾向が増大している
2) オンライン検索への依存傾向が増大している
3) Peer-to-Peer（P2P）の情報共有が公私ともに進んでいる

4）情報をパッケージ単位にまとめ買いすることから個別買いの流れが加速している
5）必要な時に，必要な場所で情報を求める傾向が強くなっている
6）利用者は「最善の情報」を求めるのではなく「ほどほどの情報」で満足する傾向にある

これら情報アクセス行動の変化は，情報機器やインターネットの普及，ウェブ上にある電子情報の膨大化と高度化に拠るものであることは勿論のことである。Watson-Healey は，同じ報告の中で，11565人の利用者が今後に期待する図書館サービスとして，

1）情報検索技術の指導訓練（＋24％）
2）図書館に行かなくてもデスクトップで情報を得ること（＋17％）
3）特定テーマに関する情報の示唆的サービス（＋15％）
4）館内にある情報や主題専門家を探す際のサポート（＋10％）
5）競争力ある知識の提供（＋10％）

などが求められていることを示している[47]。つまり，利用者は，自ら得られる範囲の情報については図書館サービスには依存しないが，それ以上の専門的な情報については，これまでとは違う，情報そのものを提供してくれる図書館サービスに期待していることの現われである，とは読み取れないだろうか。患者が医者の専門的知識や技術そのものの提供を期待し，安心してその専門性に委ねるように，利用者は図書館員の持つ専門的な知識や技術の提供，言い換えれば，図書館員の専門性に期待している，とは言えないであろうか。

利用者の情報アクセス行動の変化やさまざまな主題分野で情報専門職へのニーズの高まりが見られる中での情報専門職教育の再構築には発想の転換が必要である。米国議会図書館法律図書館の Ask a librarian のサイトには，提供できないレファレンス・サービスとして，法律助言・法解釈・法的実践に繋がる法解釈の分析・文献目録の編纂・法制史の編纂・学生の宿題への回答が挙げられている[48]。これらは我が国の図書館でも同様に利用サービスにおける禁忌とされている。

法律総合支援法第30条が掲げる司法支援センターでの法律情報支援サービス業務は，図書館のサービス業務で行われている，紙媒体の情報あるいはインター

ネット上に存在する情報の提示や情報の探し方の指導にとどまらない。そこでは，搾取，暴力，虐待，抑圧などなどから，法による保護や解決を求める人々の財産，生命，尊厳を守るため，法律と法制度を適用する最前線の対人サービスが求められている。そのサービスは司法支援センターの窓口で相談者に相対して行うだけでなく，状況によっては相談者とともにセンターの外に出て，事案の解決に向かうケースも予測されるだろう。

　ここには図書館における主題情報専門職の業務の範囲と社会的機能について再考すべき問題点がある。それは，図書館における主題情報専門職の活動は，1）米国議会図書館法律図書館が掲げている提供できないサービスを除く，人と情報とを結びつけるものに限定されるのか，2）状況によっては，助言，解釈，分析に留まらず，利用者が求める情報を求められる形で提供することも含まれるのか，3）主題情報専門職の仕事は情報を求める人が自ら情報を獲得するためのサポートにとどまるのか，などの点である。図書館では利用者サービスにあたって，米国議会図書館法律図書館のレファレンスサービスの禁忌を盾としてきた。また，教育の場でもそのように教えられている。しかし，この禁忌が主題情報専門職の活動には足枷となる可能性がある。これからの主題情報専門職には，利用者の情報アクセス行動の変化を読み取ることが必要であり，その変化とともに，これまでの禁忌を打ち破る，一歩踏み込んだ新しい解釈と積極的な活動が必要となるであろう。

6．結び：主題情報専門職養成と複合学位プログラム

　北米における学術図書館員の養成は，学部あるいは大学院で専門主題領域の教育を受けたものを対象とした情報専門職教育として行われている。多くの大学院では複合学位プログラムを提供している。複合学位プログラムとは，異なる2つの学部に所属して，双方の学位を同時に取得することのできる制度である。その名称もさまざまでJoint Degree Program（カトリック大学，アイオワ大学等），Double Degree Program（ニューヨーク州立大学，ウィスコンシン大学マディソン等），Dual Degree Program（インディアナ大学，ミシガン大学等）などがある。宮部[49]によれば，米国における図書館情報学関

係の複合学位プログラムは1970年代はじめに開始された。1990年代からは高等教育のコストの増大から大学院進学者の減少が拍車をかけたこともあり，図書館情報学と経営学，法学，歴史学，アーカイブズ学などとの複合学位プログラムや，教育学と法学，教育学と経営学などさまざまな複合学位プログラムが提供されるようになっている[50]。

　我が国の大学院教育において，図書館情報学教育と主題専門教育との複合学位を提供する可能性はあるのだろうか。LIPER報告書のカリキュラム改訂案には，Core科目を基礎として，さらに専門主題を選択することによって主題情報専門職の育成を狙うことが描かれている。それは日本司法支援センターの機能の一部を担うことのできる法律情報専門職の養成となり得るものであろうか。

　既に述べたとおり，法曹関係団体では財団法人日弁連法務研究財団が法律事務職のための研修事業と，全国一律の「法学検定試験」による法律情報専門職の資質向上の取り組みを行っている。法律関係の専門学校ではパラリーガルまたはリーガル・アシスタントの職種の確立を目指した実務的人材教育が行われている。これらにおいては，単に法律に関する資料や情報の収集，整理，活用という観点からのみではなく，人と人，人と法律の衝突する多様な事案を想定し，法律をどのように適用するのか，法律をどのように解釈するのか，人や法人とどのように対応するのかなどの教育が行われる。

　一方，大学の法学部等で開講されている「法情報学」の科目では法曹関係団体や法律専門学校のような，資格制度の確立や法律情報専門職を育成する明確な意図を持った教育は行われていない。

　図書館情報学教育の分野においては，LIPER報告書の提言に見られるように，コア領域と個別情報領域の区分によるカリキュラム構造の改訂と「図書館情報学検定試験」による情報専門職の制度化の方向が提言された段階である。個別情報領域の中に（法律情報）とは書かれているが「法律情報専門職」への具体的な言及はない。LIPER報告書は，総合法律支援法によって日本司法支援センターが設置され，そこでは同支援法第30条によって明文化された「情報及び資料を収集して整理し，情報通信の技術を利用する方法その他の方法により，一般の利用に供し，又は個別の依頼に応じて提供する」法律分野の主題情

153

報専門職の動きを視野に入れていないように思われる。

　図書館情報学における主題情報専門職の機能，位置づけ，養成教育は「図書館法」及び文部科学省の管轄のもとで検討が行われている限り，世の中の動き，例えば総合法律支援法に基づく日本司法支援センターで行われる情報サービスと法律情報専門職の業務及び資格認定制度の確立を含む一連の動きに先を譲ることになることを筆者は危惧している。

　主題情報専門職の育成及び確立は，図書館情報学の世界の中だけで検討され，実施策が模索されるのではなく，他の専門分野との連携のもと，複合学位プログラムの提供あるいは情報専門職大学院制度の確立を目標として，早急に検討に取り掛かり，実現が図られるべきと思われる。

　さもなければ，主題情報専門職の資格制度及び養成教育は，その主題を主管する省庁の管轄下の公益法人あるいは専門学校等が中心となって実施され，図書館情報学教育はその後塵を拝することになる可能性があるのではないだろうか。

注・参考文献

1) 「情報専門職の養成に向けた図書館情報学教育体制の再構築に関する総合的研究」研究グループ（代表上田修一）編「LIPER報告書」（日本図書館情報学会, 2006）(http://wwwsoc.nii.ac.jp/jslis/liper/report06/report.htm)
2) 文部科学省科学技術・学術審議会学術分科会研究環境基盤部会学術情報基盤作業部会「学術情報基盤の今後の在り方について」（報告）（研究振興局情報課学術基盤整備室, 2006）(http://mext.go.jp/b_menu/shingi/gijyutu/gijyutu4/toushin/06041015.htm)
3) 同上：2.5. (7)
4) 同上：3.5. (7)
5) 同上：
6) 首相官邸．IT戦略本部決定「IT政策パッケージ2005--世界最先端のIT国家の実現に向けて」
　(http://www.kantei.go.jp/jp/singi/it2/kettei/050224/050224pac.html)
7) 内閣府「消費動向調査全国，月次；平成18年3月実施調査結果.第6表　主要耐久消費財等の普及状況（一般世帯）」（経済社会総合研究所景気統計部，平成18年3月17日公表）(http://www.esri.cao.go.jp/jp/stat/shouhi/0603shouhi.html)

8) 総務省情報通信政策局総合政策情報通信経済室「平成17年通信利用動向調査の結果」
(http://www.johotsusintokei.soumu.go.jp/statistics/data/060519_1.pdf)
9) インターネット協会監修「インターネット白書2006」(インプレス R&D, 2006)
10) 総合法律支援法(平成16年法律第74号)
(http://kantei.go.jp/jp/singi/sihou/hourei/sienhou.html)
11) 同法第１章総則第１条(目的)
12) (財)法律扶助協会ホームページ(http://www.jlaa.or.jp/index.html)
13) (財)法律扶助協会「司法支援センターへの民事法律扶助事業の承継と残された課題」
(http://www.jlaa.or.jp/public/sogo/pdf/shokei.pdf)
14) ADR (Alternative Dispute Resolution) 裁判外紛争解決手続
15) 西村捨也. 米国議院図書館法律図書館のこと. びぶろす.7(6),1956. p.6-9.
16) 門昇.法律図書館管見；法科大学院、ロー・ライブラリアン、リーガル・リサーチ.法図連通信.36, 2004. p.3-5.
門昇.我が国におけるロー・ライブラリアンの未熟性と発展性.情報ネットワーク・ローレビュー.5, 2006. 05. 21-29.
17) 指宿信. 特集：法情報へのアクセス拠点としての図書館,法情報検索教育のいま・シラバスから見た我が国の法情報検索教育とその課題.現代の図書館.vol.42, no.4, 2004. p.230-235.
18) 中網栄美子. 特集：法情報へのアクセス拠点としての図書館,法情報調査におけるロー・ライブラリアンの役割・米国ロー・スクールを例に.現代の図書館. vol.42, no.4, 2004. p.222-229.
中網栄美子. 特集：法情報へのアクセス拠点としての図書館,法科大学院における法情報調査教育について.情報ネットワーク・ローレビュー. 4巻2号,2005. p.19-33.
19) 岩隈道洋. 特集：法情報へのアクセス拠点としての図書館,法律情報専門職の創造・職業的ロー・ライブラリアンの存在意義.現代の図書館. vol.42, no.4, 2004. p.215-221.
20) 早野貴文. 特集：法情報へのアクセス拠点としての図書館, 新しい司法の姿と法の図書館. 現代の図書館. vol.42, no.4, 2004. p.207-214.
21) 藤勝周次.図書館サービスの潜在力と司法情報提供・ロー・ライブラリアンの役割.リーガル・エイド研究.11,2005. p.67-84.
22) 藤倉皓一郎.ローライブラリーと法学教育：米国での経験から(講演). 情報ネットワーク・ローレビュー. 4巻2号, 2005. p.99-111.
23) 岡田孝子.法学情報教育における情報リテラシー概念の必要性.大学図書館研究.76,

2006, p.62-73.
24) 藤勝周次. 法情報サービス. 第20回大学図書館研究集会 (2005).
   (http://jla.or.jp/daigaku/happyouyoushi-Fujikatsu.htm)
25) 「法科大学院の教育と司法試験等との連携等に関する法律」(平成14年12月6日法律第139号)
26) 日弁連法務研究財団.法科大学院評価基準ほか認証評価事業に関する基本規定.
   (http://www.jlf.or.jp/work/dai3sha_2.shtml)
27) 日弁連法務研究財団.法科大学院評価基準—解説
   (http://www.jlf.or.jp/work/dai3sha/kijun-kaisetsu. 060718. pdf)
28) American Association for Paralegal Education (http://www.aafpe.org/)
29) National Federation of Paralegal Associations (http://www.paralegals.org/)
30) NFPA (http://www.paralegals.org/displaycommon.cfm?an=1&subarticlenbr=788/)
31) LEC 東京リーガルマインド (http://www.lec-jp.com/paralegal/index.html) 大阪YWCA専門学校 (http://www.paralegal-jp.com/)
32) 龍谷大学キャリア開発部 (「法律実務論」「特別講義Ⅱ (法律事務実務Ⅱ)」
   (http://career.ryukoku.ac.jp/intern/pg.html)
33) テンプル大学日本校 Certificate in Legal Assistant Training
   (http://www.tuj.ac.jp/newsite/main/cont-ed/certprog.html#cert05)
34) リーガルフロンティア21 (http://www.lifr21.com/paralegal/)
35) 日弁連法務研究財団研修事業 (http://www.jlf.or.jp/work/kenshu.shtml)
36) パラリーガルクラブ支援サイト (http://www.paralegal-jp.com/)
37) 門昇「法情報学関係講義一覧」
   (http://www.law.osaka-u.ac.jp/~kado/itiran.htm)
35) 日弁連法務研究財団法学検定試験 (http://www.jlf.or.jp/hogaku/index.shtml)
39) 前掲1). 第2部—改革案の提言
   (http://wwwsoc.nii.ac.jp/jslis/liper/report06/2teigen.doc)
40) 前掲1). 第2部 (http://wwwsoc.nii.ac.jp/jslis/liper/report06/report.htm)
41) 次の報告書の第2章第3節を参照。「図書館職員を対象とする研修の国内状況調査」(国立国会図書館, 図書館調査研究レポート no.5, 2005, 116p.)
42) 上記レポートの第2章第4節を参照。
43) KALIPER (http://wwwsoc.nii.ac.jp/jslis/liper/kaliper.html)
   Educating Library and Information Science Professionals for a New Century; The KALIPER Report (ALISE, 2000)
   (http://www.alise.org/publications/kaliper.pdf#search=%22KALIPER%22)

44) 土屋俊. デジタルキャンパスの実現；大学図書館と総合情報処理センター. 徳島大学図書館報.no.69, 2001, 6-8.
    (http://cogsci.l.chiba-u.ac.jp/~tutiya/Publications/pdf/01_01tokushima.pdf)
45) OCLC white paper on the information habits of college students; how academic librarians can influence students web-based information choices.
    (http://www.oclc.org/research/announcements/2002-06-24.htm)
46) Watson-Healey Leigh. The evolving contents user ; how libraries will need to adapt to serve a new kind of patron. KIT-CLIR International Roundtable for Library and Information Science.KIT-LC, 2004.
47) Watson-Healey Leigh. 同上
48) The Library of Congress. Ask a librarian.an online reference service from the Library of Congress. (http://www.loc.gov/rr/askalib/ask-law.html)
49) 宮部頼子.米国の図書館情報学教育.情報のかがくと技術. vol.40,no.50, p.313
50) 無名.Up to date アメリカ高等教育事情　プロフェッショナルスクールで拡大する複合学位プログラム.カレッジマネジメント.vol.19 no.6, p.41-43.

(上記 URL はすべて2006年12月27日確認)

アメリカにおける公立図書館の財源確保：
連邦補助金，住民投票，財団からの資金調達

福田 都代

1. はじめに

　公立図書館が住民の日常生活に欠くことができない資料や情報を揃え，質の高いサービスを提供するには，財源の確保は重要な課題である。図書館先進国であるアメリカにおいても利用者に対して高度なサービスを提供するため，電子情報源を含む資料購入費，職員の人件費とスキルアップのための教育研修費，IT機器や施設の維持費などをまかない，年々上昇し続ける運営費に対処しなければならない。

　1990年代後半期，アメリカ経済は好況期であったが，2000年以降，同時多発テロ，ハイテク産業の不況，イラク侵攻，ハリケーン被害など，図書館の予算にも少なからぬ影響をもたらす社会・経済・政治問題が発生した。そのため，運営費が削られ，分館の閉鎖，職員のリストラ及び開館時間の短縮に追い込まれた図書館も出現した。財政面で最悪の年は2003年で，いくつかの州が人件費の大幅削減を行った結果，図書館長のポストを空席のままにしたり，職員の新規採用を見送ったところもあった。本稿ではアメリカの公立図書館の財源について，連邦補助金，住民投票による施設拡充費や運営費獲得の試み，そして民間財団からの寄付金調達の3つの点から2000年度以降の状況を中心に概説する。

2. 公立図書館の基本財源

（1） 連邦政府からの補助金

　アメリカ連邦政府から支出される補助金は特定補助金と包括補助金があり，交付対象を特定分野に限定する前者が大半を占めている。特定補助金はさらに，定式補助金，プロジェクト補助金，定式－プロジェクト補助金，無制限償還補助金の4種類に分けられる。[1] 現在，図書館に対しては「図書館サービスおよ

び技術法（以下 LSTA と略）」という時限立法に基づいて各州の図書館に割り当てられる連邦補助金が存在する。LSTA は，1996年に図書館の IT 化や高度な情報サービスの充実を目的として制定され，当初は2002年までの適用だったが，2006年に適用年限がさらに延長された。LSTA から支出される連邦補助金は，特定補助金に該当し，各州の図書館担当局を通じて，州の人口をもとに配分される。

　公立図書館が新たなプロジェクトの実現をめざし，連邦政府の補助金を求めようとする場合，博物館・図書館サービス振興局（IMLS）や全米人文科学財団（NEH）など連邦機関が提供するプロジェクト補助金に出願する方法がある。図書館に対するプロジェクト補助金は毎年決められた予算範囲の中で，限られた数しか提供されない。したがってプロジェクト補助金に申請する場合には，どの政府機関からどの分野で補助金が提供されるかについて事前調査が必要となる。近年，補助金関係の情報は各機関のホームページ上で出願方法や条件について入手できるようになり，手続きの詳細について知ることができるだけでなく，出願書類までダウンロードすることも可能になった。連邦政府機関からのプロジェクト補助金に関しては全国の図書館から応募が殺到するため，厳しい選抜競争を経なければならない。運よく補助金を獲得できた場合は，当然のことながら出資を受けたプロジェクトに関する会計管理記録を詳細に示し，どの程度目標が達成されたかを報告するよう要求される。

（2）　州と地方自治体からの財源

　2003年における公立図書館の運営費は76％が地方自治体の税収，8％が州政府，1％が連邦政府の補助金から構成され，残る15％が財団や個人からの寄付金やその他の財源によってまかなわれた。[2] アメリカでは日本のように国から地方に与えられる地方交付税は存在しないため，公立図書館にとって，自治体と州政府からもたらされる税収が最も重要な財源となっている。自治体の税収から計上される予算は，住民が所有する不動産など資産評価額の1000分の1（ミル税と呼ばれる）に基づくが，一部の州では売上税や特別目的税も加えられることがある。加えて，雑収入である図書館の特別なサービスに適用される料金（予約サービス，視聴覚資料の貸出など）や延滞料なども運営費に組み込

まれる。2003年の図書館運営費全体の69％は人件費，17％は資料購入費，14％が通信費その他に支出された。[3]

　州政府や自治体からの資金は，主に図書館の運営費や建物の維持費（修繕費および光熱費）に当てられる。アメリカでは図書館の増改築に要する費用や運営費の増額が必要になると，州や地方自治体からの資産税や一般売上税の増税について民意を問うために，住民投票を実施することがある。また，公債を発行することによって，図書館の建設や増改築および運営費を補填するよう住民投票にかける自治体もある。しかし，州法の規定で公債の発行を禁止していたり，公債の発行額に限度額を設けている州もあるため，すべての州で公債の発行が認められるわけではない。[4] また，住民投票に頼らず，署名活動を展開して，図書館施設の拡充や運営費の増額を請願する方法をとる自治体もある。

3．公立図書館に出資する連邦機関

（1）　博物館・図書館サービス振興局（IMLS：Institute of Museum and Library Services）

　この連邦機関は1996年の「博物館および図書館サービス法（公法104-208）」の成立により，博物館研究局（Institute for Museum Studies）と教育省におかれていた図書館プログラム部（Office of Library Programs）を統合して設立された。アメリカ国内の図書館約12万2000館と博物館約1万7500館に対して補助金を提供することが主要な役割である。現在，LSTA に基づく特別補助金は，この機関から各州政府の図書館担当機関を経由して提供されている。補助金の助成対象は内蔵歳入法の規定によって免税措置が受けられる公立・私立の非営利組織であり，対象地域はワシントンDC と全米50州，プエルトリコ，グアム，アメリカ領サモア，ヴァージン諸島，北マリアナ諸島，マーシャル諸島，ミクロネシア，パラオにまで及ぶ。[5]

　LSTA は2006年に5ヵ年計画に改定され，以下の目標を掲げている。
　①　さまざまな形態の情報と教育資料にアクセスするためのサービス拡充
　②　地域，州，国内，国際的な電子的ネットワークを通じて，利用者が情報へアクセスすることを保証する

③ すべての館種に対し,電子情報源を提供する
④ 図書館以外の機関やコミュニティ組織とのパートナーシップを広げる
⑤ さまざまな地理的・文化的・社会経済的背景をもつ個人,障がい者,限られた識字能力や情報スキルしかもたない人々を対象とする図書館サービスの提供
⑥ 図書館利用が困難な人々やサービスが受けられない地域の人々,特に一定水準以下の収入レベルにとどまる家族やその児童に対する図書館情報サービスの提供に重点をおく

LSTA は以前の LSCA(図書館サービスおよび建設法)が明記していた図書館サービスの拡充という目的を継続しつつも,LSCA のように図書館の建設や増改築に対する補助金支出については適用されない。現在,IMLS から出資される LSTA 関連の補助金は,図書館の所蔵資料の電子化と所蔵資料へのアクセス向上,地域とのパートナーシップの確立,図書館サービスの浸透度が低い先住民を対象とするサービスの充実の3点に集約されている。助成対象は公立図書館だけでなく,学校図書館,大学・研究図書館,電子図書館,図書館コンソーシアム,地域の図書館協会などあらゆる館種の図書館と図書館の連合体に及んでいる。

2001年から2005年にかけて IMLS が出資した補助金の支出総額と図書館向けの支出額は表1に示すとおりである。図書館への支出額は年々増加しているが,図書館向け補助金の中には博物館と協同で実施されるプロジェクトも一部含まれる。

表1

年	全体の支出総額	図書館への支出額
	万ドル	万ドル
2001	2億 800	1億6,300
2002	2億2,500	1億6,400
2003	2億4,700	2億1,400
2004	2億5,500	2億 700
2005	2億8,100	2億2,200

出典:Budget of the United States government : appendix, Fiscal year 2003, 2004, 2005, 2006, 2007.

IMLS の予算総額は2006年度が2億1,060万ドル，2007年度は2億2,090万ドルである。次に IMLS が助成対象とするプロジェクトの種類をあげる。

　①　各州に対する補助金（State Grants）：近年の予算は2006年の1億6,370万ドルから2007年には1億7,150万ドルに増額され，各州に対する割り当て額は平均68万ドル程度である。LSTA が制定された頃は約34万ドルであったから，現在はその2倍の額が支給されていることになる。2007年度予算の中にはワシントン DC における公立図書館再生プロジェクトに対する3,000万ドルの補助金が含まれている。[6]

　②　図書館に対する国家リーダーシップ補助金（National Leadership Grant for Libraries）：この補助金は以前，教育省から支出されていたが，現在，IMLS を通じて提供されている。この補助金は主に図書館情報学教育と研究の支援，図書館資料の保存と電子化，図書館と博物館との連携プロジェクト，識字教育の推進など全国的に必要と認識される事業を推進する図書館を対象に配分される。2006年度予算は1,240万ドルで，2007年度予算は1,290万ドルに増額された。

　③　ローラ・ブッシュの21世紀の図書館員養成推進（Laura Bush 21st Century Librarian Initiative）：このプログラムは，2002年にローラ・ブッシュ大統領夫人が首唱して開始された。2003年度から1,000万ドルの予算が配分され，2007年度予算からは2,500万ドルが支出されることとなった。大統領夫人は，Monthly Labor Review に掲載された記事を引用し，現在の図書館員の57％が45歳以上に達しており，今後10年以内に退職することが予想され，将来，図書館サービスのレベルを維持する上で若い専門職員の補充が不可欠であると主張して，実現に至った。[7] まず高度な専門知識をもつ図書館員を確保するため，図書館情報学の学位をもたない準専門職の現職の図書館員に対し，学位取得のための奨学金を提供する。奨学金は1件あたり，5万～10万ドルの範囲で与えられる。また，現職者の大学院教育だけでなく，すでに MLS を取得している職員に対しても継続教育の機会を与える。また，図書館職員をめざす学生に対する奨学金としても与えられる。2002年から2005年にかけてすでに2,700人以上がこのプログラムによる奨学金提供の恩恵を受けた。[8]

　④　先住民に対する図書館サービスの改善（Native American Library

Service)：これは，図書館サービスの恩恵を受けにくいアメリカ・インディアンやハワイとアラスカの先住民に対するサービスの改善を目的として，補助金を提供する。基本補助金（Basic Grants）と機能強化補助金（Enhancement Grants）の2種類が提供されている。2006年度は先住民が住む237のコミュニティに対し，5,000ドルずつ配分された。加えて，図書館職員の資質向上や図書館サービスに対する専門評価に対して，それぞれ1,000ドルの補助金を申請できる。2007年度の予算には367万500ドルが割り当てられており，2006年度の363万8,000ドルに比べて増額された。

IMLSからは上記の公立図書館関連の補助金のほかに，「全米学習者のコミュニティ協力連携補助金（Partnership for a Nation of Learners Community Collaboration Grants）」，「博物館と図書館サービスに関する賞（National Awards for Museums and Library Services）」，「アメリカの宝を救おう（Save America's Treasure）」，「学校図書館を通じた識字の改善（Improving Literacy Through School Libraries）」に対する補助金も提供されている。

（2） 全米図書館情報科学委員会（NCLIS）とIMLSの関係

NCLISは元々，図書館に対して補助金を出す機関ではなく，図書館や情報サービスに対する政策提言と図書館サービスの達成度の評価といった役割を担う組織である。しかし，IMLSの発足後，政府側からNCLISの不要論が出ていた。そのため，NCLISは近年，職員の旅費や調査費のために使われる年間100万ドルの予算を獲得するにも困難をきわめている。NCLISは近年，図書館員に対し，健康問題への取り組みをすすめ，利用者に対して健康に関する情報の提供を奨励しており，隔年で「図書館に対する健康賞（Health Awards for Libraries）」を設定し，受賞者に2万ドルを提供している。[9] ブッシュ大統領は従来からNCLISが行ってきた図書館サービスに対する評価機能をIMLSに統合するよう勧告しており，2008年度中にはIMLSへの統合が実現される予定である。そうなると，IMLSは単に補助金の授与機関としての役割を担うだけでなく，補助金政策の評価機能までも担当することとなる。ALAを始めとする図書館関係団体は30年にわたるNCLISの活動を評価しており，従来からALAは，IMLSの役割は補助金の提供を主とし，プロジェクトの分析や評価

に対する資金はわずかであるという見解を示しており，NCLISの存続を支持する立場をとっている。[10]

なお，政府はNCLISの廃止のほかに，NCES（全米教育統計センター）の教育統計に含まれてきた公立図書館に関する統計データの集計についてもIMLSに委譲することを提案している。

（3） 国家人文科学基金（NEH：National Endowment for Humanities）

この連邦機関は1965年に制定された「国家芸術および人文科学財団法」に基づいて設置された。この法律に基づく機関としては国家芸術基金（NEA）もあり，両者の予算体系は独立している。NEHの目的は人文科学の分野における教育と学術活動の推進にあり，図書館も助成対象の一つに含まれる。NEHの助成対象は広範囲にわたり，図書館に対する補助金額と対象件数は、年々減少しつつある。特にIMLSの発足以降は図書館への助成団体としての役割は小さくなっている。加えてNEHの助成対象は近年，公立図書館よりも大学図書館に重点がおかれている。NEHの補助金の特徴は申請されたプロジェクトに全額出資するのではなく，他の財源からも資金を調達することを前提に，事業展開に必要な目標額の3分の1ないしは4分の1の金額を提供するマッチング補助金として与えられる点にある。ただしNEH補助金の利点は，図書館の運営費だけでなく，図書館員の人件費や研修費にも使えることである。

4．予算獲得のためのロビー活動とALA主導のキャンペーン

アメリカでは毎年5月上旬の一日を全国図書館立法の日（National Library Legislative Day）と定め，図書館員、図書館の理事達、図書館友の会など図書館支援者などが集まり，上院や下院の議員達との意見交換や交流の場がもたれる。2005年は45州から480名，32回目にあたる2006年には47州から525名がワシントンDCに集まった。図書館関係者が集まる主な目的は，次年度に向けたLSTAの予算の増額請求であるが，それ以外に学校図書館を通じた識字教育改善プログラムや愛国者法とプライバシーの問題なども討議される。

アメリカ図書館協会（ALA）のフリードマン前会長は2001年から実施され

た「アメリカの図書館を救うキャンペーン」を任期中の重点課題とし，2002年のアメリカ図書館界で起こった最も深刻な問題として図書館予算の削減をあげていた。[11] このキャンペーンが開始されて5年間にあらゆる館種に及ぶ2万以上の図書館が参加した。結果としてALAはキャンペーンに170万ドルを投資し，寄付やLSTAの補助金増額などを含め，投資した額の13倍に相当する2100万ドルを獲得できた。[12] さらにこのキャンペーンから@your libraryと命名したキャンペーンが全米各地で生まれている。ウィスコンシン州の図書館協会は2003年にキャンペーンツールとして，車に貼るステッカー，ボタン，趣旨に賛同する人々のeメールデータベースなどを考案し，オハイオ州でも同様に図書館を支援する人々のデータベースをつくる試みを実現しつつある。[13] また，ALAとメジャーリーグ協会がネット上で英語とスペイン語版の野球クイズを出題し，図書館員が問題の作成と，解答者に配布する商品を考案するというJoin the Major League@your libraryは野球が盛んなアメリカらしいキャンペーンである。「アメリカの図書館を救うキャンペーン」は「アメリカ図書館協会の2010年に向けた戦略プラン（ALA Ahead for 2010）」に引きつがれ，今後もさまざまな形で続行される予定である。

この他，ALAはワシントンDCに支部をおき，弁護士など法律に精通した職員を配置して政府の図書館政策に関わっていく努力をしている。ウェブサイト上でも全米の図書館の予算削減問題を取り上げ，「図書館の主張（library advocacy）」というスローガンを掲げ，各地の公立図書館や図書館財団，図書館友の会グループをも巻き込んで図書館の支援者を増やす活動を展開している。こうした組織的な連携や，政府関係者に直接陳情できる機会が与えられていることは図書館のための財源獲得には有効な手段の一つといえるだろう。

5．図書館運営費と施設の拡充に向けた住民投票

アメリカでは地域で多額の資金を要する公共事業を実施する場合，地域住民を対象に増税や公債の発行による出資の是非を住民投票で問う制度がある。公立図書館についても図書館施設拡充のための住民投票（Building Referenda）や運営費の増額を求める住民投票（Operating Referenda）が毎年，大小さま

ざまな規模の自治体で実施されている。ほとんどの州では賛成票が51％を超えると出資が認められるが，カリフォルニア州では「プロポジション13」という州法の改正が1978年6月に州議会で承認されてからは，住民投票による賛成票が3分の2を超えなければ，住民投票で可決されなくなった。その結果，カリフォルニア州では図書館への特別支出に関して問われる住民投票へのハードルが高くなった。しかし，カリフォルニア州では州が財政難であるにもかかわらず，毎年いくつかの自治体で住民投票が行われている。近年この州で話題となったのは，文豪スタインベックが利用したサリーナス公立図書館が閉館の危機にさらされながら，住民投票によって運営費を確保し，サービスを存続できたことである。

(1) 住民投票における戦略

一般に住民投票では地域住民への図書館の認知度を高めるための広報戦略が重視されている。地域住民に対して，新規の事業や運営費確保の必要性を知らしめるため，投票にかける前に電話調査などを行い，投票の実施によってどのくらいの得票を獲得できるか調査する自治体もあるという。限られた期間内でより多くの賛成票を得るためには地元メディアの協力を仰いだり，キャンペーン用の商品を制作して配布することがよく行われる。ただし，キャンペーンの経費として図書館の通常予算を使うことが認められていないため，他の財源からキャンペーンに要する経費を調達しなければならない。さらに図書館長や職員達だけでなく，地域の図書館ボランティアや児童・青少年の利用者の協力を得て，短期間で賛成票を求めるキャンペーンに動員する人員を集める人海戦術も採用される。住民投票で支持が得られても，州や自治体からの資金が事業実現のために必要な目標額に到達しない場合，個人や財団を対象に資金調達活動を推進することもある。他方，住民投票で否決された場合，同一年度内か次年度以降に再び投票に挑むこともある。

(2) 2000年から2005年に実施された住民投票の状況

ALAは，全米で行われた運営費の調達に関する住民投票と図書館の建設や施設拡充に関する住民投票の結果を毎年 Library Journal 誌上に発表してい

アメリカにおける公立図書館の財源確保:

表2 各州別の公立図書館における住民投票結果:2000〜2005年

州　名	運営費 可決	運営費 否決	施設費 可決	施設費 否決	総件数	備　考
アラバマ			2		2	
アラスカ			1	3	4	
アリゾナ			2	1	3	
アーカンソー	2	1	5		8	
カリフォルニア	17	11	9	2	39	
コロラド	8	5	5	8	26	
コネチカット	1	1	7	2	11	タウン・ミーティング2件
デラウェア				1	1	
コロンビア特別区						
フロリダ	3		3	1	7	
ジョージア			15	1	16	
ハワイ						
アイダホ	4	1	2		7	
イリノイ	9	25	6	8	48	
インディアナ			1			
アイオワ	4	1	7	1	13	
カンザス			3	3	6	
ケンタッキー			1		1	
ルイジアナ	21	3	2	2	28	
メーン	2			1	3	
メリーランド			1		1	
マサチューセッツ	19	9	27	6	61	タウン・ミーティング7件
ミシガン	38	8	10	9	65	
ミネソタ				3		
ミシシッピー						
ミズーリ	4	3	2		9	
モンタナ	3		2		5	
ネブラスカ	1		3	1	5	
ネバダ		1		2	3	
ニューハンプシャー	1		6	1	8	タウン・ミーティング2件
ニュージャージー			1		1	
ニューメキシコ			2		2	
ニューヨーク			19	7	26	
ノースカロライナ			7	1	8	
ノースダコタ	1		1	1	3	
オハイオ	38	9	11	3	61	
オクラホマ		1	4	2	7	
オレゴン	7	4	7	6	24	
ペンシルベニア	1	3	1		5	
ロードアイランド			4	1	5	
サウスカロライナ			1		1	
サウスダコタ						
テネシー						
テキサス	2	1	18	2	23	
ユタ			4	2	6	
バーモント	4		1	2	7	
バージニア			7		7	
ワシントン	5		4		9	
ウェストバージニア	9		1		10	
ウィスコンシン	1		4	1	6	
ワイオミング			1		1	

出典:Library Journal "*Public library referenda*" に掲載された各年度のデータをもとに作成
　　(注:2000年度は1999年7月〜2000年12月までに実施されたものを含む)

167

る。2000年から2005年にかけて実施された住民投票について，州ごとの件数を表2にまとめた。実施件数を州別に多い順から挙げると，ミシガン州の65件を筆頭にオハイオ州，マサチューセッツ州，イリノイ州，カリフォルニア州と続く。五大湖周辺の州が住民投票の実施に意欲的であることが伺える。

図書館施設拡充に関する住民投票を実施した自治体は46州に及び，1度も実施しなかったのはコロンビア特別区，ハワイ州，ミシシッピー州，サウスダコタ州，テネシー州だけである。まず州と地域の自治体から施設拡充の財源の確保を試みるが，州によっては州政府が地域の自治体に対し，住民投票による資金確保への支持を前提として，州の補助金を支出するという条件を提示してくる場合がある。施設の拡充が近年特に求められる理由として，館内のインターネット接続端末のスペースを確保する必要性や同時多発テロ事件の影響によって館内のセキュリティ強化に配慮せざるを得なくなったことが考えられる。

運営費に関して住民投票を実施した自治体は27州に及び，施設拡充の住民投票に比べて，実施した州は全体の半数程度にとどまった。コネチカット州，マサチューセッツ州，ニューハンプシャー州など東部3州の小規模自治体では住民投票ではなく，タウン・ミーティングによって是非を問うことがあり，この方法を採用した自治体では図書館に関する案件がほとんど可決されている。

図書館運営費に関する年度ごとの結果は**表3**に，図書館の施設費についての住民投票の結果は**表4**に示した。施設費に対する実施件数と支持率は運営費に対する住民投票件数と支持率を多少上回っている。2000年は住民投票の支持率

表3　公立図書館の運営費に対する住民投票結果：2000〜2005年

年　度	住民投票総数	可決率(%)	総額(ドル)	否決率(%)	総額(ドル)
2000	49	92	80,811,850	8	51,290,000
2001	13	69	5,530,255	31	1,186,500
2002	58	67	49,841,241	33	48,469,071
2003	48	69	73,314,966	31	25,279,792
2004	66	70	106,528,789	30	16,067,500
2005	58	57	42,037,667	43	20,657,914
合計／平均値	292	71	358,064,768	29	162,950,777

出典：Library Journal "Public library referenda" に掲載された各年度のデータをもとに作成
　　（注：2000年度は1999年7月〜2000年12月までに実施されたものを含む）

が8割台を維持してきた1990年代後半からの傾向を引き継いでいるが,2001年に実施された運営費に関する住民投票の件数は大幅に落ち込んだ。意外なことに,多くの図書館が財政難に直面した2003年の住民投票は両方ともある程度の成果を達成した。

表4 公立図書館の施設費に対する住民投票結果:2000～2005年

年 度	住民投票総数	可決率(%)	総額(ドル)	否決率(%)	総額(ドル)
2000	64	91	839,888,318	9	31,973,500
2001	41	80	216,528,000	20	57,260,000
2002	43	60	236,568,317	40	193,750,000
2003	59	76	303,157,635	24	131,304,860
2004	49	69	416,331,000	31	139,884,000
2005	48	52	226,477,644	48	233,500,000
合計／平均値	304	76	2,238,945,914	24	787,672,360

出典:Library Journal "Public library referenda" に掲載された各年度のデータをもとに作成
(注:2000年度は1999年7月～2000年12月までに実施されたものを含む)

表5に住民投票やタウンミーティングを実施した自治体のサービス人口別の分布状況を示したが,運営費と施設費のいずれについても人口1万人から5万人までの自治体における実施件数が最も多い。サービス人口が100万人以上の

表5 公立図書館の人口別住民投票実施数:2000～2005年

	人口／年度	2000	2001	2002	2003	2004	2005
運営費	1万人以下	8	4	6	9	8	10
	1万～5万人	20	6	31	21	42	31
	5万～10万人	12	2	8	2	4	4
	10万～50万人	7	1	7	15	7	12
	50万人以上	0	0	4	1	5	1
	不 明	2	0	2	0	0	0
施設費	1万人以下	10	8	10	13	10	15
	1万～5万人	29	22	18	30	18	23
	5万～10万人	5	6	3	4	9	0
	10万～50万人	9	4	8	9	8	7
	50万人以上	5	1	2	3	4	3
	不 明	6	0	2	0	0	0

出典:Library Journal "Public library referenda" に掲載された各年度のデータをもとに作成
(注:2000年度は1999年7月～2000年12月までに実施されたものを含む)

自治体における実施数は多くないが，住民投票を実施したうちでサービス人口が最大だったのはテキサス州ヒューストン公立図書館の192万4千人（目標額4,000万ドル）で，他方，人口が最も少なかったのはアイオワ州のレッツ公立図書館の392人（目標額1,300ドル）であった。前者は賛成票を得られたが，後者は否決された。

一般に好景気のときは住民投票で賛成票を得やすいといわれている。2002年は1988年以来，住民投票の支持率が低い年となったが，オレゴン州ではハイテク産業の不況によって，住民投票が成功しなかった自治体が目立った。ALAの調査によれば，夏季休暇中や寒い時期を避けて9月から11月にかけて住民投票を行う方が成功率が高いとのことである。[14] 例えば，春や夏に否決されても秋以降に再度，住民投票を実施して，可決した自治体がいくつか見られた。

図書館の施設拡充では14館，運営費では36館が6年間に2～3回投票を実施して，その是非を問うている。図書館単独ではなく，中央図書館や地域の図書館システムおよび分館単位で住民投票に挑んだケースもみられた。最高額を勝ち取ったのはオハイオ州クリーブランド図書館が2003年に実施した運営費に関する住民投票で，当該図書館の予算の54％にあたる3,130万ドルを確保できた。

最近の傾向として，住民投票に先だって，地域の広告会社に協力を求めたり，図書館のウェブサイト上で住民投票に参加を促す試みを行っている自治体が出てきた。2003年にはコロラド州で広告費に9万ドルもかけ，費用をかけすぎたという悪印象を与えて，住民の支持を得られなかったケースもあった。対照的に，同年，コロラド州で住民投票の支援グループが8,000ドルのキャンペーン費用を使いながら，増税反対のグループが2万8千ドルを投じて，メディアを使ったキャンペーンを展開し，図書館建設の住民投票を否決に追い込んだケースがあった。

6．民間財団からの資金調達

アメリカでは自治体やさまざまな分野の非営利組織が，財源の獲得や新しいプロジェクトの着手のために，個人や財団からの寄付により，資金を調達することも活発に行われている。調達するものは現金だけでなく，不動産，株，債

券，図書資料およびIT機器など資機材も含まれる。個人や財団からの資金調達は大学図書館が公立図書館に先駆けて行い，実績を積んできたが，1980年以降，アメリカ各地の公立図書館でも個人からの寄付や企業財団からの補助金獲得を積極的に推進し，図書館サービスをさらに充実させるための経費を捻出して予算不足に対処しようとする動きが起こってきた。ALAも実際に運営費や調査研究活動のために，いくつかの財団から補助金を受けている。最近は資金調達専門の会社やコンサルタントに出願手続きを依頼する図書館もあるという。

　ニューヨークに本部をもつ財団センター（The Foundation Center）はアメリカの企業・家族財団および地域財団などから出資される補助金に関するデータを収集し，公開する機関であり，1956年に設立された。このセンターはサンフランシスコ，ワシントンDC，クリーブランドおよびアトランタに支部をおいている。センターが隔年で刊行している最新版の「図書館と情報サービスに対する補助金 2005／2006年版」[15]には2003年と2004年のほぼ2年間にわたる図書館，情報センター，アーカイブズおよび各種のリソースセンターなどを対象に1件あたり1万ドル以上を寄付した財団の名前とその補助金の受給機関及び受給額が公表されている。なお，1万ドル以下の小口の補助金については掲載されていない。この資料には647財団からの総額4億4,246万ドル以上の補助金が記載されており，中でもビル・アンド・メリンダ・ゲイツ財団からの寄付金額は8,356万ドル以上に達し，全体の18%を占める。この財団は図書館のIT化促進のため，コンピュータやソフトウェアを国内外の図書館に寄付してきたことで知られている。2005年にこの財団は1997年から2000年にかけて寄付したIT機器を更新するために，大規模な補助金プログラムを用意していることを発表した。[16] 図書館に対する寄付財団の多い州は，ニューヨーク州（110財団）を筆頭として，カリフォルニア州（65財団），テキサス州（37財団），イリノイ州（35財団）ミシガン州（28財団）と続く。大企業が本拠をおく州に多いことがわかる。

　この資料から公立図書館関係の補助金だけをみると，2年間に公立図書館に提供された補助金は2,780件中780件を占め，総額は9,077万2,584ドルにのぼり，補助金総額のほぼ2割程度を占めた。公立図書館へは412件，5,836万63ドルが提供され，図書館財団や図書館理事会，地域の公立図書館協会およびコンソー

シアムに対しては368件，3,241万2,521ドルが提供された。補助金の使途についてはすべて記載されていないが，おおむね図書館施設の増改築と施設の補修費の補助，IT機器購入，資料購入費，職員の研修費や人件費を含む運営費，児童の夏季読書プログラムや識字教育関連プログラムを実現するために提供されている。財団からの補助金を最も多く受け取ったのは資金調達活動の経験豊富なニューヨーク公共図書館であり，受領金額は1,661万ドル以上に達した。

7．おわりに

ALAの研究・統計局（Office for Research and Statistics）は公立図書館を対象に行った興味深い調査を2005年秋に発表した。データは2003年から2006年度の予算状況についてまとめ，さらに2007年度に向けた財政予測についてふれている。調査対象となった公立図書館のうち，半数以上を占める58.2%が今後の財政状況は変わらないだろうと楽観的に回答しているが，32.4%は地域の税収が改善されるだろうと答え，残る9.4%は予算が削減される危険性をはらんでいると回答した。[17] 2003年に比べると近年の公立図書館の資料購買力は上昇したという報告もあるが[18]，現在問題となっている石油価格高騰が公立図書館の光熱費，建設費，職員の旅費及び移動図書館サービスの運営費などに少なからぬ影響をもたらすだろう。

また，健康保険の負担や年金の受給額の増加によって，自治体財政がひっぱくし，公立図書館の予算が削減されている州もいまだに存在する。公立図書館を取り巻く財政状況は常にさまざまな要因に左右され、予測は不可能ではある。しかし，住民投票への支持率や図書館へ貢献する財団の数など州間格差を抱えつつも，予算の削減を否定的に捉えて落胆するだけでなく，常にサービスの向上をはかるため，新たな財源獲得に向けてさまざまなアイデアや手法を駆使しようとするアメリカの図書館関係者の積極的な努力には学ぶべき点が多い。さらに専門職の図書館員養成についても将来を見越した連邦補助金の投資という先見性も見習わねばならない点だと考える。結局，図書館に必要な「カネ」は「人」と「モノ」に投資されてこそ，生きてくるのである。

参照文献

1) 岡本英男. アメリカ連邦補助金制度の展開と矛盾（上）. 東北学院大学論集, 92号, 1983年, p.16.
2) Borges, Michael. Library advocacy starts at home. Bottom Line. vol.18, no.3, 2005, p.110.
3) Clevinger, Charity L. Public library circulation and expenditures increase in 2003. American Libraries, November 2004, p.48.
4) 小泉和重. アメリカ連邦制財政システム. 京都, ミネルヴァ書房, 2004年, p.194 (ISBN4-623-03973-0)
5) IMLSのホームページ (http://www.imls.gov.) に補助金の種類と詳細が記載されている。
6) President's 2006 and 2007 budgets boost library funding. American Libraries, March 2005, p.11
7) Late Bulletins. Library Journal, February 1, 2002, p.15.
8) IMLS funds $21 million in recruitment programs. American Libraries, August 2005, p.13.
9) Perdue, Mitzi. A critical need: libraries can play a crucial role in helping people with substance abuse problems. American Libraries, March 2006, p.43.
10) NCLIS is not funded in budget. Library Journal, 1 March 2002, p.17.
11) Fitzsimmons, Eileen. Spotlight on financial issues. Bottom Line, vol. 16, no. 2, 2003, p.78
12) Davis, Deborah. Looking back, moving forward @your library. American Libraries, June/July 2005, p.75.
13) Hennen Jr., Thomas J. Stand up for libraries. American Libraries, June/July 2005, p.47
14) Gold, Anne M. By the people : library referenda 2004. Library Journal, March 15, 2006, p.40.
15) The Foundation Center. Grants for libraries and information services 2005/2006. New York, The Foundation Center, 2005, 162p. (ISBN 1-59542-073-8)
16) Oder, Norman. Ripple effects : budget report 2006. Library Journal, 15 January, 2006, p.59
17) Forecast for 2007 : barometer steady ; windfalls possible. American Libraries, March 2006, p.28-29
18) Hoffert, Barbara. Budgets rebound : book buying survey 2006. Library Journal, 15 February, 2006. p.38

公立図書館基準再論

池内　淳

1. はじめに

　これまで，我が国では，さまざまな公立図書館に関する基準，もしくは，それに類する政策資料が策定・公表されてきた。また，それら基準に言及した著述も少なくない。その一方で，既存の基準群を通覧し，比較検討を加えた例は多いとはいえない[1]。一口に公立図書館基準といっても，その目的・趣旨，構成・内容等は一様でないし，それらが策定された当時の公立図書館の社会的位置づけ，市民の期待，情報環境と技術，地方財政の状況といった環境的要因が色濃く反映されていることもいうまでもない。加えて，基準という概念，及び，基準に対する認識そのものが変容し続けている点も指摘されるだろう。そうした相違にもかかわらず，既存の基準群を概観し，その底流にある共通の論点を抽出して考察を加えることには一定の意義が存在すると考えられる。本稿の目的は，そうした作業を通じて，図書館経営や図書館政策において効果的な公立図書館基準とはどのようなものであるか，あるいは，依然として，公立図書館基準は効果的なもの足り得るのかについて論じることである。

2. 基準の定義について

　基準について論じる際に，まず，その定義から始めようとすることは妥当であろうし，以下の論考において，筆者の想定する基準がどのようなものであるのかを明らかにするためにも有効であると思われる。古今，図書館基準の定義について述べた例は多く，その指示する内容はさまざまであるから[2]，本稿において，それらを逐一例示することは控えるが，ここではまず，必ずしも網羅的ではないものの標準的な定義としてしばしば言及される，南アフリカ図書館協会（SALA）によって1968年に示された古典的定義を引いておきたい[3]。

図書館基準とは，図書館サービスを測定し評価するために用いられる拠り所である。それらは，専門の図書館員によって，彼／彼女ら自身が達成し維持し続けるための目標として策定されるものである。基準とは，図書館員のみならず，図書館サービスの計画と経営に間接的に携わる一般の人々によって，(1) 一つの理想像，(2) 手続きのモデル，(3) 評価のための尺度，(4) 将来の発展と改善のための刺激，(5) 意思決定と行動を支援するための道具などとして，さまざまに解釈され得るものである。

　基準という用語を定義することは，基準とそうでないものとを概念的に弁別しようとする試みであるが，その境界線は曖昧なものとなっている。ハーシュ(Hirsch)[4]は，中でも，「基準」と「ガイドライン」との混同がしばしば見受けられることを指摘している。例えば，アメリカ図書館協会（ALA）の『基準マニュアル』[5]によれば，「基準」とは"図書館における共通の価値とパフォーマンスの原理を記述する指針"であり，「ガイドライン」とは"基準に照らして有効であることが明らかな手続きによって構成されるもの"とされている。以上の定義はやや抽象的であるから，『基準マニュアル』に示された他の記述を参考にして，「基準」と「ガイドライン」とを**表1**において対照させた。

表1　「基準」と「ガイドライン」との比較

	射程範囲	量的基準	構成要素
基　　準	網羅的	質的＋量的	目標・規範
ガイドライン	概ね特定的	質的記述	手続き・枠組み

　ここで想起されるのは，国際図書館協会連盟（IFLA）の例であろう。IFLAでは，1958年の公共図書館のサービス基準に関する報告[6]を嚆矢として，1973年に『公共図書館のための基準』(1977年改訂)[7]を策定したが，これは，1986年の『公共図書館のためのガイドライン』(2001年改訂)[8]に取って替わられることになる。その改訂の経緯については，以下のように述べられている[8]。

　ニーズと資料が多様に異なっているとすれば，図書館サービスについて，どこにでも通用するような基準というものはあり得ない。(…中略…)わ

れわれは規則を提案するのではなく，多くの国における経験から獲得し，広く適用できそうなアドバイスを提供しようと考えている。

　以上のように，基準とガイドラインを別個に定義することは比較的容易であるが，実体としての資料レベルで両者を区別することは，より困難である。例えば，ハミルトン―ペネル (Hamilton-Pennell) は，1998年から2003年までに公表された米国各州の公共図書館基準を対象とした網羅的なレビューの中で，"基準をガイドラインと画するための合意できる定義は存在しない"[9]と述べ，必然的に，両者を同列に扱っている。こうした状況は，基準的要素とガイドライン的要素とを具有する資料の存在を想起すれば容易に理解できよう。事実，IFLAによる『ガイドライン』については，1986年版，2001年版のいずれにも，その中に，量的基準が記載されている。また，我が国の図書館界における啓蒙書の一つである『市民の図書館』[10]にも量的基準は示されている。

　加えて，基準やガイドライン，もしくは，それに類する資料は多数公表されてきたが，それらは必ずしも，基準やガイドラインといった名称を冠しているわけではない。例えば，「目標(goal)」，「目的(objective)」，「指針(beacon)」，「サービス計画(planning process)」，「最良の実践例(best practice)」などさまざまである。したがって，基準の定義を厳格に適用し，それに該当するものだけを採り挙げようとする姿勢は，本稿の目的にとって有益であるとは思えない。ここで考察の対象とするのは，「(1) 一定の権威ある主体によって策定された，(2) その設置・運営の多様な局面について網羅的に言及した政策的資料のうち，(3) 基準的要素を含むもの」である。

3．基準の必要性について

　図書館法第18条によって基準の策定が謳われている我が国においては奇異に感じられるだろうが，基準の必要性の是非を論ずることは故無きことではない。例えば，『Library Trends』誌では，1972年と1982年の二度にわたって図書館基準の特集号を刊行している[11)12)]。公共図書館基準に関しては，前者が基準の重要性を前提として，既存の基準を概観することに紙面の多くを費やしている

176

のに対して，後者では，基準の問題点を指摘するとともに，基準とそれに替わるアプローチとの比較を行っているという点で好対照をなしている。

1933年の『公共図書館のための基準』[13]以来，国際的にも最も早い時期から全国基準の策定を行ってきたアメリカ図書館協会（ALA）が，1943年版，1956年版に続く，1966年の『公共図書館システムのための最低基準』[14]を最後に，基準の改訂を行わず，幾つかの政策資料を経た後，1980年の『公共図書館のサービス計画』[15]を公表し，それによって基準を置き換える新たなアプローチとして位置づけたことは広く知られている。その経緯についてリンチ（Lynch）は，"基準のアイデアはどこに行ってしまったのか？" という疑問を想定して，それはサービス計画の中に依然として存在しているが，アプローチ自体がシフトした"[16]のだと答えている。具体的には，新たな基準を示したのではなく，特定のコミュニティが，固有の状況や需要を基礎として，どのように独自の基準を構築すべきかを示したものであると説明している。爾来，米国において全国レベルの基準は存在しなくなったものの，前述のとおり，州レベルの基準やガイドラインは多数存在している。

一方，英国の状況はこれと対照的である。クレーシー（Qureshi）[2]によれば，1920年代以降，英国では，基準やガイドラインのための基礎となる図書館調査が行われてきた。1949年には，図書館協会（LA）による英国公共図書館の百年の歴史の総括を企図した文献[17]の中に，人口一人当たり3シリングの図書購入費を推奨するといった事実上の量的基準が盛り込まれている。また，1962年には，教育省によって『イングランドおよびウェールズにおける公共図書館サービスの基準』[18]，1969年には，スコットランド教育局によって『スコットランドにおける公共図書館サービスの基準』（1986，1995改訂）[19]が，それぞれ公表されている。近年では，労働党政権のベスト・バリュー政策の一環として，2001年に，文化・メディア・スポーツ省（DCMS）によって全国基準[20]が策定され，2004年，2006年にその改訂版が公表されている。また各自治体は，監査委員会（Audit Commission）への提出が義務づけられている図書館年次計画において，基準の達成状況を報告することが求められている[21]。全国基準を政府の図書館政策において積極的に活用している英国と，全国基準を廃止した米国とのコントラストは興味深い。

公共図書館基準は，もはや図書館経営のための唯一の政策的資料やツールではないから，経年的に見れば，基準に対する期待や，その相対的必要性は低下しているといえるかも知れない。それでもなお，多くの国々で基準が策定され続けているのは，政治的・地勢的な多様性を超えて，コミュニティ間に共通する一つの図書館像というものが存在すると考えられているためであろう。基準とは，一般に，図書館先進地域の過去の実践と経験から導かれるものであるから，図書館の開発途上地域においてこそ，より効果的に活用されるはずである。

4．基準の策定主体について

　基準やガイドラインの策定主体となり得るのは，(1) IFLA や UNESCO といった国際的な機関，(2) EU のような国家連合，(3) 政府，(4) 各国の図書館協会（及び，その下部組織），(5) 地方自治体，(6) 図書館，(7) 図書館内の一セクション等である。基準の策定主体は，必然的に，その効力の及ぶ範囲を規定するというだけでなく，基準の内容や方向性をも概ね規定することになる。すなわち，その範囲が広ければ広いほど，そこに含まれる図書館は量的にも質的にも多様なものとなるから，それらの間でコンセンサスの得られる最大公約数的なもの，普遍的なもの，汎用的なもの，概括的なもの，必要最小限のものでなければ，適切で効果的な基準として機能しないだろう。翻って，図書館経営にかかわる種々の要因を一定の同質な水準に限定することが可能な状況では，具体的なもの，詳細にわたるもの，状況に即応したもの，多彩な内容を含めることができるようになる。

　国際的な機関，あるいは，政府・図書館協会等の全国レベルの組織による基準の策定は，図書館の多様性を直接的に反映することが困難であるという難点がしばしば指摘されてきた。しかしながら，そうした策定主体には，生来，強い権威が備わっているから，基準の認知度や影響力といった観点においては有利な点が多い。加えて，公共図書館とは何であるかという価値観や理想像を広く共有しようとする試みは，そうした高いレベルでの合意を必要とする。

　他方，自治体や図書館レベルでの基準の策定は，より実行力のあるものとなることが期待される。ただし，単館レベルで調査研究機能を備えている図書館

が存在する一方で，人的・財政的制約から，そうした政策的資料の策定が事実上不可能であるか，あるいは，極めて困難な自治体も少なくない。我が国では，地方分権に伴う市町村合併によって，こうした問題は，相対的に矮小化されるものと予想されるが，(1) 2003年に改正された「地方自治法」における指定管理者制度の導入によって，図書館の管理委託の増加が見込まれること，(2) 非正規職員の比率が増加傾向にあること，(3) 自治体内部の職員人事の流動性が高まっていることなどから，公立図書館基準の策定に寄与できる専門性の高い職員を育成することの困難な土壌が生じつつある点が懸念される。

我が国における地方自治体レベルでの基準としては，美濃部都政下の東京都における図書館振興プロジェクトチームによる『図書館政策の課題と対策』[22]が，つとに著名であるが，2001年に改訂された『公立図書館の設置及び運営上の望ましい基準』策定以降では，秋田県[23]や山口県[24]などの基準の例が紹介されている。もちろん，それ以外にも数多くの自治体において，基準やそれに類する資料が作成されており，その実態については，国立教育政策研究所社会教育実践研究センター（以下，社教）による『図書館および図書館司書の実態に関する調査研究』(2004年)[25]が詳しい。

表2と表3は，この調査結果のうち，図書館サービスの計画的な実施状況に関する質問について，各自治体の図書館（複数ある場合は中心館）から寄せられた回答の集計結果である。表中の［１］〜［４］の具体的な質問文は以下のとおりである。

[１] 構想："図書館の将来構想やビジョン等，図書館のあるべき姿が「都道府県の総合計画」や「図書館の要覧」に明文化されていますか"

[２] 中期計画："中期（３〜５年程度）の図書館サービス計画がありますか"

[３] 指標："[２]がある場合は，そのサービス計画の中に「指標」を用いた記述がありますか"

[４] 数値目標："[３]がある場合は，そのサービス計画での「指標」に関し，具体的な「数値目標」をあげていますか"。

このうち[３]と[４]が，概ね，狭義の基準に相当するものであると捉えられるが，[４]の数値目標（≒量的基準）の立案状況について見ると，都道府県全

179

体の17.4%（8自治体），市区町村全体の6.0%（70自治体）にとどまっている。もちろん，市区町村の中でも，政令指定都市や特別区の実施率と町村の実施率との格差は大きい。

表2　図書館サービス計画の実施状況（都道府県）

	［1］構　想	［2］中期計画	［3］指　標	［4］数値目標
YES	23　（50%）	12　（26.1%）	10　（83.3%）	8　（80%）
NO	23　（50%）	34　（73.9%）	2　（16.7%）	2　（20%）
合　計	46　（100%）	46　（100%）	12　（100%）	10　（100%）

表3　図書館サービス計画の実施状況（市区町村）

	［1］構　想	［2］中期計画	［3］指　標	［4］数値目標
YES	498　（42.5%）	220　（18.8%）	101　（45.9%）	70　（69.3%）
NO	670　（57.1%）	938　（80.0%）	119　（54.1%）	30　（29.7%）
不　明	5　（0.4%）	15　（1.3%）	0　（0%）	1　（1.0%）
合　計	1,173　（100%）	1,173　（100%）	220　（100%）	101　（100%）

　このほか，社教による調査報告書[25]では，図書館サービスの自己点検・評価に関しても調査を行っている。自己点検・評価を実施している自治体のうち，図書館サービスの数値目標の達成状況等を点検・評価しているのは，都道府県では9自治体（全体の19.6%），市区町村では221自治体（全体の18.8%）であり，やはり高い水準にあるとは言えない。ただし，自治体による行政評価の実績が多くなれば，その内容や手法も洗練されていくだろうから，今後の普及には期待できる。

5．基準の策定過程について

　基準は，その策定主体によって委任された複数の専門家からなる委員会等によって起草されることが一般的であるが，とくに全国レベルの基準の策定過程においては，予め，暫定的な基準案が公表され，主に，図書館の利害関係者を対象としてパブリックコメントを募るとともに，それらを適宜フィードバック

表4 『公立図書館の任務と目標』の策定過程

1985年4月	『公立図書館の任務と目標(第一次案)』[26] 公表(5月10日を期限としてパブリックコメントの募集)
1985年7月	研究会の開催(於:箱根)
1986年4月	『公立図書館の任務と目標(第二次案)』[27] 公表(9月20日を期限としてパブリックコメントの募集)
1986年7月	第1回検討会の開催(於:岡山)
1986年10月	第2回検討会の開催(於:JLA)
1987年1月	図書館雑誌「小特集:『公立図書館の任務と目標』を検討する」[28]
1987年4月	図書館雑誌「「小特集:『公立図書館の任務と目標』を検討する」を読んで」[29]
1987年9月	『公立図書館の任務と目標(最終報告)』[30] 公表
1989年3月	『公立図書館の任務と目標:解説』[31] 刊行

した後に,正式に完成に至るといった手続きをとることが多い。

その典型例として,日本図書館協会(JLA)による『公立図書館の任務と目標』を挙げることができる。ここでは,1983年の第19期図書館政策特別委員会の発足から,1987年の最終報告に至るまで,我が国の基準類の中でも極めて丁寧な手続きを経ている点が評価される。表4は,その策定までの経緯とその後の改定状況を示したものである。

ところで,策定過程については,立ち上げの際だけではなく,その改訂の手続き,及び,その改訂頻度に関しても検討の余地がある。もちろん,基準ごとに,その改定頻度に影響を及ぼす要因にはさまざまなものがあるから,一概に論じることはできないが,定期的な見直しは必須であろう。例えば,2000年に削除された図書館法第19条に基づく『最低基準』は,当時としては丁寧な過程を経て立案されたものと言える[32]。しかし,当初は"最低基準の線は高すぎる,もっと下げてほしい"[33] といった声も聞かれたとのことだが,その後は,部分的な改定案[34] が提出されたものの採用には至らず,結果的に,単位の変更を除けば一切の改訂が行われなかった。したがって,完全に陳腐化してしまい,"(図書年間増加冊数について)飢餓的な水準"[35],あるいは,"その水準が低すぎたために,かえって足を引っぱってしまった"[36] 等といった批判を受

— *181*

けるようになったことはよく知られている。

　一方,件の英国の全国基準[20]の場合,まず,1999年6月に,LA等の協力を得てDCMSが最低基準を作成中であることがアナウンスされ,2000年5月に政府案が公表されるとともに,同年7月を期限にパブリックコメントが求められた後,翌2001年1月に正式な基準として公表された。その後,基準の達成状況を勘案して,基準の項目の絞り込みや数値目標をゆるめるといった方向で,2004年,2006年とたてつづけに改訂版が出されている。

6. 基準の権威づけについて

　ロルフ（Rolf）[37]は,図書館基準の問題点の一つとして,図書館界における基準は本来的な意味の基準として用いられていない点を挙げている。例えば,病院ならば一定の基準を満たしていない場合,その施設はおそらく閉鎖に追い込まれることになるだろうが,図書館の場合,基準を満たしていなければ,利用者の悪評を買うといった程度にすぎないことから,「基準（standard）」ではなく「規範（norm）」という用語がより適切であると指摘している。

　確かに,図書館基準にそうした効力はない。とくに,アウトプット指標を用いた図書館サービスの基準については,単なる努力目標といった感は否めない。ただ,基準の策定主体が政府や自治体である場合,財政的な支援といった観点から,基準に重みづけをすることは可能である。既に廃止されたとはいえ,かつて図書館法では,国庫補助を受けるための『最低基準』を定めていたし,これは,国庫補助を受けるか否かにかかわらず,図書館を設置する各自治体に一定の影響を及ぼしていたことが指摘されている[36]。このほか,ややアプローチは異なるものの,地方交付税制度における基準財政需要額の図書館費の算定基礎では,標準団体規模（都道府県170万人,市町村10万人）における図書館の「職員数」や「図書購入冊数」に言及していることから,一種の基準であると捉えることができる。

　表5は,『平成14年度　地方交付税制度解説（単位費用篇）』の市町村における図書館費の算定基礎を示したものである。都道府県については,これに「図書館協議会報酬」が加えられる。但し,平成15年度以降は,それまで独立の項

表5　平成14年度　基準財政需要額の図書館費の算定基礎（市町村編）

経費区分	経　費	積　算　内　容
給 与 費	52,350千円	職　　員　　A：8,940千円×4人＝35,760千円 職　　員　　B：5,530千円×3人＝16,590千円
需用費等	18,942千円	図 書 購 入 費：2550円×6,010冊＝15,326千円 視聴覚資料購入費：658千円 そ　の　他：2,958千円
委 託 料	10,355千円	図書館の管理運営に係る委託料等
歳 出 計	81,647千円	

目として設けられていた「図書館費」が，「社会教育費」の中に組み込まれるとともに，その積算内容の詳細についても公表されていないことから，ここでは平成14年版のものを示した。

　さて，基準を権威づけるもう一つの方法は，いわば「名誉」を与えることであろう。米国では，ヘネン（Hennen）による公共図書館の格付け（HAPLR）[38]が著名であるが，我が国でも，自治体の格付けの中で公立図書館が取り上げられる例がある[39]。これは基準というよりも第三者評価に属するものであるが，格付けの認知度が高まれば，そこで用いられている評価指標に従って，図書館を改善しようとする機運も高まる可能性がある。ただし，「図書館の良さ」が当該自治体への移住といった二次的波及効果を及ぼす可能性については未知数である。

7．基準の有効性について

　基準の有効性を測定する尺度にはさまざまなものがあるが，ここでは，その「認知度」と「活用度」について取り上げたい。基準の策定までは丁寧な手続きを経ていたとしても，その後の普及・活用の状況をフォローアップする調査等はほとんど行われていないのが現状である。幸いにして，1992年版の『望ましい基準』については，その改訂に先立つ1999年に，文部省によって委嘱されたJLAによる調査[40]が存在する。これは，図書館を設置する自治体を設置母体，及び，人口段階によって8つのグループに分け，それぞれのグループにお

いて，人口1人当たりの貸出冊数「上位40自治体」と「下位40自治体」を対象として，図書館の現場の意見や考え方を抽出しようとしたものであった（調査対象480自治体／回収率97.5%）。この調査の中で，「『望ましい基準』について知っているか」，「『望ましい基準』を活用しているか」といった質問が設けられている。**表6**はその集計結果を示したものである。

表6 『望ましい基準（1992年版）』の認知度と活用度について

	は　い	いいえ	その他	N. A.	合　　計
認知度	350(74.8%)	113(24.1%)	3(0.6%)	2(0.4%)	468(100%)
活用度	121(34.6%)	191(54.6%)	30(8.6%)	8(2.3%)	350(100%)

　これによれば，その7年前に公表された『望ましい基準』を知っていたのは，全体の4分の3の図書館であり，残りの4分の1の図書館では知らなかったと回答している。また，知っている図書館のうちでも，それを何らかの形で活用しているのは約3分の1にすぎず，半数以上の図書館では，知ってはいるが活用はしていない。未だ大臣告示に至っていなかったとはいえ，これはやや悲嘆すべき数値ではないかと思われる。司書講習等では，『望ましい基準』は必ず触れられていることと思うし，図書館員にとっては，一般常識レベルの事項であると思いがちであるが，実際にはそうはなっていない。また，調査結果を見ると，貸出密度上位の自治体においても知られていない例があることから，知らなかったからといって，図書館運営に必ずしも差し障りがあるというわけではないという反論も可能である。この数値が現行の『望ましい基準』についてはどう変化しているのか，あるいは，他の基準やガイドラインの認知度はどの程度であるか等は興味深いところである。いずれにせよ，基準を改訂する際には，その報知についても，十分に配慮する必要があることは疑いない。

8．量的基準の必要性について

　古典的基準認識に従えば，基準とは即ち量的基準を意味するか，あるいは，少なくとも量的基準の含まれることが必然であると捉えられてきた。ALAによる最初の基準[13]における記述の大半は，量的基準とその解説によって占め

られているし，1963年に公表された『中小都市における公共図書館の運営』を見ると，"「基準」という語から連想される，単に数量的な基準ではなく"[41]云々という表現があり，当時の一般的な基準感を類推することができる。件のALAによる定義からも明らかなように（表1参照），現在でもなお，基準という語には，暗に量的基準の存在が仮定されていることは明らかであろう。

しかしながら，2001年に改訂された『望ましい基準』は量的基準を含まない。その策定経緯については越塚[42]が詳しく述べているが，地方分権の趨勢下において，過去3度まで達成に至らなかった『望ましい基準』を大臣告示とするため，予め，量的基準を含めないという方向性が示されていたことを明らかにしている。同様に，我が国の社教施設については，2003年に全面改定された『公民館の設置及び運営上の望ましい基準』，及び，『公立博物館の設置及び運営上の望ましい基準』においても，従来から存在した量的基準が完全に削除されている。こうした状況は我が国における特殊事情であると解釈すべきであろうが，仮りに，そうではなかったとしても，適切な量的基準や数値目標をどのような方法によって算出すべきであるのかは重要かつ未解決の課題である。次章以降では，量的基準に関する論点について検討を加える。

9．量的基準の項目について

量的基準の項目は，図書館活動の局面の中でも，定量化可能であり，かつまた，比較的測定が容易でなくてはならないといった一定の制約があるものの，図書館において何が重要であると考えられているのかを知る格好の材料となっている。表7は，我が国においてこれまで公表された全国レベルの量的基準において，どのような項目に言及されてきたのかをまとめたものである。

ここにあるように，基準ごとに，採用される項目の精粗は存在するものの，「延床面積」，「蔵書冊数」，「職員数」，「有資格者数」，「貸出冊数」の5つが最も多く量的基準の項目となっていることがわかる。また，既存の海外の基準との比較では，我が国の場合，市民の図書館へのアクセスの容易さ，及び，予算に関する項目への言及が少ない点，並びに，貸出冊数を特に重視している点が特徴的である。

表7　量的基準の項目について

		施設			資料					職員		奉仕			費用		
		図書館数	利用圏域	延床面積	蔵書冊数	開架冊数	増加冊数	購入冊数	定期刊行物	視聴覚資料	職員数	有資格者数	登録者数	貸出冊数	貸出規則	BM	図書館費	資料費	図書費	人件費
最低基準	1950			○		○					○									
望ましい基準案	1967			○	○		○				○									
市民の図書館	1970				○	○							○	○	○					
望ましい基準案	1972		○	○			○				○	○								
望ましい基準案	1973			○			○				○	○								
任務と目標案	1986						○				○	○								
任務と目標解説	1989	○	○				○				○			○			○	○		
望ましい基準	1992				○						○									
望ましい基準報告	2000			○	○	○		○			○			○				○		
Lプラン21	2001				○													○		
任務と目標解説	2004	○			○	○	○	○	○	○				○						
これからの図書館像	2006	○		○	○	○	○	○	○	○				○			○	○		
合計		3	2	8	8	6	5	7	3	3	8	8	5	8	2	2	2	5	2	1

　さて，特に全国レベルの量的基準において特定の項目が採用されるか否かは，その重要性のみならず，数値の測定可能性と精度に大きく依存することとなる。我が国の場合は，図書館全国統計である『日本の図書館』において採用されているか否かが重要な要因であり，特に，1999年の『望ましい基準（案）』以降は，人口段階別に人口1人当たり貸出冊数トップ10％の自治体における実績値を基準値，あるいは，数値目標として定義するといったアプローチが定着していることから，その傾向は強くなっている。表7中では，「利用圏域」，「貸出規則」，「人件費」が，現在『日本の図書館』に含まれていない項目であり，今後，調査対象とすることが望まれるとともに，測定可能ではないが重要である定性的基準にも十分な注意を払い，その定量化について検討する必要があるだろう。

10. 量的基準の妥当性について

　いったん量的基準が公表されるや否や，その数値については，とかく「高い」とか「低い」といった批判が噴出するものである。自治体の状況は多様である

公立図書館基準再論

から,ある自治体にとっては容易にクリアできるハードルが,ある自治体にとっては途方もない壁となって立ちはだかるといった状況はしばしば見受けられる。ロルフ[37]もまた,この点を基準の問題点の一つとして指摘している。

量的基準を策定する際にも一般的に行われることであるが,その妥当性を測るための一つのアプローチとして,定義された基準値と比較して,図書館の実態がどのような水準にあるのかを確認するといった調査がしばしば行われている[43),44),45]。**図1**は,人口1人当たり貸出冊数に関する基準値と『日本の図書館2005年版』における市(政令指定都市を除く)の実態とを比較したものである。

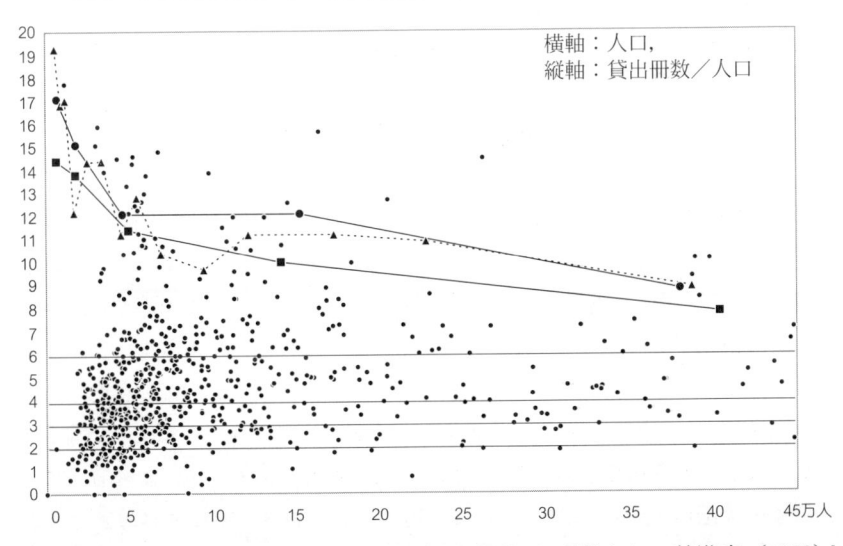

図1 人口1人当たりの貸出冊数と市の実態との比較(2005年版)

基準値はそれぞれ,『市民の図書館(1970)』[10]と『望ましい基準案(1972)』では2冊,『任務と目標第二次案(1986)』[28]では3冊,『任務と目標解説(1989)』[31]では6冊,『望ましい基準(1992)』では4冊となっており,**図1**中において直線で示したものである。また,人口段階別の基準値を定めたものとしては,■と実線で示しているのが『望ましい基準報告(2000)』,●と実線で示しているのが『任務と目標(2004)』[46],▲と破線で示しているのが『これからの図書館像(2006)』[47]である。後者3つは,トップ10%の自治体の実績

187

値を用いているため，当然ながら，その数値を上回る自治体は少ない。ただ，策定主体による数値の位置づけは異なっており，『望ましい基準報告』と『これからの図書館像』では，あくまでも数値目標の例として示されているのに対して，『任務と目標』では"達成すべき「基準値」"[46]とされ，図書館運動論的色彩が濃い。

ちなみに，『望ましい基準報告』と『任務と目標』については，人口区分が5段階にとどまっているが，『これからの図書館像』では14段階にまで細分化していることから，基準値が人口区分の前後で上下しており，他の項目についても，より人口の少ない自治体の基準値が，より人口の多い自治体の基準値よりも高いといった逆転現象が起こっているという問題が指摘される。今後，自治体の財政状況，社会資本の充実度，法的側面といった様々な観点から，基準における適切な人口段階区分についても検討する余地があると言えるだろう。

11. 量的基準の合理性について

量的基準の算定に際しては，図書館統計による実態の把握と専門家の経験的知見から，その数値が導かれることが一般的であろうが，かつては，その算出経緯の詳細については明らかにされず，第三者による，その妥当性や合理性についての検証が不可能であった。しかしながら，既に述べたように，1999年の『望ましい基準（案）』以降，人口1人当たりの貸出冊数上位10％の自治体の実績を基準値として採用するというアプローチが打ち出され，その後の全国基準はいずれもこの方式を踏襲するようになった。偶然であろうが，この方式は，2001年の英国の全国基準[20]においても用いられており，そこでは，トップ25％の実績値が用いられている。

基準の策定経緯を公表したこと，並びに，その手続きが容易に理解されるものとなっている点などは高く評価できる。しかしながら，10％や25％という数値の設定は恣意的なものであり，そこに合理的な事由が存在するわけではない。このアプローチの問題点の一つは，上位10％の実績値を用い，それが定期的に更新され続ける限り，それがどんなに高くとも，あるいは，どんなに低くとも，残りの90％以上の自治体は，原理的に，その基準値を満たすことはあり得ない

ということである。したがって，件の『任務と目標』による"ここに掲げられた数値がそれぞれの人口段階の自治体において，すでに達成されたものであるから（…中略…）それぞれの自治体において早急に達成されるべきものである"[46]とする記述には，一つの矛盾が存在することになる。これはあくまでも「目標値」と解釈すべきであろう。また，この方式では，自己言及的にその合理性を判断することができない。したがって，他の何らかの規準に従って，その妥当性と合理性を検証する必要がある。これまで，我が国において基準に言及した文献は多いものの，基準値の算定手法に関する研究は極めて少ない[48]。これは，今後の公立図書館政策における重要な課題の一つとして遺されているといえるだろう。

注・参照文献

1) 基準の国際比較を行ったものとしては，以下の文献が挙げられる。Withers, F.N. Standards for Library Services. Paris, UNESCO. 1970, 228p.
2) Qureshi,Naimuddin. "Standards for Library". Encyclopedia of Library and Information Science. New York, Marcel Dekker, vol.28, 1980, p.470-499.
3) SALA, Subcommittee on Public Library Standards. Standards for South African Public Libraries. 2nd rev. ed. Potchefstroom, SALA, 1968, 47,51 p.
4) Hirsch, Felix. E. "Library Standards". Encyclopedia of Library and Information Science. New York, Marcel Dekker, vol.16, 1975, p.43-62.
5) ALA. Standard Manual. (online), available from 〈http://www.ala.org/〉, (accessed 2006-08-31).
6) 廿日出逸暁. 公共図書館のサービス基準について. 図書館雑誌. vol.51, no.2, 1957, p.42-45.
7) IFLA Section of Public Libraries. Standards for Public Libraries. Munchen, 1973.
8) IFLA Section of Public Libraries. Guidelines for Public Libraries. Munchen, K.G. Saur, 1986, 91 p.(IFLA Publication 36)
9) Hamilton-Pennell, Christine. Public Library Standards: A Review of Standards and Guidelines from the 50 States of the U.S. (online), available from 〈http://www.cosla.org/research/Public_Library_Standards_July03.

doc〉, (accessed 2006-08-31).
10) 日本図書館協会編. 市民の図書館. 東京, 日本図書館協会, 1970, 151p.
11) Hirsh, Felix E. ed. Standards for Libraries. Library Trends. vol.21, no.2, 1972, p.159-355.
12) Standards for Library and Information Services. Library Trends. vol.31, no.1, 1982.
13) Council of American Library Association. Standards for Public Libraries. American Library Association Bulletin. vol.27, 1933, p.513-514.
14) ALA. Minimum Standards for Public Library Systems 1966. Chicago, ALA, 1967, 69p.
15) Palmour, Vernon E. et al. A Planning Process for Public Libraries. Chicago, ALA, 1980, 308p.
16) Lynch, Mary Jo. Public Library Planning: A New Approach. Library Journal. vol.105, no.10, 1980, p.1131-1134.
17) LA. A Century of Public Library Service: Where Do We Stand Today? The Library Association Centenary Assessment. London, LA, 1942.
18) Ministry of Education. The Structure of the Public Library Service in England and Wales. London, H.M.S.O., 1962, 57p.
19) Scottish Education Department. Standards for Public Library Service in Scotland. Edinburgh, H.M.S.O., 1969, 48p.
20) DCMS Library, Information Archive Department. Comprehensive, Efficient and Modern Public Libraries: Standard and Assessment. 2001, 18p.
21) 須賀千絵. 英国における公共図書館政策の転換. Library and Information Science. no.45, 2001, p.1-29
22) 図書館振興プロジェクトチーム. 図書館政策の課題と対策(東京都の公共図書館振興施策 転載付解説). 図書館雑誌. vol.64, no.9, 1970, p.39-43.
23) 山崎博樹. "公共図書館基準作成の取り組みと図書館評価の課題". 図書館の経営評価. 東京, 勉誠出版, 2003, p.125-144.
24) 藤村聡. 山口県版の「望ましい基準」と「合併対応策」の策定. みんなの図書館. no.344, 2005, p.2-11.
25) 国立教育政策研究所社会教育実践研究センター編. 図書館及び図書館司書の実態に関する調査研究報告書. 東京, 2004, 126p.
26) 図書館政策特別委員会. 公立図書館の任務と目標(第一次案). 図書館雑誌. vol.79, no.4, 1985, p.225-229.

27) JLA 図書館政策特別委員会. 公立図書館の任務と目標（第二次案）. 図書館雑誌. vol.80, no.4, 1986, p.213-220.
28) 小特集「公立図書館の任務と目標（第二次案）」を検討する. 図書館雑誌. vol.81, no.1, 1987, p.20-29.
29) 小特集「『公立図書館の任務と目標（第二次案）』を検討する」（1月号）を読んで. 図書館雑誌. vol.81, no.4, 1987, p.179-186.
30) JLA 図書館政策特別委員会. 公立図書館の任務と目標（最終報告）. 図書館雑誌. vol.81, no.9, 1987, p.555-562.
31) JLA 図書館政策特別委員会編. 公立図書館の任務と目標 解説. 東京, 日本図書館協会, 1989, 69p.
32) 川崎繁. 公立図書館の最低基準について. 社会教育. vol.6, no.1, 1951, p.49-51.
33) 小林重幸. 公立図書館の基準問題について. 図書館雑誌. vol.58, no.6, 1964, 286-288.
34) 山口源治郎.「公立図書館の設置及び運営に関する基準（案）」の内容と問題点. 社会教育. vol.36, no.8, 1992, p.70-80.
35) 前川恒雄. 公共図書館基準論. 図書館界. vol.22, no.6, 1971, p.230-236.
36) 糸賀雅児. "図書館法改正の動向と二つの基準". 図書館法改正の動向: 最低基準に代わる図書館政策のあり方を求めて. 日本図書館学会, 1998, p.5-6.
37) Rolf, Robert H. Standards for Public Libraries. Library Trends. vol. 31 no.1, 1982, p65-76.
38) Hennen's American Public Library Ratings (HAPLR). (online), available from 〈http://www.haplr-index.com/〉, (accessed 2006-08-31).
39) 日経産業消費研究所編. 全国優良都市ランキング：サービス度・革新度で測る自治体の経営力. 東京, 日本経済新聞社, 2005, 289p.
40) 日本図書館協会. 図書館活動についての調査：中間報告. 1999, 4p.
41) 中小公共図書館運営基準委員会. 中小都市における公共図書館の運営. 東京, 日本図書館協会, 1963, 217p.
42) 越塚美加. 図書館政策における研究の役割. 現代の図書館. vol.39, no.2, 2001, p.83-88
43) 浪江虔. 望ましい基準（案）と先進的図書館の実績と. 図書館雑誌. vol.71, no.3, 1977, p.124-127.
44) 池田政弘. 公共図書館統計をめぐって："公立図書館の望ましい基準（案）"にてらして実態は? 図書館雑誌. vol.82, no.8, 1988, p.470-472.
45) 信田昭二. 市町村立図書館の現状と望ましい基準. 現代の図書館. vol.31, no.1,

    1993, p.17-23.
46) JLA図書館政策特別委員会編. 公立図書館の任務と目標. (online), available from〈http://www.jla.or.jp/ninmu.htm〉, (accessed 2006-08-31).
47) これからの図書館の在り方検討協力者会議. これからの図書館像：地域を支える情報拠点をめざして. 東京, 2006, 94p.
48) 小林重幸. 望ましい基準の算定方法の研究. 図書館学会年報. vol.2, 1955, p.5-14.

図書館と博物館のサウンドスケープ・デザイン

加藤 修子

1. サウンドスケープとサウンドスケープ・デザイン

　サウンドスケープとは，音風景，音環境を意味する語である。カナダの作曲家，マリー・シェーファー（Murray Schafer）が1960年代末に提唱した概念で，自然界の音から，都市のざわめき，音楽に至る，われわれを取り巻くさまざまな音の環境を一つの「風景」としてとらえる考え方である。シェーファーがこの運動を展開した1970年代より，概念の変遷を経て，現在は「個人あるいは社会によってどのように知覚され，理解されるかに強調点の置かれた音の環境」と定義されている。音の環境を自然科学・社会科学・人文科学のあらゆる側面から総合的にとらえる概念である。

　地域社会の街づくりにおいては，① 不必要な音を取り除く，② 自然の音環境の保護，伝統的な音文化の保存，③ 新しい音環境の創造，という 3 つの考え方に基づいてサウンドスケープ（音環境）をデザインしていくことが求められる。この 3 つの考え方は望ましい音環境をめざす方法として，サウンドスケープ・デザインという一つの研究領域を形成している[1)2)]。

　日本には1980年代後半にサウンドスケープの概念が導入された。日本での活動は，「日本サウンドスケープ協会」が1993年に設立されたことを含め，サウンドスケープの運動を着実に広めることができたということで，その意義は大きい。一方，学問的には研究の対象を特定することがむずかしい学際的領域であり，サウンドスケープ・デザインの統一された理論及び手法はまだ確立されていない。しかし，研究は着実に進められており，フィールドワークとともに研究発表も盛んに行われ，協会誌『サウンドスケープ』[3)]には毎年研究論文，フィールドノート等が掲載されている。

2．図書館のサウンドスケープ・デザイン

　サウンドスケープ・デザインという研究領域は，さまざまな公共施設の音環境もその研究対象とする。図書館という公共施設においても，その施設の目的にあったサウンドスケープ（音環境）のデザインが必要である。

　最近，図書館等の公共施設において，快適性（アメニティー）を高めるための環境づくりが指摘されている。図書館では，使いやすく心地よい空間・サービスを提供してくれる施設であることが求められる。『現代の図書館』においては「図書館という空間をデザインする」という特集[4]が，また『情報の科学と技術』においても「図書館の快適性を再考する」という特集[5]が組まれている。後者では，図書館の音環境についての記載はないが，快適性の一つとして，サウンドスケープ（音環境）をデザインしていくことも重要であろう。

　そのような動きの中で，著者は音環境について論じられることが少ない図書館に初めてサウンドスケープ・デザインの概念を取り入れた。図書館のどの領域にどのような方法でサウンドスケープ・デザインを導入することができるかという概念的枠組みを設定[6]し，図書館の音環境の実態と図書館員及び利用者の音環境に対する意識を明らかにするための調査を行った。

　図書館では，公立図書館，大学図書館といった館種により，望ましいサウンドスケープ（音環境）は異なる。著者は「図書館の望ましい音環境の創造のためのモデル」を構築することを研究目的とし，公立図書館のサウンドスケープ・デザインを中心に，以下のような調査結果を報告している。

　ケース・スタディとして，千葉県の浦安市立中央図書館において，利用者を対象に図書館の音環境に関するアンケート調査と騒音計による館内の音の測定を行った[7]。先行調査から導き出された2つの仮説を検証し，仮説①「望ましい図書館の音環境は，「静かな図書館」が一般的であるが，「ある程度音のある環境」を望む利用者も少なからずいる。」が実証された。仮説②「利用者は，利用者同士の声や子供の声，足音は騒音と感じているが，図書館員の声や機器発生音，施設音はそれほど騒音と感じていない。」については，一部「機器発生音を聞く人は少ないが，聞いた人は騒音と感じる傾向が高い。」と修正され

た。騒音計による測定から，図書館内の各スペースごとに音環境の区分けがきちんとなされていること，そのことが当図書館の音環境をうまく保っていることが示された。

　図書館の音環境の現状と音環境に対する図書館員の意識を全国的な規模で明らかにするために，全国11都道府県（北海道，東京，神奈川，千葉，愛知，大阪，京都，滋賀，福岡，長崎，及び沖縄）の公立図書館を対象とした質問紙による調査を行った[8]。11都道府県の公立図書館を総合した調査結果をまとめ，① 望ましい図書館の音環境，② 館外からの音と騒音対策，③ 館内の音環境と騒音対策，及び，④ 図書館における環境音楽（BGM）について示された。また，各都道府県の比較分析から，滋賀県と北海道において他の都府県にない特徴が示された。滋賀県と北海道では，ある程度音のある環境を望ましいとする図書館が多い，環境音楽を採用している図書館が多い，図書館の音環境について日頃から議論をしている図書館が多い，という結果が導き出されている。

　上記の全国11都道府県の公立図書館を対象とした調査で回答を得た16館の都道府県立図書館（分館含む）の調査結果を市区町村立図書館と比較し，次のような都道府県立図書館の特徴が明らかになった[9]。① 静かな環境を望ましいとし，実際に館内の音環境も静かである。② 館外館内から聞こえる種々の音を，好ましくない音（騒音）とする傾向がある。③ さまざまな騒音対策の方法を採用している。④ 環境音楽（BGM）を採用している図書館は皆無である。

　以上の調査から，次のようなよりよい図書館の音環境へ向けての方向が示される[10]。公立図書館には，その図書館のおかれた状況や目的，その図書館独自の方針や考え方がある。それを認識した上で図書館の音環境を考慮していくと，その図書館は「静かな音環境」「ある程度の音の存在・活用」「積極的な音の活用」のいずれを求めるのがふさわしいのかが明らかになる。そのいずれかの目標に従って，図書館のサウンドスケープ・デザインが進められる。

　図書館へのサウンドスケープ・デザインの導入は，まだ萌芽的な研究領域である。これまでに，公立図書館を中心に，図書館の音環境の現状と図書館員や利用者の音環境に対する意識がある程度明らかになっている。今後，さらなる調査研究の上で，望ましい図書館の音環境モデルが提示されることが望まれる。また，公立図書館以外の館種にもサウンドスケープ・デザインの調査研究が展

開されることが望まれる。

3. 博物館のサウンドスケープ・デザイン

　図書館と関連の深い公共施設の一つである博物館においても，音環境についての調査研究が行われている。佐藤[11)12)]や加藤[13)]は，音に焦点を当て，博物館の展示と環境づくりについて述べており，そこでは図書館のサウンドスケープ・デザインにも参考になる調査結果が示されている。

　博物館には歴史博物館，理工博物館，美術館などの館種があるが，その施設の目的にあった音環境のデザインが必要である。これは博物館という施設のサウンドスケープ・デザインであるといえる。

　博物館の主要な機能に展示がある。博物館における展示論については，これまでに多くの研究がなされており，種々の文献も出版されている[14)]。しかし，そのほとんどは視覚的にみた展示方法を中心に述べている。最近は，従来から行われているビデオ映像の他に，大型スクリーン映像やハイビジョン映像による映像展示も盛んに行われている[15)]。このような映像には多くの場合，音声が伴う。したがって，音がどのように展示に影響を与えるか，また展示のための音環境をいかにつくるかを考慮することは重要である。

　博物館においてはその基本理念や目的に展示があり，音の展示もその中に含まれる。したがって，博物館の音環境の研究は大きな意義をもつと思われる。博物館の音環境は，「音そのものの展示」と「展示のための音による環境づくり」の2つの領域で考えることができる[16)]。この2つの領域は博物館における音活用の方向及び方法を示すものである。

（1）　博物館における6つの音活用レベルの設定

　博物館における「音の展示」と「音による環境づくり」の2つの領域を，音の積極的活用の度合いから，以下のような連続する6つのレベルに分類することができる[17)]。

図書館と博物館のサウンドスケープ・デザイン

「音の展示」
- ↑　レベル1：音をテーマとした展示
- ↑　レベル2：サウンド・インスタレーション
- ↑　レベル3：展示物と音を組み合わせた展示
  - 3.1：音を出す装置
  - 3.2：音声解説
  - 3.3：映像展示
- ↓　レベル4：展示のための音による環境作り
- ↓　レベル5：展示内容と関連性の低い音の提供
  - 5.1：BGM
  - 5.2：アナウンス等信号音
- ↓　レベル6：騒音対策

「音による環境づくり」

　レベル1からレベル6のうち，レベル1が最も「音の展示」の要素が高い。続いてレベル2のサウンド・インスタレーションも，音を出す作品や装置を展示する環境と有機的に関連づけて呈示することから，「音の展示」の要素が高い。レベル3も音が展示の一部となる場合や展示の補助手段となる。レベル4からレベル6にいくに従って「音による環境づくり」の要素が少しずつ大きくなる。音が展示を活かす補助手段として，展示室あるいは博物館全体の環境づくりを担うのである。以下に，6つのレベルを解説する。

レベル1：　音をテーマとした展示

　音をテーマとした展示には，2つの考え方がある。1つは，音（音楽）が発せられるものがテーマとなった博物館で，楽器博物館やレコード博物館，特定の音楽家の博物館などがこれにあたる。発音体である個々の楽器やレコードを展示し，視覚的対象として鑑賞するのに加えて，発音体の発する音や音楽を聴覚的に鑑賞できることが必要である。

　もう1つは，音そのものをテーマとして展示の対象とし，聴覚的に訴えるものである。科学的に音の原理や性質を説明する理工系展示等がこれにあたる。音が展示の一部であるのではなく，音が視覚的な展示よりも優位とされるもの

197

である。

レベル2： サウンド・インスタレーション

　サウンド・インスタレーションは，それ自体は音を出す作品や装置であるが，その装置を空間に置くことにより周りの環境と融合し，音を含む芸術的空間として作品を創りあげるものである。音の装置というだけではなく，建築物や空間と音が融合し相互にその効果を高め合い，その空間全体が音を含んだ作品となるものである。

レベル3： 展示物と音を組み合わせた展示

　展示物に何らかの形で音が付随しているものである。次の3つに下位区分できる。

　レベル3.1：音を出す装置

　　展示に何らかの音が鳴る仕掛けが加えられた作品または装置である。視覚的な展示があり，さらに音が鳴ることが展示の一部となっている。1つの音の出る作品や装置が単体として展示されている。

　レベル3.2：音声解説

　　実物資料（一次資料）やジオラマ等の展示に，音による解説を組み合わせたものである。展示の前にあるボタンを押すと，その展示に関する解説が音声によって流れるというものである。音声ガイドシステムや職員による解説も，広義に解釈すると「音声解説」である。

　レベル3.3：映像展示

　　スクリーン映像，ハイビジョン映像，及びビデオに音声が伴うものである。これらは一般に映像展示といわれている。映像シアターや映像ルームを設けて上映される場合と，一般の展示室に実物資料の補助手段として設置される場合がある。

レベル4： 展示のための音による環境づくり

　展示の内容や雰囲気を盛り上げるために，展示室の音をデザインするものである。音がなくても展示が一応完成しており，音はあくまで環境づくりをする補助的手段として用いられる。

レベル5： 展示内容と関連性の低い音の提供

　展示とは直接関連のない，すなわち展示の内容と離れた音の活用である。次

の2つに下位区分できる。

レベル5.1：BGM

BGMは，来館者によりよいアメニティーを提供することが目的である。したがって，展示のテーマには直接関係ない音楽が流れてもよい。

レベル5.2：アナウンス等信号音

アナウンスは，閉館や種々のお知らせを伝える信号音として位置づけられる。来館者に何らかの注意を促す音である。

レベル6： 騒音対策

騒音対策としては，防音，マスキング，騒音緩和等がある。騒音対策は音に留意して博物館の環境をつくるという意味で重要である。

（2） 博物館における「音の展示」と「音による環境づくり」

加藤は，種々の博物館を訪問し，展示の内容と，その展示に音がどのように活用されているかを明らかにするための調査を行った。以下に，その調査の概要と調査結果を報告する。（1）に示したレベル1からレベル6の分類に準拠し，訪問した博物館の音活用がどのレベルに相当するかを決定した。館種の分類は『全国博物館総覧』[18]の分類に準拠し，総合博物館，郷土博物館，美術館，歴史博物館，自然史博物館，理工博物館，動物園，水族館，植物園とした。

訪問した博物館は，計244館である。同じ博物館でも常設展と特別展では展示の内容及び展示場所も異なるので，それぞれを個別に調査対象とした。したがって，訪問した博物館は延べ258館となった。調査対象となった博物館（258館）の館種別比率は，表1に示すとおりである。博物館全体の館種は，郷土，自然史，水族，総合，動物，美術，理工，及び歴史の8つに分類できる。

博物館全体（258館）及び館種別

表1 博物館の館種別比率：全体

館　　　種	館数（館）	割合*
歴　　　史	116	45.0%
美　　　術	57	22.1%
自　然　史	27	10.5%
理　　　工	20	7.8%
郷　　　土	18	7.0%
総　　　合	15	5.8%
水　　　族	4	1.6%
動　　　物	1	0.4%
合　　　計	258	100.0%

＊まるめによる誤差を含む

にみたレベル別音活用の合計を**表2**に示す。

（1）で設定した音活用レベルのうち，レベル6の騒音対策については表記していない。これは博物館を訪問し観察しただけでは，騒音対策が行われているかどうかわからないからである。そこで，調査結果には「レベル1」から「レベル5.2」に分類されたものと，どのレベルにも当てはまらない「その他」を新たに設定し，表記した。なお，一つの博物館に一種類のレベルの音活用だけが存在するのではなく，複数の音活用が存在する。したがって，この表は複数回答の集計結果となっている。

表2 博物館種別にみたレベル別音活用の合計館数

館　種	郷土	自然史	水族	総合	動物	美術	理工	歴史	全体
レベル1	0	0	0	2	0	6	1	11	20（7.8%）
レベル2	0	0	0	1	0	4	0	0	5（1.9%）
レベル3.1	4	7	1	7	0	9	10	28	66（25.9%）
レベル3.2	6	8	1	6	0	13	16	36	86（33.3%）
レベル3.3	10	19	1	9	0	26	13	65	143（55.4%）
レベル4	0	3	2	1	0	5	4	13	28（10.9%）
レベル5.1	1	7	1	3	0	20	5	18	55（21.3%）
レベル5.2	1	1	0	2	0	2	6	3	15（5.8%）
その他	0	1	0	2	0	4	0	5	12（4.7%）
合　計	18	27	4	15	1	57	20	116	258

注：レベル1～その他は複数回答

全体としてレベル1からレベル5.2及びその他の音活用のうち，レベル3の「展示物と音を組み合わせた展示」という活用が多い。レベル3の中でも，レベル3.3：映像展示が55.4%（143館），3.2：音声解説が33.3%（86館），3.1：音の出る装置が25.9%（66館）の順で活用度が高い。

博物館で映像展示の採用が多いことは，既存の調査においても確認されている[19]。また，音声解説も比較的多くの博物館で採用されていることが確認できる。音の活用で，3.3：映像展示に次いで，3.2：音声解説が多いことは，前回，筆者が行った調査においても示されている[20]。

レベル5の「展示内容と関連性の低い音の提供」のうち，5.1：BGMの活

用が21.3％（55館）となっている。BGM の効果を導入する博物館も少なからず存在することがわかる。

これに対し、この調査で最も活用が少なかったのは、レベル2の「サウンド・インスタレーション」である。サウンド・インスタレーション自体がまだあまりポピュラーな展示手法ではないため、1.9％（5館）の活用である。博物館でも常設になることは少なく、特別展で導入される場合がほとんどである。この調査結果では、4館が特別展での採用である。

レベル1の「音をテーマとした展示」も7.8％（20館）と多くはないが、このような展示を行う博物館の存在は、他館が博物館のさまざまな音の活用を考慮するにあたって貴重な情報源となる。それぞれ楽器を扱った博物館、音楽家を扱った博物館が中心になるが、展示方法の詳細については拙稿「博物館の「音をテーマとした展示」における展示方法の分析[21]」を参照されたい。

レベル5.2の「アナウンス等信号音」は5.8％（15館）と少ないが、実際はもっと多くの博物館が採用していると思われる。アナウンス等は常時行われるものではないので、調査者が訪問したときに必ず聞けるものではないからである。

（3） 博物館の館種別分析

調査対象となった博物館を館種ごとに分析し、比較検討する。最近の展示は館種（分野）を越えたボーダーレス化が進んでいる。また同じ館種の博物館の中にも、さまざまな特徴を持つ展示がある。したがって、館種別に分析することが望ましいかどうかという問題はある。しかし、館種での区分は博物館の分類として最も一般的であるので、館種別の比較分析を行うこととした。他の館種と比較して、特徴ある音活用を有する理工博物館、美術館及び総合博物館について個別に述べる。

理工博物館（計20館）では、音の活用が最も高かったのが「レベル3.2：音声解説」で、80％（16館）である。他の館種と比較しても「3.2：音声解説」の割合が理工博物館では特に多いことがわかる（図1参照）。これは、理工博物館の展示手法において、種々の展示物にボタン操作やセンサーによる音声解説を加えるという方法が多く採用されているためである。また、パソコン

の端末による解説も多く採用されている。一般に理工系展示においては，解説を加える説示型展示が主流であるといわれている[22]。理学，工学などの科学的原理を説明するために，さまざまな仕掛けによる音声解説が採用されるのである。

図1 館種別にみたレベル別音活用の割合（％）

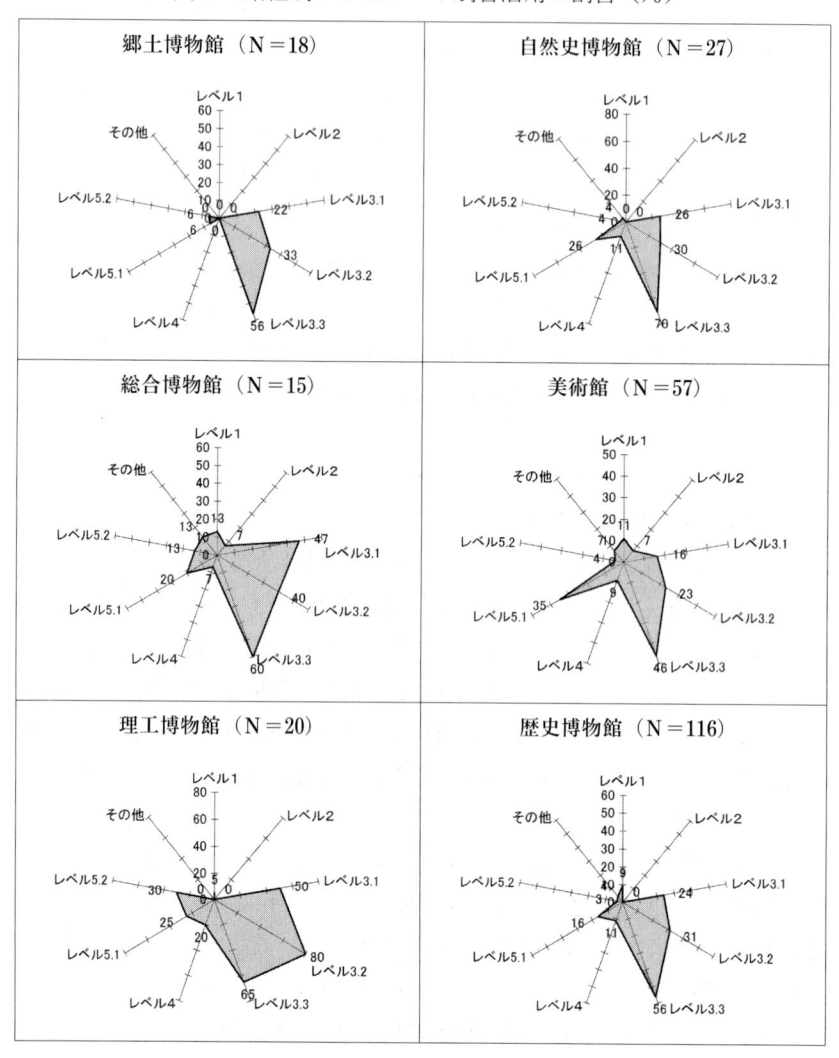

また，映像を伴った映像解説を行うために，映像展示が採用されている。したがって「レベル3.3：映像展示」も，他の館種と同様に比較的採用される割合が高く，65％（13館）で採用されている。

理工博物館では，「レベル3.1：音を出す装置」の割合が50％（10館）と，他館種と比較して最も高い。これは音を出す種々の実験装置や話をするロボット等の展示が比較的多いためである。

また「レベル5.2：アナウンス等信号音」も，他館種と比較して高い傾向にある。これは調査対象となった理工博物館に併設されているプラネタリウム開演のお知らせや，定刻に行われる種々の実験等の開始時間のお知らせなどの催しについてのアナウンスが，特に理工博物館では他館種よりも多く行われるためである。

美術館（計57館）では博物館全体や他の館種と比較して「レベル3.1：音の出る装置」，「レベル3.2：音声解説」及び「レベル3.3：映像展示」の活用が低いのが特徴である（図1参照）。それぞれ16％（9館），23％（13館），及び46％（26館）の採用である。全般に美術館では他の館種と比較して音の活用が少ない。常設展示の多くは，静かに展示してある作品を鑑賞するという形が一般的であり，展示解説はパネルで行われる場合が多い。音声解説を行う場合に「音声ガイドシステム」を導入する美術館もある。これは，受付でレシーバを貸出し，個々の作品の前でレシーバのチャンネルを合わせ，展示解説を聞くという方法である。この方法では音が展示室内に広がらないので，他の鑑賞者に迷惑がかかるということがなく，美術館に適した方法とされている[23]。最近の傾向として，「音声ガイドシステム」を導入する美術館が増えてきている。

また，ギャラリー・トークと称される，学芸員が適宜展示について解説を加えながら展示をみてまわる形式も，美術館で採用されている。ギャラリー・トークも広い意味で音声解説といえる。時刻を決めて定期的に行っている館と，来館者の要求に応じて行っている館がある。

美術館での採用の割合が他の館種よりも高かったのは，「レベル1：音をテーマとした展示」，「レベル2：サウンド・インスタレーション」，及び「レベル5.1：BGM」である。レベル1は11％（6館）で，レベル2は7％（4館）での採用があった。

総合博物館（計15館）では，音の活用が最も高かったのが「レベル3．3：映像展示」で，60％（9館）である。次に活用が高かったのは「レベル3．1：音の出る装置」で，47％（7館）である。また続いて「レベル3．2：音声解説」も40％（6館）と比較的多い。総合博物館は理工系展示，自然史系展示，歴史系展示等を併せ持つ博物館である。上記に示したレベル3の活用が高いのは，理工系展示の部門においてである。

　その他の館種における特徴を述べる。郷土博物館（計18館）では，レベル3．3の採用が10館（56％）と最も多く，次いでレベル3．2の採用が6館（33％）と多い。レベル1，レベル2，及びレベル4での音の活用はなかった。

　自然史博物館（計27館）では，レベル3．3の採用が19館（70％）と最も多く，次いでレベル3．2の採用が8館（30％），レベル3．1及びレベル5．1の採用が7館（26％）と同数で比較的多い。レベル1及びレベル2の活用はなかった。

　歴史博物館（計116館）では，レベル3．3の採用が65館（56％）と最も多く，次いでレベル3．2の採用が36館（31％）と多い。レベル1の活用も11館（9％）と全体や他の館種と比較して多いといえる。

　館種別比較では，6つの館種で館数の合計に差があり，歴史博物館の計116館から総合博物館の計15館とかなりの開きがある。したがって，館種別の特徴を比較分析した結果には，問題が残ることは否めない。館数の少なかった館種については，今後さらに調査データを加えた上で，再度検討をする必要がある。

　最近の展示には，美術系，歴史系，科学系展示などの分野で分類することが難しい場合がある。また，美術館，歴史博物館といった同じ館種の博物館においても，さまざまな特徴をもつ展示物がある。今後の分析方法として，さらに展示物の特徴別に新たに分析を行う必要があると思われる。

（4）　レベル1の博物館における音の展示

　レベル1の音活用を有する20館の博物館を訪問調査し，レベル1の音活用を有する博物館の実態を把握することができた。次に，レベル1の「音をテーマとした展示」を採用する博物館の特徴について述べる。

　レベル1の博物館ではレベル2の「サウンド・インスタレーション」を採用

する割合が20％（20館中4館）と比較的高い。またレベル1からレベル5.2及びその他の音活用のうち，レベル3の「展示物と音を組み合わせた展示」という活用が多い。レベル3の中では，レベル3.3：映像展示，3.1：音の出る装置，3.2：音声解説の順で活用度が高い。レベル1の「音をテーマとした展示」を採用する博物館においても，レベル3.3の「映像展示」の活用が多く行われている。

　レベル1には音（音楽）が発せられるものがテーマとなった博物館，音楽家がテーマとなった博物館が多く，またこれらの博物館の館種は歴史博物館であることが多い。レベル1で音の科学を展開する博物館はそれほど多くはないが，館種としては，理工博物館あるいは総合博物館の理工系展示部門が採用する傾向にある。

　聴覚的な音の展示の実践方法は，次の4つの方法に分類できる。
　①　いくつかの部屋に区分けして音を流す
　②　時刻を決め定期的に音を流す
　③　ヘッドフォンを用いて音を流す
　④　サウンドスケープ・デザインの展開

　上記の4つの方法についてその特徴をまとめると，③の「ヘッドフォンを用いて音を流す」は，流す音や音楽が固定されている。①の「いくつかの部屋に区分けして音を流す」も，ある程度，音や音楽が固定されている。②の「時刻を決め定期的に音を流す」は，音や音楽が固定されておらず，毎回違った音や音楽を選択して提供することができる。より多くの多彩な音や音楽を流すことができる方法である。④の「サウンドスケープ・デザインの展開」は，そのつど偶発的な音を聞くので，非常に多彩な音を聞くことができる方法である。

　音の展示が固定されている方法から選択的，偶発的な方法へと並べると，次のような順になる。
　③　ヘッドフォンを用いて音を流す―固定
　①　いくつかの部屋に区分けして音を流す―固定
　②　時刻を決め定期的に音を流す―選択
　④　サウンドスケープ・デザインの展開―偶発

4. おわりに

　博物館のサウンドスケープ・デザイン（音の展示と音による環境づくり）については，博物館ではあまり議論の対象になっていない。博物館においてはその基本理念や目的に展示があり，音の展示もその中に含まれる。また，博物館の音による環境づくりを考えることも重要である。

　今後，博物館のサウンドスケープ・デザインが，博物館における一つの研究領域に発展することを望む。また，サウンドスケープ研究において，博物館という公共施設の音環境の研究が発展することを期待する。

参照文献

1) Schafer, R. Murray. 世界の調律：サウンドスケープとはなにか. 鳥越けい子他訳. 東京, 平凡社, 1986, 411p.
2) 鳥越けい子. サウンドスケープ：その思想と実践. 東京, 鹿島出版会, 1997, 212p.
3) サウンドスケープ. vol.1-, 1999-. 年刊
4) 特集：図書館という空間をデザインする. 現代の図書館. vol.38, no.4, 2000, p.231-275.
5) 特集：図書館の快適性を再考する. 情報の科学と技術. vol.52, no.1, 2002, p.2-40.
6) 加藤修子. 図書館の音環境とサウンドスケープ：図書館のサウンドスケープ・デザインをめざして. 慶應義塾大学アート・センター／ブックレット. no.2, 1997, p.10-34.
7) 加藤修子. 図書館におけるサウンドスケープ・デザイン：浦安市立中央図書館における利用者を対象とした音環境調査及び騒音計による調査より. Library and Information Science. no.36, 1996, p.1-22.
8) 加藤修子. 全国11都道府県の公立図書館における音環境調査の総合報告と比較分析：図書館におけるサウンドスケープ・デザイン. Library and Information Science. no.37, 1997, p.13-34.
9) 加藤修子. 都道府県立図書館の音環境の現状と音環境に対する意識：図書館におけるサウンドスケープ・デザイン. 文化情報学. vol.5, no.2, 1998, p.11-26.
10) 加藤修子. 公共図書館のサウンドスケープ（音環境）・デザイン. 現代の図書館. vol.38, no.4, 2000, p.269-275.

11) 佐藤公信. 公共的内部空間の音情報提示の現状とその評価. 展示学. no.33, 2002, p.2-13.
12) 佐藤公信. 受け手のイメージ形成における音の働き. 展示学. no.15, 1993, p.14-22.
13) 加藤修子. 博物館の「音の展示」と「音による環境づくり」：全体報告と館種別特徴に基づく考察. サウンドスケープ. vol.6, 2005, p.56-64.
14) 次のような文献がある.
　　加藤有次. 博物館展示法. 雄山閣, 東京, 2000（博物館学講座：9）
　　大堀哲. 博物館展示・教育論. 樹村房, 東京, 2000（博物館学シリーズ：3）
　　村上義彦. 博物館の歴史展示の実際. 雄山閣, 東京, 1992.
15) 青木豊. 博物館映像展示論－視聴覚メディアをめぐる. 雄山閣, 東京, 1997.
16) 加藤修子. 博物館における音の展示と音による環境づくり－文化情報施設のサウンドスケープ・デザインの展開. 文化情報学. vol.9, no.1, 2002, p.4.
17) 前掲 16) p.4-6.
18) 日本博物館協会編. 全国博物館総覧. ぎょうせい, 東京, 1986.
19) 青木（前掲15））が1996年に行った全国の博物館を対象とした調査においても確認されている. 青木は, 回答を得た825館のうち481館が何らかの映像展示を行っており, 実施率は58.3％であったと述べている。
20) 加藤修子. 博物館における「音の展示」と「音による環境づくり」：全体報告と館種別比較分析およびレベル別分析. 文化情報学, vol.10, no.1, 2003, p.29-54.
21) 加藤修子. 博物館の「音をテーマとした展示」における展示方法の分析. 文化情報学. vol.10, no.2, 2003, p.17-31.
22) 大堀哲. 博物館展示・教育論. 樹村房, 東京, 2000（博物館学シリーズ：3）p.41.
23) 前掲 22) p.46.

図書館・文書館に関する評価と統計：
一つの試論

岸田 和明

1. はじめに

日本図書館情報学会研究委員会編『図書館の経営評価：パフォーマンス指標による新たな図書館評価の可能性』（2003年）[1]のまえがきの冒頭部分（p.iii）に，次のような記述がある。

> 行政（政策）評価や自己点検・自己評価を重視する近年の流れのなかで，図書館の経営評価に対して各方面から大きな関心が寄せられています。日本においても，昨年（2002年）に JIS X 0812「図書館パフォーマンス指標」が制定されるなど，図書館評価に関する種々の試みが活発化していることは周知のとおりです。しかし，同時にまた，図書館評価は，図書館情報学および図書館界が長年にわたって取り組んできた研究課題であることも忘れてはなりません。過去の研究・経験の蓄積の上に，最近の外部的および内部的な動向を加味し，今日の図書館がおかれた状況にふさわしい図書館評価のありかた・方法を模索していく必要があるでしょう。

現在，図書館評価論はこの記述が示すような状況にあり，この問題に関連した優れた著作・論考が数多く出版されている。

本稿では，図書館評価に関する基本的な解説はこれらの文献にゆずることとして，筆者が最近何らかのかたちで関わった，次の4点に関する論考をそれぞれ試みたい。

① 統計と指標と測定：第2節
② 顧客（利用者）満足度の可能性：第3節
③ 蔵書評価の技術的課題：第4節
④ 文書館あるいは記録管理の統計と評価：第5節

いずれも試論の域を超えてはいないが，少なくとも何らかの問題提起ができる

のではないかと考えている。基礎的な解説を省略する代わりとして，最後の第6節において，図書館評価に関するいくつかの基本的文献を簡単に紹介することとしたい。

2．統計と指標と測定

（1） 統計と指標

統計（statistics）という用語の基本的な意味は「集団を記述する数量」[1]であり，この種の数量を使って評価を実施できる。例えば，貸出統計を使えば，その図書館の貸出サービスの利用の程度を評価できる。もちろん，統計を使わない評価も可能であり，例えば，ある分野の所蔵資料を専門家が主観的に評価する場合には，特に統計には依存しない。

統計は評価の実施に寄与するが，評価に自動的に結びつくわけではない。例えば，ある市における公立図書館の「20XX年度の貸出冊数（貸出延べ冊数）」は重要な統計ではあるが，この数量を単体で掲げても，何ら評価をしたことにはならない。一方，次のような分析を試みたとする。
① 貸出冊数をその市の人口で割る。
② ①の数値を日本の全国平均と比較する。
ここで①の数値は貸出密度と呼ばれる指標（indicator）であり，二つの統計データ（人口と貸出冊数）から算出されたこの指標を，②の段階で基準値と比較することにより，評価が成立する。このような「統計データの収集 → 指標の算出 → 基準値との比較」が数量的な評価における基本的な手続きである。

図書館評価と同様に，科学計量学（scientometrics）の分野においても，さまざまな指標が利用されるが，それらは形式的に以下のように類型化できる[3]。
(a) 単純型（simple）：統計的な数値をほぼそのまま使う場合
(b) 特定型（specific）：例えば，ある研究機関による出版点数をその研究者数で割るような場合
(c) バランス型（balance）：例えば，ある雑誌が引用をおこなった回数とその雑誌が引用された回数との比など
(d) 分布型（distribution）：構成比あるいは構成比どうしの加減乗除によ

り計算された指標
(e) 相対型（relative）：何らかの「望ましい基準」を設定し，それがどれだけ達成されたかを比の形式で計算した指標

　この類型は図書館評価の文脈にも応用できる。例えば，「貸出密度」は特定型，「相互貸借における貸出数と借出数の比」はバランス型，「蔵書構成比」は分布型に該当する。また，「目標とする目録作成件数に対する実際の件数」を比のかたちで表せば，相対型となる。相対型指標は簡単にいえば達成度である。

　上記の指標の類型に欠けているものとしては，例えば，
(f) 経済指数型（economic index）：特定の状況を基準として比較可能な数量的表示をおこなうもの[2]

が挙げられるだろう。ある特定時点での貸出冊数を100として，その後の貸出冊数を経年的に表示する場合がこれに相当する。

（2）統計における操作的定義

　以上の例が示すように，指標は統計データから算出される。このため，国際規格ISOにも，図書館パフォーマンス指標を規定したISO11620とともに，図書館統計を規定したISO2789がある。もちろん，評価のための指標の算出を目的としない統計利用もありうるので（現状把握など），これらが完全に双方向的に連動しているとはいえないが，少なくとも，ISO11620で規定されている指標の算出に必要な統計はISO2789に含まれる必要がある。

　ISO2789の初版は1974年に出されており，現時点での最新版は2003年の第3版である。これについては，徳原による解説[4]があり，その中で，ISO2789での規定と日本図書館協会による『日本の図書館』との整合性が問題として論じられている。例えば，ISO2789では「レファレンス質問数」には，施設案内などは含めないことになっているが，『日本の図書館』では，この種の詳細な規定がなく，一部の図書館ではこれを含めて計数してしまっている可能性がある。この結果，ISO2789の規定に沿った統計に比べて，その数値が「膨らむ」ことになるかもしれない。

　これは基本的には統計の操作的定義の問題である。「レファレンス質問（reference request）」は抽象概念であり，これを実際に測定するには，操作

的な (operational) 定義を設定しなければならない。ISO2789ではレファレンス質問は，

> 図書館職員が自らの知識及び一つ以上の情報資源（例　印刷資料，非印刷資料，機械可読データベース，自館及び他機関の目録）を駆使して行う，情報仲介

として操作的に定義されており，さらに，注記として，

> 施設案内及び運営に関する質問（例　職員又は設備の配置，開館時間，リーダープリンタ又は端末といった機器の取り扱い）は除く，
> 書誌事項が特定されている所蔵資料の配架場所についての質問も除く

ことなどが述べられている。

　図書館に限らず，一般に，事象や実体について，明確かつ厳正な操作的定義を設定することはそれほど容易ではない。また，操作的定義が明確かつ厳正になると同時に，その表現は複雑にもなるので，この点，操作的定義の正しい認識もまた困難になる可能性もある。しかしながら，操作的定義の遵守を怠れば，統計やパフォーマンス指標の比較において重大な齟齬が生じることになるわけで，操作的定義の精緻化および遵守を進める努力は重要である。

3．顧客（利用者）満足度の可能性

（1）満足度の指標的複合性

　最近の図書館評価の特徴の一つとして，アウトカム（outcome）あるいはインパクト（impact）の重視が挙げられる。ISO11620ではこの種の指標として利用者満足度（user satisfaction）が規定されている。これは具体的には，図書館のサービス等に関する利用者の満足度を5段階評点で回答してもらい，平均した数値である。行政評価や企業での業績評価において顧客満足度が積極的に活用されるようになったという背景もあって，図書館評価に「満足度」が重要な位置を占めるようになっている。

　もちろん，これまで，図書館評価において利用者の満足度が無視されてきたわけではない。例えば，1980年に出されたパーマー（Palmour）らによる A Planning Process for Public Libraries[5] でも，パフォーマンス指標とし

ての利用者満足度に関するまとまった言及があるし，その後の *The Public Library Effectiveness Study*（1993年）[6]でも，満足度に関する指標がいくつか取り上げられている。しかし，それらはどちらかといえば，あくまで「指標の一つとして」という位置づけであり，顧客満足の概念を前面に押し出したハーノン（Hernon）らの著作[7]などに比べれば，重点のかかり方に大きな相違がある。

　ここで例えば，ある図書館が来館者調査を実施した結果，相互貸借サービスの満足度が3.8だったとする。では，それがいったい何を意味するのであろうか。もちろん周知のように，パフォーマンス指標はいわゆる「Plan（計画）-Do（実行）-See（評価）」の枠組みの中で活用されるべきで，もし，昨年度3.0だった満足度が，ある改善計画の実施により3.8に上昇したというのならば，3.8という数値に意味はあるだろう。しかし，ここでの問題意識は，より根本的に，「満足度」の概念自体がどのような具体的な意味を持つものかという点にある。

　例えば，情報検索の分野でも，検索結果に対する「利用者満足」の概念が用いられることがあるが，これは，検索された文献の正確さ，質，量，適時性，表示形式，理解の容易さ，読みやすさ，金銭的価値などの操作的な基準が複合的に組み合わされて成立する抽象概念である（岸田[8]のp.212参照）。図書館評価の場合にも同様であろう。例えば，相互貸借サービスに対する満足感は，実際に文献を手にするまでの日数や申込みの容易さ，職員の応対などの構成要因から総合的に形成されていると想像できる。

　このように考えてくると，「満足」という抽象概念ではなく，具体的な操作基準のレベルでの評価が必要ではないかとの発想に至る。ある場合には，満足度の低いサービスに関して図書館員がその原因を徹底的に論じ合う，または，調査票の自由回答部分（例：「満足（あるいは不満足）の理由をお書きください」に対する回答部分）を分析するなどの方策で，具体的な改善策が導かれることもあろう。しかし，「満足」という概念が複合かつ抽象的な概念であり，それに実質的な影響を与える操作的要因に還元可能であることは常に念頭に置くべきである（ただし還元された要因を完全に測定できるかどうかは，また別の科学認識論的問題である）。

（2）満足度の測定

　来館者調査や住民調査を用いた利用者満足度の測定に関する技術的な問題については，すでに拙稿[9]にて，実証的なデータに基づいて論じた。そこでの主要な結論の一つは，「回答者に十分な指示を与えることのできない状況でなされる主観的な測定の結果である満足度に対して，自然科学の実験において要求されるような高いレベルの統計的精度を求めることには意味はなく，偏り（バイアス）さえなければそれほど大きな標本は必要ない」である。例えば，大規模図書館で1週間（休館日を除く6日間）の来館者調査を実施し，3,000件を超える回答が得られたとする。実際には母集団における分散（ばらつき）の大きさにもよるが，図書館評価に必要な統計的精度を得るには，おそらく，3,000という大きさの標本は必要ない。同じ経費をかけるなら，3日間の調査を平常期と特別な時期（公立図書館の場合には夏休み・春休みなど）に2度にわたって実施した方が得られる示唆は大きいだろう（ただし，固定費用があるので，3日間調査の経費が単純に6日間の場合の半分になるとは限らない）。

　拙稿[9]でも強調したように，評価に必要以上の労力や経費を投入しすぎて，肝心の業務・サービスに支障が生じては，それこそ本末転倒である。利用者満足度の測定の本来的な目的は業務・サービスの改善・向上であって，「真の」満足度を明らかにするための科学的調査の実行ではない。業務・サービスの改善のための意思決定に支障が生じない程度の精度を保ちつつ，なるべく評価に要する経費を下げるよう努力することが望ましい。

　また，利用者満足度を測定するための方法としては来館者調査が一般的であるが，図書館にある程度満足している人が実際に足を運ぶのだから，来館者調査による満足度が高めとなることは当然である。実際，拙稿[9]においても，来館者調査の結果と郵送法による住民調査の結果とを比較したところ，前者による満足度のほうが高いという結果を得た。来館者調査の結果を使う場合にはこの点に十分注意する必要がある。

　最も理想的なかたちは，定期的に来館者調査を実施し，満足度を連続的に測定していく中で，ときおり，住民調査を試み，それによって来館者調査の過大評価を補正することであろう。ただ，個人情報保護の意識の高まりの中で，住民調査における標本抽出の情報源となる住民基本台帳の利用が難しくなる可能

性がある。そのような場合には行政モニターのような制度の活用が考えられるし、あるいは、インターネットによるアンケート調査を利用できるかもしれない（例えば、図書館関連でYahoo! Researchのネットアンケートを用いた事例としては、辻・芳鐘・影浦の研究[10]がある）。

（3） 満足度の高度な活用

　行政（政策）評価において顧客満足の概念が重要な役割を占めることは周知のとおりである。さらに、一般的な営利企業においても顧客満足度が重要な業績評価尺度となりつつある[11]。企業の場合には、通常、資本利益率のような財務的指標によって業績の評価がなされるが、それに加えて、顧客の「期待」に対する満足度を測定し、それがどのように顧客ロイヤリティにつながっていくかを分析する重要性が認識されている。ここで、顧客のロイヤリティとは、「長期にわたって顧客が顧客としてとどまるかどうか」（ニーリ（Neely）[11]のp.37参照）という概念であり、企業が業績を維持するための重要な要因である。

　ニーリによる著作[11]では、欧州顧客満足度指標（ECSI）が取り上げられており、それをデンマークの郵政公社に適用した事例が掲載されている（第17章、p.323～339）。ECSIモデルでは、顧客満足度を決定する要因（潜在変数）として、「イメージ」「期待」「知覚品質」「知覚価値」が設定され（ただし、「知覚品質」は「ハードウェア」の知覚品質と「ヒューマンウェア」の知覚品質の二つの要素に分割される）、それらに対する測定変数が顧客満足度にどのように影響するのかが、潜在構造分析を使って調査される（具体的な潜在変数についてはニーリ[11]のp.332参照）。さらに、その顧客満足度が顧客ロイヤリティにどのように結びつくのかに関する分析もおこなわれる。

　ECSIモデルが実際にどの程度、図書館の状況に応用できるかは未知数であるが、このモデルは、「Plan-Do-See」における「See」のための基準としての活用とは別の枠組みでの、顧客（利用者）満足度の利用法を示唆しているようにも思われる。3節(1)で既に論じたこととも関連するが、業務・サービスが具体的にどのように向上すれば満足度の上昇に寄与するのかを実証的に明らかにすることは、図書館経営へ重要な示唆を与える可能性がある。あるサービスに対して4.20の満足度が得られている場合に、さらにそれを4.50に高めるには、

どのような改善が必要なのか。その解答らしきものが潜在構造分析から得られるかもしれない。あるいは，あるサービスについては，その期待度が高すぎて，満足度のさらなる向上の達成が難しいことが示唆されるかもしれない。

「Plan-Do-See」における「See」のための基準としての満足度の重要性をもちろん否定するわけではないが，ECSIモデルなどを参考にした，利用者満足度に対する統計的に高度な分析も，今後模索されるべきであろう。

4．蔵書評価の方法：チェックリスト法の問題点

蔵書評価は図書館評価の枠組みの中で独特の位置を占めている。ISO11620の中にも，蔵書の評価に関する指標がいくつか含まれているが（例：蔵書回転率），蔵書評価法はおそらくそれ以上の領域的な広がりを持っており，例えば，応用先として蔵書評価を掲げている計量書誌学的研究なども含めれば，これまでに著された関連文献は膨大な数になる（岸田[12]によるレビューを参照）。この点で，図書館評価の枠を「はみ出した」一つの領域として蔵書評価を捉えることも可能であろう。

蔵書評価法は一般に「蔵書中心」の評価方法と「利用者中心」の評価方法とに区分される（例えば，三浦・根本[13]の第5章を参照）。前者の代表は，蔵書統計の分析，チェックリスト法，コンスペクタス，蔵書の重複度調査などであり，後者に関しては，貸出統計や引用データの分析がその典型例ということになる。ここでは，このような数多くの諸手法の中で，特にチェックリスト法に焦点を当て，その問題点等を論じることにしたい。

チェックリスト法とは，簡単に言えば，何らかの資料リストを用意し，それに対する自館での所蔵の程度を把握する方法である。例えば，国立国会図書館の所蔵リスト（NDL-OPAC）をチェックリストとして，日本国内で出版された図書の「所蔵率」を調べることができる。当然，この方法の妥当性は適切なチェックリストを用意できるかどうかにかかっており，これまで，全国書誌，主題書誌，選定図書リスト，蔵書目録，ある著作が引用している文献リストなど，さまざまなリストの活用が試みられてきた。この種のリストの中から適切なチェックリストを設定できれば，後は，チェックリストと自館の所蔵リスト

との照合を実行すればよいことになる。

　ところが，実際には，適切なチェックリストを設定することはそれほど容易ではなく，もし仮にそれがうまくいったとしても，自館の所蔵リストとの照合もまた簡単な仕事ではない。これらの作業過程で「誤差」が生じれば，その結果として算出される所蔵率の信頼性が低下せざるをえない。以下，筆者が関与した，国立国会図書館における図書館情報学分野の洋書に関する蔵書評価に関するプロジェクト[14]を例にとって，この問題を考えてみる。

　このプロジェクトの目的は，「国立国会図書館における図書館情報学分野の洋書の所蔵が十分であるかを評価する」ことにあった（より正確には，この評価を通じて「蔵書評価の可能性および技術的問題を探る」ことを目的としていた）。この目的はいくぶん抽象的であり，実際の測定のためには，この文言中に含まれる，

　　　　(a)「図書館情報学分野」　　(b)「洋書」　　(c)「十分な所蔵」
についての操作的な定義が必要になる。

　まず，(c)「十分な所蔵」については，何をもって「十分」とするかを決める必要がある。例えば，元々の蔵書構築の目的が「なるべく広範に数多くの図書を網羅する」のか，それとも「重要な図書を網羅する」のかによって，使用するチェックリストが変わってくる。前者ならば，大規模図書館の蔵書目録や総合目録，全国書誌などがその候補となるだろうし，後者ならば，選定図書リストや文献案内などが適しているであろう（この蔵書評価プロジェクト[14]では，前者の「網羅的な所蔵」，後者の「重要文献の所蔵」の両面を評価するために，米国議会図書館と中国国家図書館の蔵書目録，国立情報学研究所のNACSIS-CATデータベース，図書館情報学分野の基本文献や学術雑誌中の引用文献リストなど，複数のチェックリストを併用した）。

　次に，そのチェックリストに含まれるデータ項目を利用して，(a)「図書館情報学分野」と，(b)「洋書」を操作的に規定しなければならない。前者の(a)については「分類記号」，後者の(b)については「資料種別」と「出版国」がデータ項目として存在すれば，とりあえずは作業を進めることができる（なお，このプロジェクト[14]では，出版年も限定したので，実際には「出版年」のデータ項目も使用している）。

ここで注意すべき点は，分類記号や資料種別が，相手側（チェックリスト側）の規定に依存することである。例えば，米国議会図書館の蔵書目録をチェックリストにする場合，分類記号は米国議会図書館分類法（LCC）であり，それに基づいて付与された分類記号は，当然のことながら，米国議会図書館による分類作業の結果である。したがって，自館（この場合には国立国会図書館）による分野（この場合には図書館情報学）の規定に対して，分類体系の相違と分類作業上の相違の二つに起因する「分野のずれ」が生じる可能性がある。この結果，自館の所蔵リストの方を分野で特に限定しなければ主題的な範囲に関する照合処理上の問題は回避できるとしても，分野に関する「理念的範囲」を相手側に合わせざるをえないことになる。資料種別についても同様である。例えば，逐次刊行物的な性格を持つ図書の場合，その種別としての取り扱いが相手側と自館とで食い違う可能性がある。

　以上の点に注意し，照合すべきチェックリストの範囲を操作的に規定できれば，次に，その規定に該当する資料が自館で所蔵されているかどうかを確認する。これは目録データ上での資料の同定作業に相当する。この種の同定は目録記述の本来的な目的の一つであるので，チェックリストが何らかの目録ならば，この作業はもちろん可能でなければならないわけではあるが，実際にはそれほど簡単ではない。特に，チェックリストの規模が大きく，人手による同定作業が実際的でない場合，コンピュータを利用した書誌的な突合せ処理に頼らざるをえず，人間による高度な判断を利用しないアルゴリズム的な自動同定が必要になる（もちろん，自動的に判断できない部分だけを人に頼るような半自動的な方法も可能であろう）。

　このための同定キーとしては，ISBN（国際標準図書番号）やISSN（国際標準逐次刊行物番号）が利用可能である。今回のプロジェクト[14]でも，ISBNを使用した。ISBNは本来的にこの種の同定のために付与されているものであるが，実際には次のような場合に問題が生じる。

① 一つの図書に複数のISBNが付与されている場合
② 内容は同一であるが，装丁の相違等によって，異なるISBNが付与される場合（元々，物理的実体は別物）
③ シリーズもので，一つの巻（図書）にISSNとISBNとが両方付与され

ている場合

　これらのケースにおいて，目録へのISBNの記載方法が相手側と自館とで異なっていると，実際には自館で所蔵しているにもかかわらず，ISBNが一致しないために，所蔵しないことになってしまう可能性が生じる。この結果，所蔵率が過小評価されることになる。

　ISBNやISSNのような識別子が使用できないという条件で，書誌的な同定を実施するアルゴリズムについては，データベースにおける重複レコードの検出用に開発されてきたものがあり（例えば，松井[15]の第9章参照），最近でも，ウェブ等に応用範囲を広げつつ，継続して研究が進められている[16]。今後は，これらのアルゴリズムの活用も検討する必要があるかもしれない。

　以上，チェックリスト法による所蔵率の計算には，
　　(a)「理想のリスト」と実際に利用できるリストとの差異
　　(b) 資料の範囲の操作的規定に起因する「誤差」
　　(c) 照合作業における測定誤差
などの要因から過大評価・過小評価が生じる可能性がある。チェックリスト法の実施にはこの点に留意しなければならない。

5．文書館・記録管理の統計と評価

　ISO11620はTC46（Technical Committee 46）「情報とドキュメンテーション（Information and documentation）」によって策定されたものであるが，このTC46にはSC11（Subcommittee 11）として「アーカイブと記録管理（Archives/records management）」が含まれている。TC46の中でもSC11は比較的新しく，現時点で活発な活動を続けている（その概要については小谷による解説[17]がある）。

　文書や史料，記録の管理は，図書館あるいは図書館情報学の隣接領域であり，技術的に共通・類似する部分が少なくない。それでは，その中で「評価」の問題はどのように取り扱われているのであろうか。例えば，記録管理に関する国際規格ISO15489-1（JIS X 0902-1が対応）の中には，記録管理システムの設計過程における「既存システムの評価」に言及があるし，その自己評価に関し

てWGにて検討が行われている。しかし，その具体的な方法や考え方については，各種の文献やウェブを探してみたが，十分にまとまった資料を見つけることができなかった。

　図書館評価が長い伝統を持ち，その方法論がある程度体系化されているのに対して，アーカイブ／記録管理の分野では，評価の問題はまだこれからの課題なのかもしれない。しかし，文書館や記録管理が情報の蓄積・保存・提供のためのシステムの一つである以上，当然，図書館と同様な評価は必要であろうし，また，TC46/SC11に代表されるようなアーカイブ／記録管理の向上のための活動が成熟していく中で，実際の問題として今後焦点が当てられていく可能性もある。

　上で述べたように文書館や記録管理の評価に関する体系的な文献は見つけることはできなかったものの，これに関する興味深い試み・事例はいくつか存在した。その中でも，

　① UNESCOによる文書館に関する国際統計
　② オーストラリアの文書館統計
　③ 米国における利用者ベースの文書館評価
　④ 日本における行政評価の一環としての文書管理の評価

などは，文書館や記録（文書）管理に対する評価を考える上で見ておく価値があるだろう。

① UNESCOによる文書館に関する国際統計

　UNESCOによる文書館についての国際的調査は1984年と1988年に質問紙法によって実施され[18]，その統計年鑑に集計結果が掲載されている。調査対象は，各国のnational/regional/localの三つのレベルの文書館であるが，localレベルの把握は難しかったようで，統計年鑑には，nationalとregionalのみ結果が提示されている。図書館では一般にlocalなレベルまで把握されている（例えば，日本においては日本図書館協会が公立図書館の詳細な統計を集計しているし，UNESCOの統計にも国立／公立／高等教育／専門などの区分がある）のに比べて対照的である。

　統計年鑑に提示されている集計項目は1984年調査と1988年調査では若干異な

る。1984年調査では，(a) 記録史料（archives）の所蔵（メートル・件数），(b) 記録史料の追加（メートル・件数），(c) 検索可能な記録史料（メートル・件数），(d) レファレンスサービス（利用者数，質問数など），(e) 設備（書庫の広さなど），(f) 職員数，(g) 経費であり[19]，1988年調査では，「修理・修復」と「展示」が加わる一方，(c) の検索可能な記録史料が削除されているほか，細かな点でいくつか変更がある。

統計年鑑から知ることができるのは，残念ながら，national レベルの数値がほとんどであるが，それでもこの貴重な調査から，各国の国立文書館の様子をうかがい知ることができる。

② オーストラリアの文書館統計

オーストラリアは記録管理の先進国として知られているが，オーストラリア（およびニュージーランド）における国立・州立の文書館から構成される Council of Australasian Archives and Records Authorities（CAARA）では，加盟館における統計をウェブで公開している（現時点での最新版は2005年版で，10館の統計が掲載されている）[20]。その主要な項目は，記録史料の所蔵・追加，整理と記述（目録への登録件数など），レファレンスサービスと利用（ウエブアクセス含む），保管施設，職員数，予算と経費である。主要な指標については，時系列で比較することも可能となっている。

③ 米国における利用者ベースの文書館評価

図書館あるいは図書館情報学分野では，利用者や利用に焦点を当てた研究・調査が盛んであり，特に1970年代にはいわゆる利用者志向アプローチと呼ばれる思想・方法論も台頭した（岸田[8] の第6章参照）。それに比べれば，文書館においてはこれまで，利用の側面にそれほど重点は置かれてこなかったようであるが，Duff と Johnson[21] は"しかしながら，1990年代以降，アーキビストはレファレンスサービスと利用により多くの関心を持ち始め，数多くの研究者が文書館利用者の情報探索行動の研究を開始した"と述べている。

このような動きは当然，評価の面にも影響する。すでに述べたように，レファレンス統計は1980年代の UNESCO による調査にも採用されているが，今後さらに，利用者の側面からの文書館評価が促進される可能性がある。例えば，米

国では，Michigan 大学を中心に，「Developing Archival Metrics in College and University Archives and Special Collections（大学文書館と特殊コレクションにおけるアーカイブ指標の開発）」というプロジェクトが進められているが[22]，そのプロジェクトの成果の一つとして，「*User-Based Evaluation and Metrics in Archives*（アーカイブにおける利用者ベースの評価と指標）」という単行書が出版されるようである（本稿の執筆時点では，残念ながら，目次と各章の要約のみしかわからない）。このような活動を契機として，利用の側面からの文書館評価の議論が今後活発になっていくことが予想される。

④　日本における行政評価の一環としての文書管理の評価

　（広義の）記録管理は文書館という場だけではなく，官公庁や企業などの現場でも実践されている活動である。特に，官公庁・地方自治体においては，公文書の管理はその基幹的業務の一つであって，最近の行政評価の対象にもなっている。いくつかの自治体はその結果をウェブで公開しており，文書管理に関する行政（事業）評価の実際を部分的にではあるが，知ることができる。筆者が，2006年7月の時点で確認した範囲では，愛知県，大阪府，神奈川県，大阪市，高崎市での事例を簡単に見つけることができた。そこで使用されている代表的な評価指標には，歴史的文書資料類などの収集状況（点数），歴史的文書資料類の利用状況（人数），歴史的価値のある公文書などの収集率（収集した文書数 ÷ 選別した文書数 × 100），公文書公開請求件数，請求に伴う文書公開率，文書の特定検索時間（秒）などがあった。

　この種の報告を見ると，各自治体での公文書管理の重点の置き方の相違が感じられ，たいへん興味深いが，この種のデータがせっかく一般公開されているのであるから，ISO11620のような評価指標のガイドラインが作成されれば，相互比較なども可能となり，実際の業務・サービス改善に一層役立つのではないかと思われる（もちろん，図書館に関しても，実際には多種多様の評価指標が行政評価の現場で利用されていると予想される）。

　以上の事例は今後の文書館や記録管理の評価を考えていく上で参考になる。また，評価に関してはやや先行している図書館での方法の導入を検討してみることも重要であろう。例えば，文書館や記録管理が利用者に情報を提供するシ

ステムである以上，利用者満足度を測定することは無駄ではないように思われる。

しかし，同時に，図書館と文書館の本質的な相違も十分に考慮する必要がある。例えば，実際にはその収集対象資料が図書館と文書館とで重複することはあるものの，本来的には，文書館の対象は（一般的な意味での）「文書」であり，これは図書館が扱う「公的な出版物」とは性格を大きく異にしている。文書は基本的には，その組織固有のものであり，出版物のような複製ではない。したがって，上で議論したようなチェックリスト法は「的外れ」である。また，出版物は，出版流通のためという事情もあり，形態的にまとまっているが，文書はそうではなく，フォルダやシリーズなどの形態で扱われることもあって，「単位」の識別が難しい。このため，図書館における「蔵書冊数」のような統計を簡単に出すことができず，長さ（メートル）で代替したり，何らかの方法で件数を推計せざるをえない（これについては，CAARA の統計に，各館で採用されている推計方法の記載が含まれており，興味深い）。

このように考えてみると，直観的に，文書館や記録管理の評価の方が図書館のそれに比べて難しいようにも思える。もちろん，無理に，文書館や記録管理の評価・統計を図書館のレベルに持っていく必要はない。評価の第一義的な目的は業務・サービスの改善である。文書館や記録管理の改善に十分な示唆を与える範囲内で，なるべく手間をかけずに集計できる統計データに基づいた評価指標を開発していくことが重要であろう。

6．関連文献の紹介

冒頭で述べたように，図書館評価の基本的な解説を省略する代わりに，本稿の最後に，図書館評価に関するいくつかの基本的文献を選択的に紹介することとする。

図書館評価の全般についてはF.W.ランカスター（Lancaster）による著作[22]がよくまとまっている。1970年代から80年代にかけての欧米を中心とする研究の成果が網羅的に解説されており，現時点での図書館評価の標準的な教科書といえるだろう。一方，最近のものとしては，ハーノンらによる二つの著作[7,23]

があり，顧客満足度やサービス品質，成果（アウトカム）の測定に重点が置かれている。

　この種の最近の動向に関しては，日本図書館情報学会による『図書館の経営評価』[1]があり，NPM（ニューパブリックマネジメント）論やパフォーマンス指標，SERVQUALなどについて，いくつかの解説論文が掲載されている。同様のトピックについては，その他，特に大学図書館に焦点を当てたものとして佐藤[24]による概説が参考になる。

　図書館統計・評価に関する標準化の動向については徳原[4]が詳しい。また，電子図書館サービスの評価については，『情報の科学と技術』誌で特集[25]が組まれているほか，佐藤[24]にも言及がある。実際の公共図書館における利用者満足度の測定については，その技術的な問題を岸田ら[9]が扱っている。そのほか，業務統計と調査統計との区別など基礎的な事項については，拙稿[26]を参照してもらいたい。

注・引用文献

1) 日本図書館情報学会研究委員会編.『図書館の経営評価：パフォーマンス指標による新たな図書館評価の可能性』，勉誠出版, 2003, 170p.（シリーズ・図書館情報学のフロンティア3）
2) 竹内啓編. 統計学辞典. 東洋経済新報社, 1989, 1185p.
3) 岸田和明. 科学計量学的な指標の特徴と問題点. 書誌索引展望. vol.20, no.2, 1996, p.1-11.
4) 徳原直子. 図書館評価：パフォーマンス指標と統計. 情報の科学と技術. vol.56, no.7, 2006, p.323-330.
5) パーマー,V.E.；ベラッサイ,M.C.；デワース,N.V. 田村俊作ほか訳. 公共図書館のサービス計画. 勁草書房, 1985, 308p.
6) Van House, N. A.；Childers, T. A. The Public Library Effectiveness Study. *American Library Association*, 1993. 99p.
7) Hernon, P.；John, P.；Whitman, R. 永田治樹訳. 図書館の評価を高める：顧客満足とサービス品質. 丸善, 2002, 225p.
8) 岸田和明. 情報検索の理論と技術. 勁草書房, 1998. 314p.

9) 岸田和明, 小池信彦, 阿部峰雄, 井上勝, 植田佳宏, 下川和彦, 早川光彦. 来館者調査についての方法論的検討：利用者満足度に関する実証分析を通じて. 現代の図書館, vol.43, no.1, 2005, p.34-50.
10) 辻慶太, 芳鐘冬樹, 影浦峡. 司書資格の取得がもたらす効果：社会人及び大学新入生に対するネットアンケート調査. 日本図書館情報学会春季研究集会, 2006年5月.
11) ニーリ, アンディ編. 清水孝訳. 業績評価の理論と実務. 東洋経済新報社, 2004, 459p.
12) 岸田和明. 蔵書管理のための数量的アプローチ：文献レビュー. Library and Information Science, no.33, 1995, p.39-69.
13) 三浦逸雄, 根本彰. コレクションの形成と管理. 雄山閣, 1993. 271p.
14) 蔵書評価に関する調査研究. 国立国会図書館（図書館調査研究リポート, no.7）, 2006. 144p.
15) 松井幸子. 社会科学文献データベースの構造解析. 丸善, 1992. 336p.
16) 相澤彰子, 大山敬三, 高須淳宏, 安達淳. レコード同定問題に関する研究の課題と現状. 電子情報通信学会論文誌, vol.J88-D-I, no.3, 2005, p.576-589.
17) 小谷允志. 文書・記録の標準・規格. 情報の科学と技術. vol.56, no.7, 2006, p.317-322.
18) Statistical Yearbook 1990. Unesco, 1990.
19) Statistical Yearbook 1986. Unesco, 1986.
20) http://www.caara.org.au/Archival%20Statistics/statistics.htm
21) Duff, W. M. ; Johnson, C. A. Where is the list with all the name?: information-seeking behavior of genealogists. American Archivist. vol.66, no.1, 2003, p.79-95.
22) F.W.ランカスター. 中村倫子, 三輪眞木子訳. 図書館サービスの評価. 丸善, 1991. 228p.
23) Hernon, P. ; Duan, R. E. 永田治樹, 佐藤義則, 戸田あきら共訳. 『図書館の価値を高める：成果評価への行動計画』丸善, 2005, 267p.
24) 佐藤義則. 大学図書館の評価. 『変わりゆく大学図書館』逸村裕, 竹内比呂也編. 勁草書房, 2005, p.191-208.
25) 特集：図書館サービス評価とE-metrics. 情報の科学と技術. 54(4), 2004.
26) 岸田和明. "第9章 図書館業務・サービスの評価". 図書館経営論. 改訂版. 高山正也編. 樹村房, 2004, p.137-153.

エッセイ

図書館にアイデンティティはあるか？
英国図書館のブランディングに学ぶこと
南山 宏之

1．図書館は誰のものか？

　1978年の春，高山正也先生のゼミ1期生として図書館情報学科を卒業した私は，大阪近郊にある私立大学の付属図書館で働くことになった。卒業の1ヶ月前まで，三田情報センター（現・メディアセンター）の渋川雅俊先生のもとで特訓を受け，まさに意気揚々としての図書館デビューだった。

　ところが，図書館の現場で働き始めてまもなく，私は重大なことに気がついた。それは，今までに学んできた図書館・情報学では現場の図書館は運営できないということだった。図書館・情報学に問題があるのではない。それらを活かす前提として，あるいは図書館で働く最も基本的な要件として，その図書館がどのような理念やビジョンを持っているのか，あるいは，その図書館が帰属する大学組織の目的や価値観（形式知と暗黙知）が何であるのか，ということがすべてに優先されるという，考えてみればあたりまえのことに気がついたのである。

　自分が働く図書館は何のために存在しているのか？　オーナーである法人は

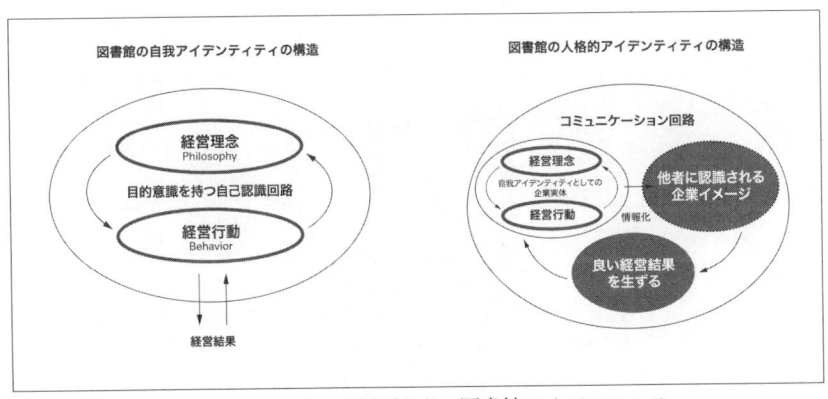

E.H.Eriksonの2つの側面をもつ図書館アイデンティティ

どんな価値観を大切に大学組織を運営し，それを実現するために図書館に何を期待しているのか？　それは言い換えれば，自分がその図書館に勤める理由とは何か,,, という問いと同じ意味である。私はどうしても，その図書館に固有の理念やビジョンを見出すことはできなかった。「そもそも，そのような理念を明確に掲げながら経営されている図書館なんて，この日本にあるのだろうか？」私はそのように自分に問いかけながら，アイデンティティ・クライシスに陥っている図書館とそこで働く自分自身がむなしく思えた。

図書館は誰のものか。それは，出資者とユーザーのためにある。彼らが期待する成果を生み出す装置として，ライブラリアンはその図書館をいかに高性能なマシンとして精緻に設計し稼動させるかというミッションを担っている。しかし，同時に，図書館はそこで働く従業員（ライブラリアン）のものでもある。よりよいサービスを実現したいと集まってきたライブラリアンたちが，一人ではなしえないような成果を生み出し，働く喜びを実感する場所でもある。図書館の経営者は，有能なライブラリアンを確保し育成するために自らのめざす姿を示し，モチベーションを高める努力が求められる。そして，図書館は社会のためにある。知的資源ネットワークとしての価値，都市空間環境としての価値を期待され提供するミッションが与えられている。

図書館が既存の図書館・情報学を使いこなすためには，このような経営のベースとなる図書館そのもののアイデンティティがマネジメントされているということが重要な与件であるとそのとき気付いたのである。

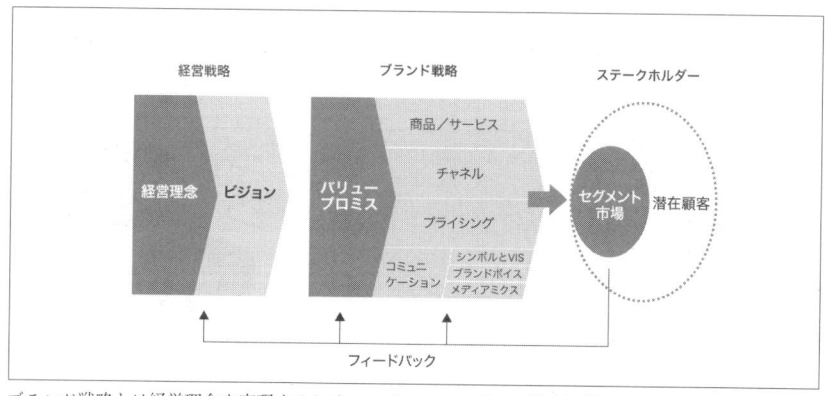

ブランド戦略とは経営理念を実現するためにステークホルダーに約束価値をデリバリーする投資計画

2．英国図書館のブランディングに学ぶこと

　昨年，海外のブランディング事例調査プロジェクトの一環として英国図書館を尋ねた。英国図書館のブランディング事例は，図書館のアイデンティティ経営を考えるのにたくさんの示唆を与えてくれる。図書館のブランディングとは，自らの理念（存在目的と大切にする価値観。未来のあるべき姿など）を見直し，ステークホルダーとの約束価値を再定義し，その図書館がもつブランド価値の最大化と新しいアイデンティティ確立を図るための戦略といえる。

　英国図書館は1997年，完全に英国博物館から分離しながらも，あいまいなアイデンティティと深刻な財政危機に直面していた。政府予算や後援者からの支援を獲得するためにも自らの存在理由を明確に説明する必要があった。

　同年，44歳のトニー・ブレアが首相に選出されると，彼は「クールブリタニア」をスローガンに「クリエイティブ産業タスクフォース」を組成し，それらの活動の一環として英国の産業や文化への貢献を担うための英国図書館のあり方そのものを見直すプロジェクトが始まった。

　まずは英国図書館の組織改革が実行された。主要な局長ポストすべてが外部民間から招かれた。その中でも特に注目されるのが，戦略マーケティング＆コミュニケーション局長のジル・フィニーがディレクションするブランディング活動である。

a．「図書館とは何か？」の再定義： ビジョンの再構築

　ブランディングプロジェクトは，英国図書館自身の再規定から始まった。英

The 21st century Library*
*1. Plays a leading role in the changing world of research information.
2. Exists for everyone who wants to do research – for academic, personal or commercial purposes.
3. Promotes ready access to the collection and expertise through an integrated range of services which are increasingly time and space independent.
4. Connects with the collections and expertise of others and works in partnership to fulfil our users' needs.

新しい英国図書館のエントランスサイン　　発表された21世紀型図書館の定義

国図書館は,「Oxford Dictionary に書かれている図書館の定義はもう過去のものである」と宣言。「The 21C Library: 21世紀の図書館のあり方」として,新しい図書館の定義を発表し自分たちのめざす姿を明らかにした。

　自らの理念体系の再構築を行い,(1)エッセンス「The World's Knowledge」,(2)ミッション,(3)ビジョン,(4)戦略的優先事項,(5)組織価値観といった価値体系が,わかりやすく明確に内外に発表された。世界の知の略奪的な歴史上の悪い印象を払拭し,あくまでも英国と世界の知の発展にどのように貢献するかという働く職員を奮い立たせるような内容である。

　長い歴史を有する英国図書館が,未来へとブレークスルーするために,自らの存在と活動の源泉となる存在意義を洗いなおし,将来のあるべき姿を明確にすることによって,改めて社会の一市民としての責任を明確にしたのである。

b．職員全員の参加：　浸透と具現化の運動

　それらの理念体系は,一年をかけて全職員参加のワークショップ活動から,職員自らが考え再構築を行っていった。新しい図書館の創業ともいえるブランディングは,上から与えられたものではなく,現場を形づくる人たちの価値観のシェアリング（相互発見,確認）によって推進された。理念構築後も,組織横断的なクロスファンクショナルチームによってブランディング課題が議論されている。図書館の職員自らが,図書館の存在意義や自分が働く意味を考え相互に意見交換がなされている。

　バラバラの職員の意識と,セクショナリズムに陥りがちであった組織に一つの一貫した信念が芽生えていった。

**c．新しいVIS（ビジュアル・アイデンティティ・システム）の導入：
　　ロゴとタッチポイント**

　英国図書館は将来の顧客である若者層をコミュニケーションターゲットとして定め,新しい英国図書館のイメージとメッセージを訴求する方法として,新しいシンボルロゴを核にした視覚的な標準化を展開。まずは,図書館の呼称を改めて検討し,「メディアセンター」といった呼称ではなく,「図書館」という旧来からのブランドネーミングを選択することを決定し,デザインシステムの

エッセイ：図書館にアイデンティティはあるか？

開発導入に入っていった。

　新しいロゴは，「情報へのアクセス」を象徴するインデックスをモチーフにしたエレメントである。図書館は，あくまでも顧客や帰属組織のために黒子として存在しているために，あえて権威があるような強いシンボルではなく，常に提供される情報に寄り添うようにロゴが表示されるようなしくみになっている。

　新しいデザインシステムは，ステーショナリー，パンフレット，ウエブサイト，サインデザイン，といったあらゆるタッチポイントに統一的に展開されており，モダンで美しい図書館の魅力を創出している。ひと目で見て英国図書館であることをパターン認識することができ，かつ彼らの理念や約束価値の象徴として機能している。

　いままでばらばらで古くさい，送り手発想のデザインやコミュニケーションは徹底して統合され，新しいものに変更されていった。

d．新しいサービスユニットの展開：　市民や企業への商品提供

　英国図書館のブランディングの本領は，実際のサービスの改革にある。

　ユーザからの求めをじっと待っていた受け身な図書館は，企業や研究者にむけてのパートナーへと変身をしようとしている。ターゲット別に積極的に情報サービスやアドバイスをマーケティングし，具体的なサービス対象企業の名前さえ公表しながら，情報提供サービスとそれによる成果を発表している。ウェブサイトにもあるように，あらゆる研究ターゲットにむけて積極的な情報提供サービスを展開している。

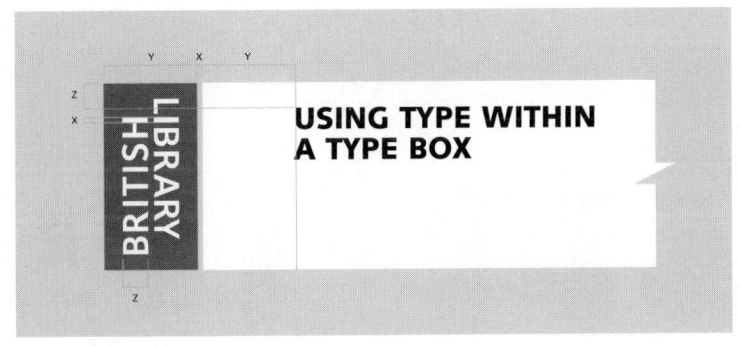

新しいシンボルロゴは，情報に添えられるインデックスである。

229

e．自分たちの価値の可視化：　戦略的広報

　自分たちの活動やその成果をかなり能動的な広報活動を通して，出資者（政府や後援団体）や顧客ユーザーにむけて情報発信を行っている。ウエブサイトからアニュアルレポート，館内で配布されるパンフレットまで自らのディスクローズと情報収集に徹底した施策が展開されている。

f．価値測定の実施と発表：　モニタリング

　税金で経営されている英国図書館はどれだけの価値を生み出しているのか。英国図書館は，自らのサービス活動が英国の経済活動にどれだけの価値を提供したかを計測する方法の研究活動をも行っている。そこでは，英国図書館を利用する人々が直接得ている価値と，英国市民として間接的に得ることができた価値を見出そうとしている。

　その結果，毎年，英国図書館は投資された公的資金の約4.4倍の価値を生み出していると発表。もし英国図書館がなかったら，英国は毎年，2億8000ポンドの経済価値を損失することになる，としている。

　自らの存立理念と価値観を明確にし，ステークホルダーから期待される価値を実際のサービスユニットとして実現し，同時に積極的にそれら広報することによって，新しく定義された図書館を積極的に売り出していく。そこで得られた成果への効果測定を行うことによって自らのアイデンティティを再確認する。これら一連のブランディングのプロセスは，まさに図書館のアイデンティティ経営を実現しようとするものである。

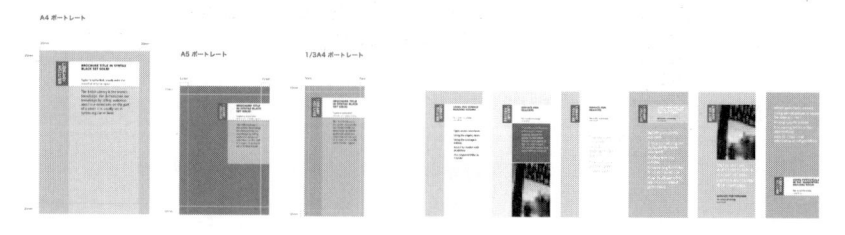

すべての印刷ツールは，新しいデザインシステムで統合されている。

3．21世紀日本の図書館のアイデンティティ

　わが国図書館のアイデンティティ形成を阻害している要因は2つある。

　1つは，図書館は企業のように独立自立した経営体とは異なり，帰属する組織の理念や規範によって左右される。そのために，自らの意思で自由に固有の価値を構築することは難しい。図書館のアイデンティティは，その母体組織のアイデンティティとともにセットで議論される必要がある。にもかかわらず，それらの議論が両経営者の間で深められる機会は非常に稀である。

　これからの期待される図書館像とは，母体組織の横断的な活性化を誘発する機能といえる。21世紀の日本はいよいよ知的資源の有効活用と生産にかかっている。とすれば，そこで活躍するのが知的資源センターとしての図書館であることは明白である。日本の活性化と個性化は，英国図書館のような国家の中心となる国立中央図書館と地域や研究機関とのリンケージによって生まれる知的活動の活性化によって実現できるはずである。

　2つめは，図書館とは個別の図書館の活動を指すのではなく，図書館のネットワーク全体をもさす。ところがそのネットワークのDNAとなるべきセンターとしてのわが国の中央図書館の構築が遅れている。わが国には，国会図書館という図書館は存在するが，全国の図書館活動の中心となるような中央図書館は存在しない。日本の図書館のアイデンティティ・クライシスは，すべてこの「一貫性の欠如」という価値体系のアーキタイプ（原型）のプリントからきているように思える。

　そのネットワークの活性化のためにも，核となる国立中央図書館の戦略的な構築が求められている。いくら地域図書館がたくさん建設されても，その地域図書館が永続的に魅力的な図書館として成果を生み出し，いかにネットワーク全体に寄与するかという視点がないかぎり，市民の税金の無駄遣いになってしまう。

　日本のアイデンティティと日本の図書館のアイデンティティを構想する上で，私は国立中央図書館を中心にした図書館ネットワークの再構築というテーマを外して議論はできないと考えている。

以　上

参考図書

1）"世界のブランド戦略：そのコンセプトとデザイン" ワールドブランディング委員会　グラフィック社　2006年．www.worldbranding.info
2）"経営戦略としての図書館ブランディング：英国図書館のリ・ブランディング事例から" カレントアウエアネス　2005年3月号（283号）国立国会図書館

エッセイ

Камчатникが思い出すこと

渡部 満彦

　手元のSLIS (School of Library and Information Science) 三田会名簿（平成7年版）によれば，高山正也先生は昭和45年3月慶應義塾大学大学院文学研究科修士課程図書館・情報学専攻を修了されている。同期生は慶応義塾図書館副館長から東横学園女子短期大学教授に転じられた安西郁夫先生で，この期の修了生は高山，安西さんの二人だけである。筆者は翌年の修了生だが，当時図書館・情報学専攻は文学部図書館・情報学科卒業生以外，つまり学部で図書館・情報学を履修しなかったものは大学院で3年間の在学が義務付けられていた。したがって高山先生と筆者は大学院では2年間ともに学んだことになる。高山先生は修了と同時に東芝の研究所に勤められ，昭和51年4月同学科のスタッフとして着任された。筆者は昭和46年4月塾監局の事務職員として採用され，三田，信濃町，矢上台キャンパスを含めて20年間在職した。大学院生として，また教育職員，事務職員の違いはあるが，高山先生とは同一機関に17年間ご一緒したことになる。

　図書館・情報学科の前身Japan Library Schoolについてはロバート・エル・ギトラー (Robert L. Gitler) 先生の「Robert Gitler and the Japan Library School : an autobiographical narrative」に詳しいが，そこには安西郁夫 (p79)，藤川正信 (p78,96-98,112,153)，橋本孝 (p57-58,108-109,125)，澤本孝久 (p77,103,108-109,125)，津田良成 (p87) といった懐かしい恩師のお名前を見つけ出すことができるが，このほかに，中村初雄，渡辺茂男，浜田敏郎，長沢雅男先生が専任で授業を受け持っておられた。

　ギトラー先生は上智大学の新図書館の建設にも関与されたが（前掲書第16章），先生は「Sophia University, a Jesuit university in Tokyo, is known Jochi」と書かれている (p[139])。筆者はその大学の外国語学部ロシア語学科のカムチャトニク（Камчатник：劣等生席［Камчатка カムチャッカ（流れ）］にすわる劣等生）で，ロシア語日本語機械翻訳などに興味をもつ手のつけられ

233

ない与太学生であった。学費のために青山墓地前 竜土町 Stars & Stripes 側の駐留米軍 Tokyo Facilities, 有名小中高受験塾講師, 東京電機大学図書館などでアルバイトを余儀なくされた。同図書館の夜間主任で Japan Library School を卒業後, 社会学研究科博士課程の院生であった松本憲さん（後，慶應義塾大学教授）から図書館・情報学科に大学院なるものがあり, 機械翻訳もテーマとして可能かもしれないという情報を得た。しかし当時図書館・情報学は世間には認知されていなかった。

入試面接で学科主任の橋本先生から君は出来が悪いね，大丈夫かと念を押されるくらいの筆者だが，一方の高山正也先生は慶應義塾大学商学部を優秀な成績でご卒業され, 大学院では小泉信三記念奨学金を給費される英才であった。学部生の卒論指導も引き受けられ（その中のお一人がいまの奥様である！）, 藤川先生が筆者の指導教授であったが，藤川先生退職後澤本先生となったが, 高山先生は澤本研究室の中心であられた。アルバイトで忙しかった上に,「IRにおける露日機械翻訳の実験的研究」のために小金井の工学部で徹夜でTOSBACと格闘する日々の筆者と, 高山先生は専門も違ったので研究室ではすれ違いであった。ただ澤本先生のお宅でよく飲み会があった。筆者はいつもヘベレケになる不良だが，お酒を召されない謹厳実直な高山先生は筆者に対して軽蔑した顔をされなかったと記憶している。高山先生と筆者は一歳違いだが，ゼミ合宿等での落ち着きからそれ以上の差を感じさせるものがありました。

大学ばかりでなく人生のКамчатникでもある筆者が高山正也先生にお目をかけていただくのは，慶應17年の間ではなく図書館学の大学教員となってからである。高山先生が日本図書館協会図書館学教育部会長になられたときの会長選出幹事にしていただいたのをはじめ，樹村房「新・図書館学シリーズ」の執筆者の一人に加えていただいた。澤本先生夫妻ご媒酌の卒業生は定期的にご夫妻（現在は彰子夫人だけとなったが）をお呼びして晩餐会をもたれているが，関係ない筆者までがお呼ばれをするのも高山先生のおかげである。

高山正也先生ご退職記念論文集には「Idea and method of metadata for RDA」をと筆をとったが結局脱稿できず，ロシア語のКамчатникは図書館学でも所詮Камчатникであった。先生の記念論文集にこのような駄文で参加せざるを得なかったこと，慙愧の念がしきりである。

あとがき
お礼の言葉に代えて

　2006年春，慶應義塾大学の退職に際し，在職中に親しくご厚誼をいただいた皆様から，多くの労いの言葉や退職後に向けての励ましの言葉をいただきました。お一人お一人から頂いたお言葉は，私にとってはこの上なく有難く貴重なものでありました。その中に，「退職記念論文集を出しましょう」と言う声がありました。皆様方の日ごろのご多忙を考えるといささか躊躇しないわけではなかったのですが，ゼミの出身者を中心に論文集発刊の機運が高まりました。さらにはゼミの出身者以外のご厚誼を賜った方にも寄稿のお願いの輪を広げようということにもなり，企画が予想外に膨らみました。その結果，関係の各位には却ってご迷惑をお掛けしたのではないかと危惧しております。幸いにも多くの方からのご寄稿をいただきましたことは私にとりまして，この上なく光栄なことであり，ご寄稿いただいた各位の従前に変わらぬご厚情にこの場を借りて深く，厚くお礼申し上げます。

　お寄せいただいた玉稿を出版物にまとめるという編集の大役は岸田和明慶應義塾大学教授がお引き受けくださり，さらに日ごろから図書館学関係の出版についてお世話になっている㈱樹村房の木村社長が出版に関して全面的な協力をしてくださって，この論文集が完成に至りました。ご執筆とご寄稿，編集，出版の各段階でお世話になった各位に心から謝意を表します。

　玉稿を拝見いたしますと，ご執筆いただいた内容は図書館から，アーカイブズ（文書館）・記録管理論，博物館へ，それらの各領域における，政策論，評価論，運営論から検索論へ，図書館の館種については国立図書館，大学図書館，公共図書館から主題専門図書館へ，方法論的には思想史を含む歴史的研究から理論的・調査的な研究へ，記述的研究から計量的研究へと多岐にわたっています。これらのご寄稿いただいた論考は今日の日本における図書館・情報学に関係するそれぞれの分野での最先端の研究成果であり，今日の図書館・情報学に包含される，多様でさまざまな領域の反映でもあると考えます。これはまた，

あとがき

　図書館・情報学という学問分野が大変広く，豊かな内容を持つ学術研究分野であることをも意味します。

　私自身，このような豊かな内容を持ち，現在の学術や文化の基盤として，今後ますますの発展が期待される図書館・情報学にかかわれたことは，自らの貢献が貧弱であったことはひとまず置くとして，大変にうれしく，また誇りに思うところです。にもかかわらず，最近の日本の大学や，その大学のあり方を決定付ける高等教育行政における図書館・情報学軽視とも言える動きが一部に見られることは残念であり，このような風潮には深刻な危機感を覚えます。

　数年前，現21世紀を迎えるにあたって，世上，盛んに言われたことは，「21世紀は情報の時代である，知識が価値を持ち，ソフト・パワーが重視される時代となる」という言葉でした。知識としてのソフト・パワーをどのように情報として発信・サービスするかと言えば，単に人の交流やその場限りの速報型の情報サービスだけを考えても大きな意味はありません。高度な内容を持った知的文化的な情報資源の豊富な蓄積に裏付けられた情報サービス，即ち，蓄積・検索型の情報サービスこそが意味を持つのです。この蓄積・検索型の情報サービスは図書館や文書館（アーカイブズ学や記録管理学の研究対象です）や博物館が担います。その蓄積・検索型の情報サービスの理論を，中心となって研究しているのが図書館・情報学であるということを日本の多くの大学管理者や高等教育行政担当者は知らないのでは，と思わずにはいられません。この理由を単純に日本の大学管理者や文教行政担当者の多くが無知蒙昧の故と決め付けるわけには行きません。なぜなら，彼らをそのような状況に追い込んだのには，私自身を含め，従来から図書館・情報学の教育・研究に携わってきた人間の責任でもあるからです。従来からの図書館・情報学には，その時々において社会から図書館に寄せられた有形，無形の期待に応えるよりは，図書館が直面している目先の課題を対処することに汲々としたり，自らの経験や好みや価値観に合った問題だけを扱おうとする悪癖があったと思います。その結果，社会からは図書館・情報学は世の大勢の動きとは関係のない，趣味的な学問分野と看做され，高等教育における存在感を小さくしたという側面は無かったでしょうか。

先に述べたように，現代の知的集約社会においてこそ，図書館，文書館，博物館に基盤を持つ蓄積・検索型の価値ある情報サービスが求められています。その理論的基盤を形成するために図書館・情報学は大いなる発展を期待されていますし，その動きを支える高度で専門的な学識を持つ人材の養成という重大な使命を図書館・情報学は担っています。その図書館・情報学が取り組むべき課題や問題を捉える視角が本論文集に収められた各論文の中に確かに存在すると確信します。

　私は2006年の3月で，慶應義塾大学からは定年退職いたしました。しかしまだ，公文書館の世界で現役であり，図書館・情報学の世界でも今しばらく現役を続ける心算でおります。その私にとって，本書は何よりの指南書であり，手引きになると，有難く思っております。

　重ねて，ご寄稿いただいた各位にお礼申し上げますとともに，本書を手に取っていただいた読者各位には，図書館・情報サービスに関する何らかの問題に直面された時に，本書を紐解いていただくことをお願いいたします。そこには本書執筆者としての諸賢の英知が読者の皆様のお力になると確信しております。重ねて本書にご寄稿いただいた諸賢，並びに出版の労をお取りいただいた各位に厚くお礼を申し上げ，本書が図書館・情報学発展の一翼を担えることを切に望みます。

　2006年10月

高山　正也

高山正也略歴

生　年：1941年（出生地；大阪府）
現住所：神奈川県横浜市　本籍地：東京都世田谷区
学　歴：
　1966年　　慶應義塾大学商学部卒業
　1970年　　慶應義塾大学大学院文学研究科図書館・情報学専攻修士課程修了
　1980年　　慶應義塾大学大学院文学研究科図書館・情報学専攻博士課程単位取得退学
　1982～83年　カルフォルニア大学バークレー校留学（フルブライトプログラム）
職　歴：
　1970～76年　東京芝浦電気(株)技術情報センター勤務
　1976～06年　慶應義塾大学　文学部（1985年以降，教授）
　1987～06年　慶應義塾大学大学院文学研究科委員
　1996年　　カルフォルニア大学バークレー校訪問研究員
　2006年　　(独)国立公文書館理事，慶應義塾大学名誉教授

主な専門的社会活動
　（現職）駿河台大学評議員
　　　　　アート・ドキュメンテーション学会会長
　　　　　専門図書館協議会顧問
　　　　　日本図書館情報学会理事
　　　　　情報科学技術協会評議員
　　　　　日本図書館協会理事
　（過去）国立国会図書館参与
　　　　　文部省大学設置・学校法人審議会専門委員
　　　　　内閣府公文書等の適切な管理・保存および利用に関する懇談会座長
　　　　　記録管理学，理事，会長
　　　　　情報メディア学会副会長

主要論文
　著書：図書館経営論　樹村房　1997, 184p.
　　　　図書館・情報センターの経営　勁草書房, 994, 282p.
　翻訳：Urquhart,Donald. 図書館業務の基本原則. 勁草書房, 1985, 144p.
　　　　Buckland,M.K. 図書館・情報サービスの理論. 勁草書房, 1990, 324p.
　　　　Warner,Julian. 本とコンピュータを結ぶ. 勁草書房, 1999, 175p.
　監修：公文書ルネッサンス＝新たな公文書館像を求めて. 国立印刷局, 2005, 318p.
　雑誌論文：わが国公文書館制度の課題と内閣府の対応. 現代の図書館, vol. 42, no. 4 (2004), p. 248-255.
　　　　　　情報サービス分野における情報プロフェッショナルの専門性と自己開発. 情報の科学と技術, vol. 55, no. 4 (2005), p. 178-182.
　　　　　　その他，略

執筆者一覧 (執筆順)

高山　正也（たかやま・まさや）	慶應義塾大学名誉教授／国立公文書館理事
金　　容媛（きむ・よんうぉん）	駿河台大学文化情報学部教授（図書館情報学専攻・図書館経営論・図書館情報政策）
田窪　直規（たくぼ・なおき）	近畿大学司書課程・学芸員課程担当教授（図書館情報学など）
古賀　　崇（こが・たかし）	国立情報学研究所情報社会相関研究系助手（図書館情報学および記録管理学専攻・政府情報論）
八重樫純樹（やえがし・じゅんき）	静岡大学情報学部教授（情報学専攻・情報資源システム論）
根本　　彰（ねもと・あきら）	東京大学大学院教育学研究科教授（生涯学習基盤経営コース）
春山　明哲（はるやま・めいてつ）	国立国会図書館調査及び立法考査局文教科学技術調査室主任・専門調査員（図書館史, ナショナル・ライブラリー論）
逸村　　裕（いつむら・ひろし）	筑波大学大学院図書館情報メディア研究科教授（図書館情報学）
松下　　鈞（まつした・ひとし）	藤女子大学図書館情報学課程教授（図書館情報学, 芸術情報学）
福田　都代（ふくだ・いくよ）	北海学園大学経済学部教授（図書館学課程）
池内　　淳（いけうち・あつし）	大東文化大学文学部講師（図書館情報学専攻・図書館評価）
加藤　修子（かとう・しゅうこ）	駿河台大学文化情報学部教授（図書館情報学専攻・文化情報施設のサウンドスケープ）
岸田　和明（きしだ・かずあき）	慶應義塾大学文学部教授（図書館・情報学専攻, 情報検索論・図書館評価論）
南山　広之（みなみやま・ひろゆき）	AXHUM Consulting ディレクター／ワールドブランディング委員会／青山学院大学文学部非常勤講師
渡部　満彦（わたなべ・みつひこ）	大妻女子大学短期大学部教授（資料組織概説・同演習, 日本文学・文化）

明日の図書館情報学を拓く
―― アーカイブズと図書館経営 ――

平成19年3月22日　初版発行

編Ⓒ　高山正也先生退職記念論文集刊行会

検印廃止

発行者　木　村　　繁

発行所　株式会社　樹村房
　　　　　　　　JUSONBO

〒112-0002　東京都文京区小石川5丁目6番20号
　　　　　　電話 東京 (03) 3 9 4 6 - 2 4 7 6 (代)
　　　　　　F A X (03) 3 9 4 6 - 2 4 8 0
　　　　　　振替口座 0 0 1 9 0 - 3 - 9 3 1 6 9

製版印刷・協同印刷㈱／製本・愛千製本所

ISBN 978-4-88367-133-5

落丁・乱丁本はお取り替えいたします。

樹村房

高山正也 植松貞夫 監修 新・図書館学シリーズ

＊は編集責任者　（A5判）

1	改訂 図書館概論	＊植松 貞夫　志保田 務　寺田 光孝　永田 治樹　薬袋 秀樹　森山 光良	1,995円（税込）
2	改訂 図書館経営論	＊高山 正也　加藤 修子　岸田 和明　田窪 直規　村田 文生	1,995円（税込）
3	改訂 図書館サービス論	＊高山 正也　池内 淳　斎藤 泰則　阪田 蓉子　宮部 頼子	1,995円（税込）
4	改訂 情報サービス概説	＊渋谷 嘉彦　大庭 一郎　杉江 典子　梁瀬 三千代	1,995円（税込）
5	改訂 レファレンスサービス演習	＊木本 幸子　原田 智子　堀込 静香　三浦 敬子	1,995円（税込）
6	三訂 情報検索演習	＊原田 智子　江草 由佳　小山 憲司　澤井 清	1,995円（税込）
7	改訂 図書館資料論	＊平野 英俊　岸 美雪　岸田 和明　村上 篤太郎	1,995円（税込）
8	改訂 専門資料論	＊戸田 光昭　金 容媛　澤井 清　玉手 匡子　仁上 幸治	1,995円（税込）
9	三訂 資料組織概説	＊田窪 直規　岡田 靖子　小林 康隆　村上 泰子　山崎 久道　渡邊 隆弘	1,995円（税込）
10	三訂 資料組織演習	＊岡田 靖　榎本 裕希子　菅原 春雄　野崎 昭雄　渡部 満彦	1,995円（税込）
11	改訂 児童サービス論	＊中多 泰子　汐﨑 順子　宍戸 寛	1,995円（税込）
12	図書及び図書館史	＊寺田 光孝　加藤 三郎　村越 貴代美	1,995円（税込）
	資料分類法及び演習　第二版	＊今 まど子　西田 俊子	1,995円（税込）

司書・学芸員をめざす人への

生涯学習概論	＊大堀 哲　高山 正也　中村 正之　西川 万文　村田 文生	1,995円（税込）
生涯学習・社会教育概論	稲生 勁吾 編著	1,890円（税込）
図書館学基礎資料　第六版	今 まど子 編著	1,050円（税込）
視聴覚メディアと教育	佐賀 啓男 編著	1,890円（税込）